출근이 기다려지는 회사 드림
컴퍼니

출근이 기다려지는 회사
드림 컴퍼니

초판 1쇄 발행 2009년 1월 10일

지은이 잭 스택 • 보 버링햄
옮긴이 김해수
펴낸이 김건수

펴낸곳 김앤김북스
출판등록 2001년 2월 9일(제12-302호)
서울시 중구 수하동 40-2번지 우석빌딩 903호
전화 (02) 773-5133 I 팩스 (02) 773-5134
E-mail : knk@knkbooks.com

ISBN 978-89-89566-42-7 03320

직원 오너십 경영으로 이루어낸 경영 신화

출근이 기다려지는 회사 드림
컴퍼니

김앤김
북스

비즈니스 상위 법칙

1. 주는 만큼 받는다.
2. 한 사람을 막기는 쉽지만 백 사람을 막기는 어렵다.
3. 뿌린대로 거둔다.
4. 해야 할 일은 하게 된다.
5. 원해야 얻는다.
6. 팬들을 속일 수는 있지만, 선수를 속일 수는 없다.
7. 바닥을 끌어올리면 꼭대기도 올라간다.
8. 스스로 설정한 목표는 대개 달성한다.
9. 아무도 관심을 기울이지 않으면, 직원들은 신경쓰지 않는다.
10. '똥은 아래로 구른다'는 미조리 주의 격언처럼, 변화는 위에서부터 시작된다.

최상위 법칙

고차원적 사고에 호소하면
고차원적 행동을 얻는다.

CONTENTS

1992년 5월 이 책이 처음 출간되었을 때, 그 내용 중 일부는 이미 구식이 되고 말았다. 바로 '오픈북 경영'의 힘 때문이었다. 이 책에 기술된 방법을 10년간 사용한 결과 우리는 생존을 위해 발버둥치던 일개 공장에서 여러 사업체를 거느린 복합 기업이자 신생 기업 인큐베이터로 변모하게 되었다. 결과적으로, 우리는 기존의 '비즈니스 게임' 방식에 몇 가지 변화를 주어야 했다.

우선, 스탭 회의 ─ 작전 회의(Great Huddle) ─ 는 더 이상 매주 수요일 오전 9시에 시작되지 않는다. 이제는 격주로 열리고 있다. 스탭 회의가 없는 주에는 부서별로 회의를 열었는데 결과가 아주 좋았다. 그리고 스탭 회의에서 모두가 손익계산표에 수치를 직접 기입하던 것도 그만두게 했다. 이제는 컴퓨터가 그 일을 대신한다. 담당자가 수치를 발표하면 우리들은 컴퓨터 화면을 통해 재무제표의 수치가 바뀌는 것을 지켜본다. 그 다음에는 변경된 재무제표 사본을 받아 각자 부서로 가져가 회의 자료로 사용한다.

우리는 또한 7장에 기술된 스탑 구터(Stop-Gooter) 보너스 프로그램에 대해서도 재검토했다. 매년 회사 전체를 위한 하나의 목표만을 갖는 것은 더 이상 합당하지 않기 때문이었다. 1992년 초반에 우리는 11장에서 언급하고 있는 '다각화 과정'을 상당 부분 완수했다. 우리는 여덟 개의 사업체를 운영하고 있는데, 각각의 사업체는 각기 다른 발전 단계에 있으며, 사업의 우선순위와 니즈도 서로 다르다. 그래서 우리는 자회사들로 하여금 각자의 비즈니스에 적합한 스탑 구터(Stop-Gooter) 목표를 마련하도록 요구하였다.

우리가 현재 '위대한 비즈니스 게임'을 하는 방식에 있어 최소한 10가지 이상의 변화가 생겼다. 그러한 변화들 대부분은 다음과 같은 비즈니스 상위 법칙에서 비롯된 것이다.

"성공할수록 더 큰 도전과 맞서야 한다."

지난 3년간은 SRC(Springfield Remanufacturing Corporation)에게 있어 설립 이후 가장 좋은 시기였다. 불경기 중에도 우리는 계속 성장을 하였다. 1991년에는 매출이 약간 하락하긴 했지만 실제 세후 이익은 증가했다. 그 이후로는 매출이 급등했고 수익도 좋아졌다. 1994년에는 총 매출 8,300만 달러에 세후 이익 180만 달러로 회계연도를 마감했다. 우리가 사업을 시작한 첫 해인 1984년에는 총 매출 1,600만 달러에 60,488달러의 적자였지만, 1991년에는 6,600만 달러 매출에 세후 이익 130만 달러 흑자였다. 1983년 1월 31일에 우리가 10만 달러를 주고 샀던 회사는 이제 우리 산업의 평균 이익 배수를 토대로 계산하면 약 2,500만 달러의 가치를 갖게 되었다.

그러나 나는 이러한 사실 외에도 다른 두 가지 측면에서 우리의 성공에 대해 큰 자부심을 느낀다. 한 가지 측면은 사업 다각화와 관련이 있다. 1991년 이래로 우리는 가능한 한 여러 바구니에 달걀을 나누어 담으려고 많은 시간과 에너지와 돈을 쏟아부었다. 디젤 엔진과 자동차 엔진을 재생하는 사업(Heavy-Duty와 Sequel) 외에도, 이제는 오일 냉각기(Engines Plus), 변속기(Megavolt), 토크 증폭기(Avator), 그리고 천연가스 동력전환기(Loadmaster) 사업을 벌이고 있다. 또 다른 자회사인 뉴스트림(Newstream)에서는 스스로 엔진을 정비하고 싶은 사람들을 위한 공구를 제작한다.

이제는 '위대한 비즈니스 게임' 사도 설립되어 SRC에서 매달 세미나를 개최하고 타회사에서 세미나를 열기도 한다. '위대한 비즈니스 게임' 사의 사무국은 데니스 브레드펠트(Denise Bredfeldt)의 감독 하에 운영되고 있으며, 그녀는 재무제표의 변화를 통해 비즈니스의 성장을 파악할 수 있게 하는 『요요 컴퍼니Yo-Yo Company』라는 책을 출간했다. '위대한 비즈니스 게임' 사의 첫 성과물인 이 책은 기초적인 회계 교육을 위한 도구를 제공한다.

이러한 노력들을 통해서 우리는 특정 고객이나 사업에 대한 의존성을 축소함으로써 위험을 지속적으로 분산시켜 오고 있다. 더 나아가 우리는 직원들에게 SRC와의 파트너십 형태로 자신의 사업체를 설립하고 운영할 수 있는 기회를 제공함으로써 그러한 노력을 해오고 있다. 그 과정에서 우리의 직장은 3년 전보다 훨씬 더 안정이 되었다. 직장의 안정성은 언제나 우리의 주요 목표 중 하나였다. 물론 취약한 부분이 없는 것은 아니지만, 우리는 그 어떤 갑작스런 변화에도 대처할 수 있을 만큼 강하고 다양해졌다.

한편 자회사들도 '위대한 비즈니스 게임'을 전보다 더 잘하고 있다. 『요요 컴퍼니』와 같은 도구를 이용해서 신입 직원들의 학습 과정을 가속화한 결과 사업을 개시한지 얼마 안 되는 회사들이 초기부터 수익을 올릴 수 있게 되었다. 한편 베테랑 선수들은 '위대한 비즈니스 게임'을 아주 다른 차원으로 끌어올렸다. 가장 오랫동안 '위대한 비즈니스 게임'을 해 온 헤비 듀티(Heavy-Duty)의 직원들은 이제 주간 회의에서 얻은 수치를 가지고 '연간 게임 계획'에 따른 최대 목표치를 달성하려면 얼마만큼 생산해야 하는지를 정확히 계산해낼 수 있다. 지난해의 경우 그들은 연속 4분기 동안 최고 수준의 보너스를 받았는데, 이것은 최초의 일이었다. 우연의 일치라고는 볼 수 없겠지만, 우리는 그 해 사실상 모든 면에서 최고의 실적을 거두었다. 수입, 세전 이익, 유동비율, 재고 정확도, 자산 대 부채 비율 등 모든 면에서 최고를 기록한 것이다.

'위대한 비즈니스 게임'은 SRC에서 여전히 효과적으로 작동되고 있다. 나는 이것이 놀랍다고 말하고 싶지 않다. 놀랄 일이 아니라 기뻐할 일이다. 결국 오픈북 경영(open-book management)의 핵심은 모든 직원들이 배우고 성장할 수 있는 환경을 조성해 주는 것이다. 당신이 오픈북 경영을 계속 고수하고, 직원들을 교육하고 자극하며, 조직내 장벽을 모두 무너뜨린다면, 시간이 흐를수록 위대한 비즈니스 게임에 더욱더 능숙해지지 않을 수 없다.

실제로 우리에게는 올해로 10년째 매주마다 손익계산서를 작성해 온 수십 명의 직원들이 있다. 그들은 5년이 넘는 기간 동안 매주 현금 흐름표(Cash-flow Statement)를 검토해 오고 있다. 이러한 점에서 그들은 위대한 비즈니스 게임의 대가들이자 게임학의 박사들이다. 그들은 MBA들보다 비즈니스를 더 잘 이해한다. 그들이 새로운 개선 방안을 계속해서 찾아낸다는 것은 조금도 놀랄 일이 아니다.

나를 놀라게 하는 것은 우리가 하는 일에 대한 외부인들의 반응이다. 솔직히 우리에 대한 여러 기사와 방송들에 압도당할 정도이다. 연설 요청과 초청 강연, 연이은 미팅, '위대한 비즈니스 게임'의 도입을 원하는 회사들의 문의 쇄도에 정신이 없다. 지난 3년간 1,600여 명의 방문객들이 SRC를 찾았고, 그들 대부분은 '위대한 비즈니스 게임'의 효과를 눈으로 직접 확인하고 싶어했다. 우리가 1년에 열 번씩 개최하는 이틀간의 '위대한 비즈니스 게임' 세미나에 그 동안 439개 회사의 대표들이 참석했다. 더욱이 내 동료와 나는 230여 회의 설명회를 갖느라 여러 곳을 순회해야 했다.

사실 그런 회사들 중 상당수가 나름대로의 '위대한 비즈니스 게임'을 시작했다. 때로는 그들도 '위대한 비즈니스 게임'이라는 용어를 사용한다. 올스테이트(Allstate)의 기업보험 사업부도 '위대한 비즈니스 게임'을 진행하고 있다. 워싱턴 주에 있는 간판 제작사인 드위넬스 비주얼 시스템(Dwinell's Visual Systems)도 진행 중이며, 덴버 주의 가구 소매업체인 케이시 파인 퍼니처(Kacey Fine Furniture)와 캘리포니아 주에 있는 캐비닛 제조사 커머셜 케이스워크(Commercial Casework)와 아이오와 주에 있는 엔지니어링 서비스 업체인 미드스테이트 테크니컬 스태핑 서비스(Mid-States Technical Staffing Services), 그리고 매사추세츠 주에 있는 기금 모금 업체인 쉐어(Share)도 마찬가지이다.

버몬트 주에 있는 쿠키 반죽회사인 리노 푸드(Rhino Foods)는 '비즈니스 게임'이라 불리는 프로그램을 운영하면서 매달 직원들에게 보너스를 지급한다. 사회적 의식이 강한 화장품 회사인 바디샵(The Body Shop)은 1993년에 할리데이 챌린지(Holiday Challenge)라는 보너스 프로그램으로 자신의 '위대한 비즈니스 게임'을 시작했다.

'위대한 비즈니스 게임'은 '기업가 정신의 교육을 위한 전국 기금'과 같은 비영리 단체와 일부 정부기관에서도 등장하고 있다. 심지어 이곳 스프링필드에서는 경찰서와 소방서가 직원들을 대상으로 '위대한 비즈니스 게임'을 도입하기 시작했다.

무언가 대단한 일이 벌어지고 있음은 분명하다. 지난 3년 동안 '오픈북 경영'은 단순한 호기심이 아닌 중요한 비즈니스의 추세로 변해 왔다. 우리는 1993년 9월에 '오픈북 경영' 회사들의 모임을 후원하여 그 분위기 조성에 일조했다. 그것을 '위대한 비즈니스 게임 회의'라고 불렀는데, 156개 회사에서 나온 250여 명의 사람들이 참석했다. 어떤 사람들은 자리가 없어 되돌아가야만 했다.

물론 많은 회사들이 우리가 SRC에서 벌이고 있는 것과는 다른 자신들만의 오픈북 경영을 실행하고 있다. 거기에는 오늘날 가장 역동적인 기업들이 포함되어 있다. 월마트(Wal-Mart)가 그 중 하나이다. 다른 하나는 세계에서 가장 큰 화물 트레일러 제작업체인 와바쉬 내셔널(Wabash National)이다. 이 외에도 미국에서 가장 큰 건축 자재 업체인 ABC 서플라이(ABC Supply)와 반사물질 제조업체인 리플렉사이트(Reflexite)가 있다.

무엇보다도 오픈북 경영의 확산은, 내가 외부 연설에 나갈 때 자주 받게 되는 다음과 같은 질문에 대한 확실한 해답이 되었다.

"위대한 비즈니스 게임은 대단해 보이긴 하지만, _____에서도 효과가 있습니까?"

위의 빈 칸을 채워 보자. 위대한 비즈니스 게임이 과연 소매업체에도 효과가 있을까? 그리고 〈포춘〉 지가 선정한 500대 기업에서도?

광범위한 지역에 지점을 두고 있는 회사에서도? 비영리 기관에서도? 세일즈 조직에서도? 지식 기반 기업이나 전문 서비스 회사에서도 효과가 있을까?

나는 재무제표로 실적을 평가하는 조직이라면 어디나 '위대한 비즈니스 게임'이 효과를 거둘 것이라고 대답해 주곤 했다. 결국 수치는 점수를 기록하는 수단일 뿐만 아니라 직원들에 관해 이야기하는 방법이다. 당신이 점수를 기록하고 있다면 틀림없이 어디에선가 게임이 진행되고 있는 것이다. 유일한 문제는 선수들이 그 사실을 알고 있는가 아닌가이다. 전통적인 클로즈드북(closed-book) 경영은 직원들에게 알려주지도 않고 게임을 하게 한다.

나는 지금 모든 종류의 사업 분야에서 다양한 직원들을 데리고 오픈북 경영을 하는 회사들의 이름을 열거할 수 있다. 여행사에서 장난감 제조업체까지, 1인 기업에서부터 다국적 기업까지, 항공사에서 병원, 식품 연쇄점까지 매우 다양하다. 이러한 '위대한 비즈니스 게임'의 적용 범위가 의심스러운 사람들은 직접 눈으로 확인할 필요가 있다. 원한다면 '위대한 비즈니스 게임'은 어디에서나 효과를 거둘 수 있다. 이것이 바로 비즈니스 상위 법칙 5조 '원해야 얻는다'이다.

한편 나는 또 다른 한 가지 질문을 점점 더 많이 받고 있다. "위대한 비즈니스 게임을 어디서부터 시작해야 합니까?" 그에 대한 대답은 이렇다. 아무 데서부터 시작해도 좋다. 어떤 회사들은 곧바로 직원들에게 수치가 의미하는 것을 가르치는 것에서 시작한다. 어떤 회사들은 혜택이나 보상 같은 재무의 한 측면에 초점을 맞춘다. 일부는 〈요요 컴퍼니〉나 그 외 여러 교육 과정들 중 하나를 이용해 비즈니스와 회계에 관한 기본 교육을 실시하기도 한다. 직원들이 이미 주식을 소유하고 있는 회사들은 그 가치를 높이는 방법을 교육하는 데 '위대한 비즈니스 게임'을 활용한다. 다른 회사들은 핵심 수치(critical number)를 파악한 다음 그것을 목표로 하는 '위대한 비즈니스 게임'을 만든다.

물론 이 책을 가지고 시작할 수도 있다. 나는 너무나 많은 회사들이 직원들에게 '위대한 비즈니스 게임'의 개념을 소개하고 자신의 기업에 적용하는 방법을 찾는 데 이 책을 활용하는 것을 보고 깜짝 놀랐다. 커머셜 케이스워크(Commercial Casework)의 사장 빌 팔머(Bill Palmer)는 매주 직원들과 모임을 갖고 한 번에 두 개 장씩 토론을 해오고 있다. 그 모임은 완전히 자발적인 것으로, 첫해에 일부 신입직원을 제외한 95%의 직원들이 그 프로그램에 참여했다.

하지만 이 책을 '위대한 비즈니스 게임'을 설계하기 위한 교본으로 사용해서는 안 된다. 이 책은 하나의 지침서일 뿐이다. 이 책에서 제시한 기법들이 당신 회사에 효과적일 수도 있겠지만 기법 자체보다는 그것의 바탕이 되는 원칙과 논리들이 더 중요하다.

앞서 밝힌 대로 SRC에 있는 우리들은 계속해서 우리가 제시한 기법들을 수정해 나가고 있다. 다만 변할 수 없는 것이 있다면 우리가 직원들을 고차원적 사고로 이끄는 데, 그리고 직원들이 회사 상황에 대한 완전한 지식과 사실에 바탕을 둔 결정을 내릴 수 있는 회사를 만드는 데 초점을 맞춘다는 사실이다.

나의 조언은 이렇다. 이 책을 읽고 직원들도 읽게 하라. 그러고 나서 당신 회사와 관련 있는 내용이 무엇인지를 물어보라. 회사의 상황에 타당한 부분을 중심으로 토론을 시작하라. 직원들의 마음을 움직이는 아이디어에 초점을 맞춰라. 나머지는 일단 제쳐두고 당장은 그것에 충실하라. 나머지는 나중에 얼마든지 살펴볼 수 있다.

반드시 기억해야 할 것은, '위대한 비즈니스 게임'은 하나의 여정이지 종착지가 아니라는 것이다. 그것은 연속적인 학습의 과정이며 엄격한 체계나 기법이 아니다. 가장 편안하게 느껴지는 부분에서부터 시작해서 계속 나아가라. 자신의 성공 사례를 만들어라. 당신의 실수에서 배워라. 하지만 당신이 무엇을 하든 절대 포기하지 말라. '위대한 비즈니스 게임'이 실패하는 경우는 오직 그것을 그만두거나 자기만족에 빠져 변화를 멈출 때뿐이다.

이는 여러분이 이 책을 읽는 순간 읽은 내용 중 일부가 어느새 구식이 되는 이유이기도 하다.

잭 스택

서론: 위대한 비즈니스 게임을 실행하는 방법

The Great Game of Business

'위대한 위대한 비즈니스 게임'의 핵심은 회사 내에 명확하고 효과적이며 개방적인 커뮤니케이션을 촉진하는 것이다. 그러한 작업은 어디서부턴가 시작되어야 하며, 많은 회사들은 이 책을 그 출발점으로 삼고 있다. 먼저 동료나 직원들에게 이 책의 어느 부분이 그들 자신이나 그들의 업무와 관련 있는지 물어보고, 그들이 지적한 문제들을 중심으로 토론을 시작하라. 그들의 사고를 자극시킬 필요가 있다면 다음과 같은 질문을 던져보라.

1장 직원들에게 수익을 창출하는 방법을 가르쳐야 하는 이유

수익

수익이란 좋은 것인가, 나쁜 것인가? 수익은 어디에서 오는가? 우리가 수익을 얻으면 어떤 일이 생기는가? 지나친 수익이란 있는 것인가? 너무 적은 수익은? 우리는 얼마나 많은 수익을 벌어야 하는가? 수익은 우리에게 어떤 영향을 끼치는가?

회사의 수익

우리는 이 사업에서 얼마를 벌어들이는가? 우리의 고객은 누구이며, 그들은 왜 우리의 제품을 구매하는가? 우리가 만들거나 판매하는 기본 단위당 얼마의 수익을 벌어들이는가?

수익 창출과 현금 생성

수익 창출과 현금 생성의 차이는 무엇인가? 회사가 돈을 벌고 있어도 망하는 이유는 무엇인가? 회사가 은행에 돈을 갖고 있어도 망하는 이유는 무엇인가?

일과 직장의 안정성

직원들이 '이건 그저 일자리(job)일 뿐이야'라는 태도를 갖고 있는가? 그렇다면 그것은 문제인가, 아닌가? 일자리와 직업(profession)의 차이는 무엇인가? 직원들에게 일자리의 안정성은 어느 정도로 중요한 문제인가? 안정된 수입의 보장은 어떻게 이루어질 수 있는가? 더 많은 안정성을 확보하기 위해 우리는 보상이나 혜택을 기꺼이 희생할 수 있는가? 완전한 일자리의 안정성이란 과연 가능한 것인가?

부와 부의 창출

부는 어디에서 비롯되는가? 그것은 좋은 것인가, 나쁜 것인가? 우리 나라에서 부자가 되는 방법은 무엇인가? 회사는 직원들과 어떤 방식으로 부를 공유해야 하는가? 가장 큰 위험을 짊어지는 사람들이 가장 큰 보상을 받아야 하는가? 직원들이 만드는 부의 산출량을 결정하는 요인은 무엇인가?

2장 경영에 대한 잘못된 통념

진실을 말하는 것의 위험

관리자들이 직원들에게 진실을 밝히지 말아야 할 상황이 있는가? 회사에서 그러한 예를 찾아볼 수 있는가? 만약 있다면, 어떤 상황에서 상사나 동료가 당신을 속이거나 사실을 감추기를 바라는가? 회사 사람들은 서로에게 진실을 이야기하는가? 진실을 이야기하는 이유는 무엇이며, 또 이야기하지 않는 이유는 무엇인가?

'착한 사람'이 되는 것의 위험

직원들이 자신의 상사를 두려워하는가? 만일 그렇다면, 그들은 무엇을 두려워하는 것인가? 직원들이 관리자에 대해서 두려워해야 할 것이 있는가? 두려움은 긍정적인 결과를 가져오는가? 그것에 의해 동기가 부여될 수 있는가? 관리자는 그 두려움을 이용해야 하는가 혹은 제거해야 하는가? 두려워하게 하지 않고 관리자로서 효과적일 수 있는 방법은 무엇인가?

관리자의 역할

관리자의 책임은 무엇인가? 당신은 관리자로부터 무엇을 원하는가? 관리자들은 당신이 그들에게 기대하는 바를 알고 있는가?

동기부여

동기부여란 무엇인가? 그것은 어디에서 오는가? 직원들에게 동기를 부여하는 최고의 방법은 무엇인가? 하기 싫은 일이나 따분한 일을 하도록 할 수 있는 방법은 무엇인가? 돈이 가장 큰 동기부여 요인인가? 우리 회사 사람들에게 동기를 부여하는 것은 무엇인가? 우리가 현재 이용하지 않는 잠재적인 동기부여 요인은 무엇인가?

3장 승리자의 느낌

경영진에 대한 신뢰도

우리 직원들은 경영진이 그들에게 말하는 바를 믿고 있는가? 직원들은 경영진이 그들에게 솔직하다고 생각하는가? 그렇지 않다면 이유는 무엇인가? 경영진에 대한 직원들의 불신감을 해소하기 위해 어떤 조치를 취할 수 있는가?

직원들의 태도

직원들은 승리하는 것을 두려워하는가? 직원들은 자신이 승리할 수 있다고 믿는가? 그들이 목표에 못 미쳤을 때 변명을 하는가? 그렇다면 그 이유는 무엇인가? 직원들이 자신의 태도에 대하여 어떤 책임을 져야 하는가?

자부심과 주인의식

직원들이 회사에 대해 자부심을 느끼는가? 어떤 점 때문에 자부심을 느끼는가? 자부심과 주인의식을 키우기 위해서는 어떤 일을 할 수 있는가? 직원들은 회사의 사업과 자신의 업무에 대하여 얼마나 알고 있는가?

게임의 시작

우리가 즉시 시작할 수 있는 간단한 비즈니스 게임이 있는가? 모두가 집중한다면 바로 해결할 수 있는 문제는 무엇인가? 문제와 해결책을 정량화하는 방법은 무엇인가? 어떻게 해야 점수를 올릴 수 있는가? 우리의 목표는 무엇이고, 우리가 승리를 선언할 수 있는 때는 언제인가?

승리의 축하

우리는 승자의 태도를 구축할 기회를 잃어버리고 있지는 않은가? 우리가 점수를 올리거나 목표를 달성했을 때 직원들에게 그것을 알려주는가? 우리는 더 많은 목표를 설정할 필요가 있는가? 우리는 축하할 새로운 승리를 찾고 있는가?

4장 큰 그림

'큰 그림'의 정의

비즈니스를 하는 궁극적인 목적은 무엇인가? 우리 삶의 상당 부분을 직장에서 일하는 데 쓰는 것이 가치 있는 이유는 무엇인가?

'큰 그림'의 공유

직원들이 회사의 업무 방식을 이해하고 있는가? 다른 부서가 하는 일을 알고 있는가? 우리가 왜 그토록 많은 부서를 필요로 하는지, 그것들이 어떤 기여를 하는지, 어떻게 우리가 서로에게 의존하는지 직원들이 알고 있는가? 직원들이 더 많이 알게 하는 방안은 무엇인가?

회사 내의 인사 이동

직원들이 똑같은 일을 너무 오랫동안 해오고 있는 것은 아닌가? 그들이 다른 역할을 경험해 본다면 우리가 팀으로서 더 잘 일하게 될까? 우리는 직무 순환이나 교차 활용 제도를 도입할 필요가 있는가? 만약 도입한다면, 같은 직무에 얼마 동안 머물러 있어야 되는가?

일관되지 않는 메시지

직원들이 업무의 우선순위에 대해 혼란스런 메시지를 받고 있는가? 그렇다면 어떻게 그 메시지들은 충돌하는가? 혼란을 조성하는 요인은 무엇인가? 보상 제도에 무언가 잘못된 점이 있는가? 업무평가에 잘못된 점이 있는가? 이 문제를 해결하기 위해 할 수 있는 조치는 무엇인가?

지역사회와의 유대

어떻게 우리는 우리의 일을 지역 사회와 연결시킬 수 있는가? 직원들은 우리가 지역사회에 기여를 하고 있다고 생각하는가? 회사가 지역사회에서 일정한 역할을 담당해야 하는가? 우리는 무엇을 해야 하는가? 직원들을 어떻게 참여시켜야 하는가?

5장 오픈북 경영

비즈니스에서 감정을 배제하기

직원들이 비즈니스에 관해 가장 자주 느끼는 감정은 무엇인가? 그 감정은 일을 올바로 처리하는 데 방해가 되는가? 감정이 어떻게 잘못된 결정으로 이어지는가? 경험에서 나온 예를 들어줄 수 있는가?

최저 비용 생산자 되기

우리는 업계에서 최저 비용 생산자인가? 아니면 누가 최저비용 생산자인가? 그가 우리의 가장 큰 경쟁자인가? 고객의 관점에서 볼 때 우리는 다른 경쟁자에게서 살 수 없는 요소를 제공하고 있는가? 만일 그렇다면 고객이 그것에 대해 기꺼이 지불할 수 있는 액수는 얼마인가? 직원들은 우리가 최저 비용 생산자인지 아닌지를 알고 있는가? 비용 절감에 직원들을 적극적으로 참여시키는 방법은 무엇인가?

경쟁사에 대한 두려움

경쟁사가 우리의 수치를 입수할 경우 벌어질 수 있는 최악의 사태는 무엇인가? 반대로 우리가 경쟁사의 수치를 손에 넣는다면 그것으로 무슨 일을 할 수 있는가? 경쟁사의 수치를 입수하는 것은 어느 정도로 어려운 일인가?

직원들에 대한 두려움

직원들이 회사에 불리한 방향으로 수치를 이용할 것인가? 그 수치가 의미하는 바를 충분히 이해하고 있는가? 당신은 직원들로부터 기꺼이 배울 의사가 있는가? 그들은 긍정적인 수치뿐 아니라 부정적인 수치까지도 다루는 방법을 알고 있는가? 직원들은 수치 뒤에 있는 '큰 그림'을 볼 것인가, 아니면 눈앞의 이익만을 좇을 것인가? 회사의 수치 정보를 문제를 일으키기 위해 이용하는 사람들을 어떻게 다루어야 하는가?

급여 정보의 공유

개인의 급여에 관한 정보를 공유하는 것이 옳은가? 옳은 이유와 옳지 않은 이유는 무엇인가? 동료의 급여에 대해 아는 것이 동기부여 요인이 되는 경우는 언제인가? 부정적으로 작용하는 경우는 언제인가? SRC나 오픈북 경영을 표방하는 대부분의 다른 기업들이 개인의 급여에 대한 정보를 공유하지 않는 이유는 무엇이라고 생각하는가?

6장 표준 설정하기

핵심 수치

핵심 수치(critical number)란 무엇인가? 그러한 수치가 한 가지 이상 있는가? 회사의 부문별로 다양한 핵심 수치가 있는가? 우리 모두가 동일한 핵심 수치에 초점을 맞추어야 하는가?

표준 비용의 목적

표준 비용의 파악이 왜 중요한가? 우리의 표준 비용은 경쟁사보다 낮은가? 그것들은 경쟁사보다 낮아야 하는가? 표준 비용을 계속 줄이는 것이 얼마나 중요한가? 우리의 표준 비용과 우리가 시장에 내놓는 가격 사이에는 관계가 있어야 하는가?

표준 비용 체계의 설정

표준 비용에 대해 얼마나 알고 있는가? 표준 비용을 정확하게 설정하는 방법은 무엇인가? 얼마나 자주 그 방법을 바꾸어야 하는가? 어떻게 표준 비용을 직원들의 업무 도구로 전환할 수 있는가? 어떻게 직원들이 표준 비용에 대해 적극적인 태도를 갖게 만들 수 있는가?

간접비
우리의 간접비 흡수율은 얼마인가? 왜 그것이 중요한가? 그것은 얼마나 자주 변하는가? 그것을 직원들에게 어떻게 설명할 수 있는가? 직원들이 간접비 흡수율에 대해 아는 것이 왜 중요한가?

7장 칭찬보다는 실질적 보상을 제공하라

보너스 프로그램의 고안
SRC의 보너스 프로그램인 스탑 구터(Stop-Gooter)와 우리 회사의 보너스 프로그램 간의 차이는 무엇인가? 우리 상황에 적용할 만한 스탑 구터의 특성에는 무엇이 있는가?

보너스 프로그램의 효과성
왜 많은 보너스 프로그램이 직원들의 동기부여에 실패하는가? 보너스 지급은 얼마나 자주 이루어져야 하는가? 얼마나 많은 목표가 있어야 하는가? 모든 프로그램이 같은 목표를 추구해야 하는가?

잠재적인 보너스의 규모
보너스 프로그램에 의한 금전적 보상 규모는 어느 정도로 중요한가? 그 액수가 직원들이 게임을 하는 방식에 영향을 미치는가?

평등한 지급의 문제

회사 내에서의 위치에 관계 없이 모두가 같은 액수의 보너스를 지급받아야 하는가? 아니면 개인의 직위와 책임 정도를 고려하여 보너스 액수에 차별을 두어야 하는가? 직원들 사이에 장벽을 쌓지 않고서 얼마나 많은 차이를 둘 수 있는가?

보너스를 통한 교육

직원들이 보너스 프로그램을 통해 무엇을 배우는가? 보너스 프로그램이 직원들로 하여금 수치를 더 잘 이해하도록 돕는가? 그것은 비즈니스가 작동하는 방법을 이해하도록 돕는가? 직원들을 '큰 그림'으로 유도하는가?

8장 비즈니스 게임 계획 짜기

예산과 게임 계획

예산과 연간 게임 계획 간의 차이는 무엇인가? 우리는 어떻게 모든 직원들을 계획 과정에 참여시킬 수 있는가? 게임 계획에 무엇을 포함시켜야 하는가? 그 과정의 논리적 단계는 무엇인가? 시간은 얼마나 필요한가? 언제 내년도 계획을 세우기 시작하는 것이 좋은가?

매출 전망

우리는 어떻게 영업부 직원들에게 정확한 매출 전망치의 중요성을 이해시킬 수 있는가? 어떻게 우리는 전망치를 축소하거나 과장하는 문제를 방지할 수 있는가? 목표를 너무 낮게 설정한 사람들에 대해서는 어떻게 대응해야 하는가? 영업부에 매출 전망치를 수정하도록 요구한다면 계획 과정에 얼마의 시간을 더 추가해야 하는가?

직원 참여

모든 사람들이 게임 계획을 수용하도록 하기 위해 무엇을 할 수 있는가? 어떻게 목표 설정에 직원들을 참여시킬 수 있는가? 직원들이 생각하고 있는 내년도 목표를 알고 있는가? 어떻게 알아낼 수 있는가? 목표와 실행을 어떻게 일치시킬 것인가? 각 개인이 그 계획에 서명하도록 요구해야 하는가? 부서별로 서명하도록 해야 하는가?

목표 수행 중 계획을 변경하는 문제

그해의 목표를 수행하는 도중에 예기치 못한 상황이 발생할 경우 어떻게 해야 하는가? 매출 전망이 완전히 빗나간 경우 어떻게 할 것인가? 중요한 고객을 잃게 된다면 어떻게 할 것인가? 또는 큰 고객을 얻게 된다면 어떻게 할 것인가? 자재 비용이 갑자기 상승한다면 어떻게 할 것인가? '위대한 비즈니스 게임'을 훼손하지 않고도 규칙을 변경할 수 있는가?

9장 작전 회의

스탭 회의

스탭 회의에 대하여 참석자들은 어떻게 인식하고 있는가? 그들은 회의가 시간낭비라고 느끼는가? 회의의 좋은 점은 무엇인가? 회의를 보다 생산적으로 만들기 위해서 SRC에서 하고 있는 '작전 회의(great huddle)'의 핵심 아이디어를 어떻게 활용할 수 있는가?

수치에 대한 책임을 부여하는 문제

손익계산서의 칸마다 직원들을 배정할 수 있는가? 수치에 대한 책임을 확대하기 위하여 손익 계산서를 바꿀 필요가 있는가? 얼마나 많은 직원들을 적극적으로 참여시킬 수 있는가?

회의 시간

스탭 회의는 얼마나 자주 가져야 하는가? 정시에 시작하고 끝내는 것을 보장하기 위해서는 어떻게 해야 하는가?

리더의 역할

회의를 주관하는 사람과 다른 직원들은 어떤 관계를 갖고 있는가? 직원들은 당신을 모든 문제의 해결사로 보고 있는가? 그들은 당신에게 보고하는 형식을 취하고 있는가? 회의 시간에 당신은 주로 말을 하는가, 아니면 귀를 기울이는 편인가? 당신은 직원들이 말한 모든 내용에 대해 평을 해야 한다고 느끼고 있는가? 리더로서의 역할을 수행하면서도 회의를 지배하지 않으려면 어떻게 해야 하는가?

수치 기입

직원들은 수치를 기입할 필요가 없는 만큼 수치를 잘 이해하고 있는가? 그들이 수리에 아주 밝아서 머릿속으로도 계산이 가능한가?

10장 주인들의 회사

전반적인 자산

직원들은 부가 어떻게 창출되는지 알고 있는가? 그들은 손익계산서뿐만 아니라 대차대조표도 이해하고 있는가? 회사 자산이나 채무를 추정할 수 있는가? 그들은 회사의 실제 규모를 정확하게 파악하고 있는가? 그것을 파악하고 있는 것이 왜 중요한지를 이해하고 있는가? 회사가 매각될 때 벌어지는 상황을 이해하고 있는가?

장기적인 사고

장기적인 사고와 안목이 중요한 이유는 무엇인가? 우리 사업의 안정성을 유지하기 위하여 직원들이 기꺼이 보너스를 포기할 수 있는가? 어떻게 해야 장기적인 사고를 촉진할 수 있는가?

직원들이 주인인 회사에서의 게임 실행

직원들은 주식 가치를 증가시키는 방법을 알고 있는가? 그들은 주식 가치가 계산되는 방법을 이해하고 있는가? 그들은 주가수익률(price/earnings multiple)이 무엇인지 알고 있는가? 그들은 이 회사의 주식 가치를 다른 회사의 것과 비교할 수 있는가? 주식 시장에서 주가 하락을 초래하는 요인들을 알고 있는가?

주식이라는 도구 없이 '위대한 비즈니스 게임' 실행하기

교육 도구로서 주식이 없다면 불리한 점은 무엇인가? 주식을 소유하지 않고도 직원들은 주인처럼 생각하고 행동할 수 있는가? 직원들이 단기적 목표에만 초점을 맞추게 될 위험이 있는가? 주식 이외에, 장기적 사고를 촉진하기 위해 사용할 수 있는 다른 도구가 있는가?

비즈니스에서의 참여와 민주주의

참여와 민주주의의 차이점은 무엇인가? 직원들이 투표할 수 있는 사안에는 어떤 것들이 있는가? 하나의 사안에 대해 투표를 할 수 있으려면 사전에 어떤 조건이 형성되어 있어야 하는가?

11장 고차원적 사고

의료 보험과 그밖의 복지 비용

우리 직원들은 자신의 의료 보험과 다른 복지 혜택을 위하여 회사가 얼마를 지불하고 있는지 알고 있는가? 복지 비용의 조절을 위해 직원들에게 도움을 요청한 적이 있는가? 혜택들 중에서 선택을 해야 한다면 그들이 어떤 결정을 내릴지 알고 있는가? 어떤 방법으로 알아낼 수 있겠는가?

직원들을 위한 새로운 기회 창출

우리가 간과하고 있는 사업 기회들이 주변에 있는가? 새로운 사업 기회들이 제공된다면 직원들은 이를 환영할 것인가? 환영하는 이유와 환영하지 않는 이유는 무엇인가?

현금 흐름 창출 요소와 간접비 요소

우리 사업에서 현금 흐름을 창출하는 것은 무엇인가? 반대로 간접 비를 발생시키는 것은 무엇인가? 우리 사업에 있어서 그것들이 시사 하는 바는 무엇인가?

주인이 되고자 하는 열망

직원들이 자신의 기업체를 갖는 것에 대한 꿈을 가지고 있는가? 주 인이 된다는 것의 매력은 무엇인가? 경제적인 독립인가, 보스가 될 기회인가, 자신이 원하는 대로 할 수 있기 때문인가, 통제권을 갖기 때문인가? 회사 내에서 그 열망을 만족시킬 수 있는 방법은 없는가?

12장 최상위 법칙: 중간 관리자에게 보내는 메시지

보스를 게임에 끌어들이기

보스를 게임에 끌어들이기 위해 필요한 것은 무엇인가? 우리가 필 요로 하는 것은 그의 참여인가, 허가인가, 또는 묵인인가? 보스가 장 애가 된다고 솔직히 말할 수 있는가? 또는 보스를 변명거리로 이용하 고 있지는 않은가?

보스 없이 게임하기

우리가 가지고 있는 정보에 대해 개방적인가? 우리 스스로 깰 수 있는 장벽이 있는가? 어떻게 하면 우리는 지금 바로 위대한 비즈니스 게임을 만들어낼 수 있는가? 그것은 어떤 내용인가?

즐거움 갖기

 직장에서 즐거움을 갖는다는 것은 중요한가? 왜 중요하며, 또는 왜 중요하지 않은가? 어떤 날이 다른 날보다 더 즐거운 것은 무엇 때문인가? 우리는 서로에 대해 얼마나 잘 알고 있는가? 우리는 정말로 우리의 일에서 벗어나기를 원하는가? 그렇다면 벗어날 수 있는 방법은 무엇인가?

직원들에게 수익을 창출하는 방법을
가르쳐야 하는 이유

The Great Game
of Business

자금도 없고 외부 자원도 없는 상태에서 119명의 직원 모두의 일자리와 가정, 심지어 당장의 끼니조차 책임져야 한다는 것은 참으로 막막한 일이다. 이러한 상황은 1983년 2월, 12명의 관리자들과 내가 실제로 겪었던 일이다. 그때는 우리가 독립하여 사업을 시작한 첫달이었다.

우리는 미조리(Missouri) 주의 스프링필드(Springfield)에 있는 조그만 공장의 관리자들이었는데, 당시 이 공장은 인터내셔널 하베스터(International Havester)의 소유였다. 하베스터 사가 '타이타닉호' 보다 더 빨리 침몰할 위기에 처하게 되자, 필사적인 자구책으로 우리와 같은 사업부들을 잘라내고자 했다. 회사가 우리에게 공장을 팔겠다는 제안을 해왔을 때, 우리는 직장을 구하겠다는 일념으로 뛰어들었다. 그것은 태풍이 몰아치는 바다를 향해 구멍난 뗏목을 타고 덤벼드는 것과도 같았다. 독립한 회사는 빚더미에 쌓여 있어서 조금만 건드려도 뒤집힐 형국이었다. 우리는 겁에 질렸다. 제때에 우리를 구하는 데 필요한 결과를 만들어낼 수 없는 기존의 경영 방식에 더 이상 매달릴 수는 없었다. 그래서 우리는 뭔가 새로운 것을 움켜쥐었다. 그것은 우리가 '비즈니스의 상위 법칙들' 이라고 생각하는 것에 기초하고 있다.

상위 법칙 1. 주는 만큼 받는다.
상위 법칙 2. 한 사람을 막기는 쉽지만, 백 사람을
　　　　　　막기는 어렵다.

이런 법칙들을 내가 어디서 배웠는지는 모르겠다. 학교에서 가르쳐 준 것도 아니다. 이것은 비즈니스의 현장에서 얻을 수 있는 것들이며,

사업의 성공에 실질적으로 도움이 되는 법칙들이다. 이를 바탕으로 우리는 살아남았고, 그후로 성공을 거두었다. 우리가 '위대한 비즈니스 게임'을 창출해 낸 것도 이러한 법칙들에서 비롯되었다.

위의 두 가지 상위 법칙은 우리의 성공을 요약한다. 이 법칙들은 우리가 서로에게 얼마나 철저히 의존하고 있는지, 그리고 그 때문에 우리가 얼마나 강한지를 강조한다.

나는 '위대한 비즈니스 게임'이 정확히 무엇인지 설명해 달라는 요청을 종종 받는다. 하지만 그것은 한 마디로 딱 잘라 말할 수 없다. 이것은 어떤 체계나 방법론이 아니다. 철학이나 태도 또는 특정한 기술이라고 할 수도 없다. 그 모든 것을 포함하면서 그 이상의 것이다. 그것은 혁신적인 회사 운영 방식이며, 회사가 어떻게 운영되어야 하는지에 대한 새로운 사고 방식이다. '위대한 비즈니스 게임'의 핵심에 놓여 있는 것은 다음과 같은 아주 간단한 명제이다.

사업 운영에 있어 가장 효율적이고 유익한 최선의 방법은, 직원들에게 회사 운영에 대한 발언권을 주고, 재무적 결과에 이해 관계를 갖게 만드는 것이다.

이러한 명제에 따라 우리는 사업을 전직원이 동참하는 게임으로 전환시켰다. 그것은 재미 이상의 것이다. 그것은 남을 이기고 싶어하는 보편적인 욕망을 이용하는 방식으로, 그 욕망을 강력한 경쟁력으로 전환시킨다. '위대한 비즈니스 게임'에서 이기면 생활의 지속적인 향상이라는 최고의 보상이 뒤따른다. 그러나 그것은 한 팀으로 뭉쳐 역동적인 회사를 만들어 냈을 때만 얻어지는 보상이다.

게임에 뛰어들어 승리함으로써 우리는 엄청난 효과를 거두었다. 1983년부터 1986년까지 해마다 30% 이상의 매출 성장을 기록했다. 첫해에는 6만 488달러의 적자였지만, 4년 후에는 270만 달러의 세전 이익을 올렸다. 한해 사업 실적의 40%에 해당하는 계약 건이 파기되었을 때에도 우리는 단 한 명의 직원도 해고하지 않았다. 1991년의 연간 매출액은 7천만 달러를 넘어섰고, 직원은 처음의 119명에서 650명으로 늘어났다.

그러나 가장 인상적인 수치는 우리의 주식 가치이다. 매입시 주당 10센트였던 것이 9년 만에 무려 18,200% 증가하여 1994년 현재 18달러 3센트이다. 결과적으로 처음에 SRC에서 일했던 근로자들이, 우리사주제(Employee Stock Ownership Plan)에 따라 한 명당 3만 5,000달러의 주식을 보유한 주주가 되었다. 이것은 스프링필드의 집 한 채 값에 해당한다.

우리가 이러한 성과를 올린 것은 첨단 기술 분야나 수익성 높은 산업에 뛰어들었기 때문이 아니었다. 재생은 거칠고 시끄럽고 지저분한 일이다. 우리 근로자들은 귀를 틀어막고 일하며, 공장은 온종일 기름으로 범벅이 돼 있다. SRC가 재생하는 것은 엔진과 그 부속품들이다. 승용차와 불도저, 트레일러 트럭 등에서 낡은 엔진을 가져다가 쓸 만한 부품은 재활용하고 파손된 것들은 손을 보고, 아예 수리할 수 없는 부속들은 교체해 그것을 개조한다. 그러나 어떤 면에서 보면 엔진을 재생하는 일은 부수적인 사업이다.

우리의 진짜 사업은 교육이다. 우리는 직원들에게 비즈니스를 가르친다. 우리는 그들이 '게임'을 할 수 있도록 필요한 지식을 제공한다.

게임의 기본
원칙

경영자들은 사업에서 정말로 결정적인 두 가지 요소가 있다는 것을 안다. 하나는 수익을 창출하는 것이고, 다른 하나는 현금을 생성하는 것이다. 이 두 가지가 원활하다면 어떤 실수나 오류가 있더라도 회사는 돌아간다. 나는 안전이나 품질이 중요한 사항이 아니라고 말하는 것이 아니다. 배송이나 고객 관리도 중요하지 않은 건 아니다. 그것들은 모두 중요한 문제이긴 하지만 어디까지나 그 과정의 일부일 뿐이다. 그것들은 궁극적인 목적이 아니며 생존이 걸린 문제도 아니다. 고객 관리를 잘 해도 실패할 수 있다. 대단한 안전 기록을 가지고도 실패할 수 있다. 그 분야 최고의 품질을 자랑해도 실패할 수 있다.

살아남는 유일한 방법은 수익을 창출하고 현금을 생성하는 것이다. 그밖의 모든 것은 이를 위한 수단일 뿐이다.

이 간단한 원칙은 모든 사업에 적용된다. 하지만 대부분의 회사는 기업의 생존이 전적으로 이 두 가지에 달려 있다는 것을 들으려 하지 않는다. 직원들은 하루 여덟 시간 동안 해야 할 일을 지시받지만, 누구도 그들에게 더 큰 그림(Big Picture)에 자신을 맞추는 방법을 알려주지 않는다. 한 사람의 행동이 다른 사람에게 어떤 영향을 끼치는지, 각 부서의 일이 서로 어떻게 연관되어 있는지, 이 모든 것이 회사 전체에 어떤 파급효과가 있는지를 아무도 설명해 주지 않는다. 더욱 문제가 되는 것은 어떻게 수익을 창출하고 현금을 생성하는지 아무도 말해 주지 않는다는 사실이다. 심지어 직원 열 명 중 아홉 명은 이 둘 간의 차이를 알지 못한다.

SRC에서 우리는 전직원에게 이 원칙들을 가르친다. 그러고 나서 단순한 지식들을 알려주고 복잡한 오너십 문제에 접근하게 한다. 우리는 항상 직원들을 위해 공장의 바닥에 큰 그림을 그려 놓으려 한다. 작업장에서 무지를 몰아내고 직원들을 동참시키려 한다. 강요와 위협에 의해서가 아니라 교육을 통해서 말이다. 그러면서 업계의 가장 큰 문제 중 하나인, 근로자와 관리자 간의 거리를 좁히려고 애쓴다.

우리는 모두가 뭉쳐 하나의 목표를 향해 일할 수 있게 하는 체계를 개발하는 중이다. 그렇게 하기 위해서는 직원들을 분리시켜 한 팀으로 뭉치는 데 방해가 되는 장벽들을 무너뜨려야 한다.

가장 큰 장벽은 무지이다.

무지는 좌절을 가져온다. 나는 무지와 좌절이 하나라고 생각한다. 대부분의 회사에는 다음과 같은 세 가지 수준의 무지가 있다.

1. 경영진의 무지. 일반 직원들이 경영상의 문제들과 책임을 이해할 능력이 없다고 가정한다.
2. 직원들의 무지. 그들은 관리자들이 어떤 일을 왜 하는지 알지 못하며, 회사 내의 모든 문제를 관리자들의 탐욕과 어리석음 탓으로 돌린다.
3. 중간 관리자의 무지. 그들은 경영진의 요구와 일반 직원들의 요구 사이에서 끊임없이 갈등한다. 중간 관리자는 경영진과 직원들을

모두 만족시켜야 하기 때문에 회사에서 가장 어려운 역할을 맡고 있다. 직원들 편에 선다면 경영진과 맞서게 되며, 경영진 편에 선다면 직원들과 마찰을 빚게 된다. 결과적으로 그들은 어느 쪽도 만족시킬 수 없게 된다.

이 모든 것의 뿌리에 놓여 있는 것은 비즈니스에 대한 근본적인 무지이다. 회사에서 일하는 대부분의 사람들은 비즈니스를 전혀 이해하지 못하고 있다. 그들은 모든 종류의 잘못된 개념들을 갖고 있다. 그들은 '수익'이라는 말을 입에 올리기 껄끄러워한다. 수익이란 그저 사업주가 밤에 은행계좌에 슬쩍 집어넣는 것이라고 생각하고 있다. 그들은 사업 수익의 40% 이상이 세금으로 들어간다는 사실을 모르고 있다. 이익 잉여금(Retained Earnings)이라는 말을 들어본 적도 없다. 회사가 어떻게 해서 수익을 창출하는지, 수익을 창출하면서도 세금을 지불할 현금은 왜 없는지, 그리고 현금이 어떻게 생성되며, 때로 손실을 보면서도 회사가 어떻게 운영되는지 그들은 모르고 있다.

이것이 바로 당신이 제거해야 할 무지이다. 전직원이 하나로 뭉쳐 일하게 만들고 싶다면 말이다. 그러나 대부분의 직원들이 사업이라는 것을 너무나 어렵고 복잡한 것으로 생각하기 때문에, 실제로 무지를 없애기란 힘들다. 직원들은 수익과 현금 흐름에 대해 듣고 싶어하지 않는다. 다른 누군가를 위해 돈버는 일에 대해서는 크게 흥미를 가질 수가 없다. 사람들은 누구나 먹고 살 직업을 원하지만 그 이상은 별로 관여하고 싶어하지 않는다. 사람들이 지금까지 비즈니스에 대해서 들어왔던 것은 복잡하고 혼란스럽고 이해하기 어렵고 추상적이며, 심지어 약간은 음모스런 내용이었다.

바로 이 지점에서 '위대한 비즈니스 게임'이 시작된다. 우리는 직원들이 비즈니스에 대해 갖고 있는 잘못된 인식을 지적해 주며, 비즈니스야말로 야구나 골프, 볼링보다 더 간단한 '게임'이라는 사실을 인식시켜 준다. 다만 조금 다른 것이 있다면 '판돈'이 더 크다는 사실뿐이다. 소프트볼 게임은 트로피를 따느냐 못 따느냐의 문제지만, 위대한 비즈니스 게임에는 가족 부양과 생계 유지, 꿈의 실현 여부가 달려 있다. 그렇다고 해서 사업에 성공하기 위해 샘 월튼(Sam Walton) 같은 사업의 천재가 될 필요는 없다. 그저 게임의 법칙을 배우고 기본기를 마스터하고 한 팀으로 뭉쳐 일하면 되는 것이다.

우리가 SRC에서 하는 모든 일은 직원들이 '위대한 비즈니스 게임'에 참여하게 하는 데 맞추어져 있다. 우리는 직원들에게 '게임의 법칙'을 가르친다. 우리는 점수를 따고 게임을 하는 방법을 보여주고, 그러고 나서 그 두 가지를 하는 데 필요한 정보를 제공한다. 또한 성과에 대한 큰 보상을 해준다. 우리는 그것을 돈, 주식, 승진 기회 등의 형태로 제공한다. 우리는 이 모든 것을 하는 데 전통적인 비즈니스 도구들을 사용한다. 그중에서 가장 중요한 것은 재무제표이다.

게임의 기본 도구들

우리는 직장을 찾아 SRC에 오는 사람들에게, 업무의 70%는 해체 작업 등이며, 30%는 교육이라고 말해 준다. 그들이 배우는 것은 돈버는 방법, 즉 수익을 창출하는 방법이다. 우리는 그들이 회계 강좌를 듣게 하고, 주임 등이 개인 교습을 시킨다. 우리가 그들에게 가르치는 것은 세후 이익과 이익 잉여금, 순이익, 현금 흐름 등 전반적인 재무 지식이다. 우리가 그들에게 바라는 것은 손익계산서와 대차대조표를 해독할 수 있는 능력이다. "여기서 일할지 안 할지의 결정은 당신에게 달렸지만, 이것은 우리가 게임을 하는 기본 규칙들이오"라고 우리는 말한다.

그러고 나서 많은 강화된 교육을 한다. 예를 들어, 일주일에 한 번씩 각 주임들이 부서별로 회의를 열어 최근 업데이트된 재무제표를 검토한다. 그리고 직원들은 그 수치를 적는다. 그 수치들은 우리가 연간 목표에 비추어 어떻게 하고 있는지, 분기 보너스가 있을지를 보여준다. 더 많이 이해할수록 직원들은 더 많이 알고 싶어한다. 경쟁, 동료들의 압박, 그리고 추격의 스릴은 수치가 빙빙 돌게 만든다. '게임'에 열중할수록 직원들은 끊임없이 배우게 된다.

그러다가 어느 순간에 모든 직원들이 비즈니스를 깨닫게 된다. 자본주의를 깨닫게 된다. 그러나 그것을 제대로 이해하려면 전체를 보아야 한다. 하나의 일, 하나의 부서, 또는 하나의 기능에만 집중해서는 안 된다. 하지만 대부분의 조직에서 직원들이 매우 한정된 초점만을 가지고 있다. '위대한 비즈니스 게임'은 벽을 허문다. 직원들로 하여금 그들이 한 팀이며, 이기든 지든 함께라는 사실을 인식시키는 데 초점을 맞춘다. 그러면 직원들은 진심으로 함께 이기고 싶어한다. 그것이야말로 최고의 성공이다.

모든 직원이 함께 이기는 것은 혼자서 이기는 것보다 훨씬 더 재미있는 일이다. 모든 사람이 함께 보상을 받는다. 수익과 현금 흐름과 같은 목표를 바라보면서 직원들 각자가 서로에게 얼마나 의존하고 있는가를 깨닫게 된다. 그렇게 되면 다른 사람의 입장에서 비즈니스를 보게 되고, 보다 폭넓은 관점을 갖게 된다.

무지가 회사를
죽인다

그러나 이렇게 하지 않는 회사들이 더 많다는 사실에 나는 놀라지 않을 수 없다. 나는 시카고 근교에 있는 인터내셔널 하베스터 사의 큰 공장에서 10년 동안 일했다. 금요일마다 개최되는 스탭 회의에서 공장장은 말했다. "더 많은 돈을 벌어야 합니다. 더 많은 수익을 내야 해요." 그러나 그는 내게 돈버는 방법은 가르쳐 준 적이 없었다. 우리는 많은 지시를 받았다. 크랭크 케이스는 이러저러한 라인에 옮기고, 사고를 줄이고, 무엇무엇의 생산성을 높이라는 등등.

나는 돈버는 방법에 대해서는 아무것도 모른 채 수백 명의 직원들을 감독했다. 마침내 나는 더 나은 방법이 있다는 사실을 깨닫기 시작했다. 그것은 바로 재무제표를 가지고 사업을 운영하는 것이었다. 직원들이 재무제표를 이용할 줄만 알면, 그것은 정말로 사업을 운영하는 가장 간단한 방법이다. 직원들이 재무제표를 모른다면, 그들은 돈버는 방법을 이해하지 못할 것이고, 일을 제대로 하지도 못할 것이며, 회사가 실패하면 경영자를 비난할 것이다. 실패한 뒤에 직원들은 이렇게 말할 것이다. "당신은 항상 우리가 일을 잘 하고 있다고 했소. 그런데 이제 와서 회사가 망한다니, 우리는 받아들일 수 없소. 도저히 못 믿겠소. 돈은 전부 어디로 간 거요?"

위대한 비즈니스 게임을 하는 이유

이유 1. 고용 계약의 목표를 실천하고 싶다

나는 누군가를 고용할 때는 커다란 의무를 짊어지게 되는 것이라고 항상 믿어왔다. 그 사람은 집에 돈을 가져가서 생계를 꾸려가야 하고 자녀들을 돌봐야 한다. 그 의무를 가볍게 여겨서는 안 된다. 그 사람은 물론 회사에 대해서도 의무를 진다. 고용은 쌍무적인 것이다. 그러나 회사를 떠나든 떠나지 않든, 나는 그것이 본인의 선택이기를 진심으로 희망한다. 그래서 나는 자신의 과실이 없이 일자리를 잃는 사람들을 보는 것은 정말 괴롭다. 이러한 경우를 방지하기 위해 우리는 서로 계약을 맺는다. 이는 일자리의 안정성이 가장 중요하다는 공통된 인식에 바탕을 두고 있다. 우리는 1년이나 5년이 아니라 향후 50년 혹은 그 이상의 기간을 바라보고 직원의 일자리를 마련한다. 회사가 존속하고 유지되도록 하기 위해 우리는 서로에게 의지한다.

이것이 우리가 '위대한 비즈니스 게임'을 시작한 첫 번째 이유이다. 우리는 우리 자신과 우리가 함께 일하는 사람들을 위해 일정 수준의 일자리의 안정성을 확보하고 싶었다. 인터내셔널 하베스터 사의 몰락에서 우리가 얻은 교훈 중의 하나는, 무지하면 일자리의 안전성을 확보할 수 없다는 사실이었다. 자신의 일자리가 안전한가를 알아보는 유일한 방법은 재무제표를 검토하는 것이다.

나는 하베스터 사에서의 일자리가 위태로울 것이라고는 상상도 하지 못했었다. 그 회사는 100년을 이어내려오고 있었고, 미국의 30대

기업 중 하나였으며 10만 명 이상의 직원을 거느리고 있었다. 나는 거기서 14년째 일하고 있었다. 나는 내 일자리가 안전하다고 여기고 있었고, 그것이 그렇지 않다는 것을 알 도리가 없었다. 아무도 내게 대차대조표 보는 법을 가르쳐 주지 않았기 때문이었다. 그런데 갑자기 하베스터 사가 곤두박질쳤다.

그러나 SRC를 시작하게 되었을 때 우리는 그러한 환상을 갖지 않았다. 처음부터 우리의 일자리가 위태롭다는 것을 알았기 때문이었다. 공장을 매입하기 위해서는 900만 달러를 만들어 내야 했다. 우리 자신의 사비는 말할 것도 없고, 부모님과 친인척, 친구 등으로부터 총 10만 달러를 끌어왔다. 나머지 자금은 대출을 받았다. 이것은 마치 1,000달러를 치르고서 9만 달러의 집을 사는 것과도 같았다. 그 당시 SRC의 진짜 소유주는 우리가 아니라 은행이었으며, 단 한 번만 연체를 해도 은행이 우리의 열쇠를 빼앗아 버릴 것이었다. 비즈니스 용어로 말하자면 부채 대 자산 비율이 89대 1이었다. 사업체로서 우리는 거의 회복 불가능 상태였지만, 10만 달러짜리 실수를 할 형편이 못되었다.

이러한 상황에서 우리는 절대로 있어서는 안 될 일이 두 가지 있다는 것을 깨달았다.

첫째는 현금이 떨어져서는 안 된다는 것이었다. 그렇게 되면 채권자들이 SRC를 문닫게 할 것이기 때문이었다. 둘째는 우리 스스로 망해서는 안 된다는 사실이었다. 이는 사기가 떨어지면 초래될 수도 있는 위험이었다. 어느 한 가지라도 실제로 닥친다면 우리 회사와 119명의 일자리는 날아갈 판이었다. 이러한 위기를 극복하기 위해서는 전직원이 회사의 재정 상태를 철저히 알고 있어야만 했다. 우리는 그들에게 현금이 어디에 있으며, 그것으로 무엇을 하느냐를 결정하는 일에 관여하게 했다. 이것이 바로 '위대한 비즈니스 게임'을 처음 시작한 방법이었다.

우리는 직원들에게 '점수표'와 '점수를 따는 법'을 제공함으로써 직업 안정성에 대한 책임을 위임하는 체계를 개발했다. 위대한 비즈니스 게임은 직원들이 자신의 일자리가 얼마나 안전한지, 그리고 일자리를 더욱 안전하게 만들기 위해서 해야 할 일들이 무엇인지 스스로 알게 한다. 그것은 보증을 제공하지 않는다. 하지만 그 이상의 보증도 없다. 사실, 과거에도 없었다.

이유 2. 일이라는 개념을 없애고 싶다

우리는 이런 말을 자주 들어왔다. "우리가 당신에게 요구하는 것은 맡은 직무를 수행하라는 것뿐이다. 그 이상도 그 이하도 아니다." 하지만 나는 직원들에게 그저 일만 하라고 말하고 싶지 않다. 나는 직원들이 자신의 일에 목표를 갖기 바란다. 나는 그들이 어딘가를 향해 나아가기를 바란다. 아침에 잠자리에서 일어났을 때 그날 할 일에 대해 기대하면서 흥분하기를 바란다. 그것은 어쩌면 사람들을 출근하고 싶게끔 만드는 요령이다. 내가 '요령'이라고 말하는 것은 그것이 자연스러운 일은 아니라고 생각하기 때문이다. 아마도 대부분의 사람들은 틀림없이 일보다는 다른 것을 하고 싶어할 것이다. 하지만 그들은 선택의 여지가 없다고 느낀다.

회사는 이런 느낌을 강화시킨다. 회사는 직원들에게 단지 일을 하라고 말할 뿐만 아니라, 작업을 단순 업무로 만들어 놓기까지 한다.

그들은 말한다. "이 구멍들을 가능한 한 빨리, 가능한 한 많이 뚫어라. 그리고 다른 건 생각지도 말아라." 이것은 회사를 운영하는 한 가지 방식이다. 결국 직원들은 일은 그저 일일 뿐이라는 생각을 갖게 된다. 직원들은 살아 있으나 죽은 자와 다름없다.

나는 살아 있으나 죽은 자들을 없애고 싶다. 얼굴 없는 이런 사람들이 공장과 사무실에 기어들어가 얼쩡거리는 모습을 나는 차마 볼 수가 없다. 이들의 안색은 창백하고 행동에도 활기가 없으며, 이들의 존재는 회사에 큰 골칫덩어리이다. 나는 '그것이 일이기 때문에 거기에 있는' 이들에 대해 이야기하고 있다. 그들의 태도는 이렇다. "나는 여기 있어야 한다. 좋아서 있는 게 아니다. 내 자신을 위해서가 아니라 내 가족들을 위해서이다."

우리는 어쩌다 이런 환경을 만들었던가? 나는 이처럼 불행한 사람들에게 말해 주고 싶다. "행복해지는 것은 인간의 의무이다. 행복해질 수 있는 다른 곳을 찾아봐라. 내 주변에 남아서 비참해하지 말라." 우리는 이 같이 얼굴 없는 사람들에게서 높은 생산성을 기대할 수 없다. 그들이 자기 자신에 대해 행복해하지 않는다. 그들은 자신의 일에 대해 행복해하지 않는다. 그들은 회사를 점점 침몰시킨다.

하지만 그저 업무만 수행하라는 말을 끊임없이 들어온 사람들이 일에 대해 그런 태도를 갖는다고 해서 그들을 무조건 탓할 수는 없다. 회사가 바라는 것은 그것이 전부인데, 일이란 일 이상의 그 무엇이라고 누가 생각하겠는가? 그러나 만약 당신이 일이 다른 어떤 것으로 향해 나아가는 한 단계가 되도록 만든다면, 그것은 새로운 의미를 갖게 된다. 그것은 단순한 일 이상의 것이 되는 것이다.

그렇게 하기 위해서는 사람들이 꿈을 갖도록 해야 한다. 무지개 끝에 정말로 보물단지가 있으며, 그것을 원하고 기꺼이 노력만 한다면 자신의 것이 될 수 있음을 보여주어야 한다. 비즈니스는 당신의 최고의 꿈, 즉 금전적인 꿈을 성취하는 도구이다. 비즈니스로 성취할 수 없는 꿈도 분명 있다. 건강은 되돌릴 수 없다. 예술적인 재능도 줄 수도 없다. 그러나 비즈니스는 대부분의 사람들이 인생에서 어떤 성공을 거두도록 도울 수 있다. 그것은 사람들에게 희망을 줄 수 있다.

일단 '위대한 비즈니스 게임'을 이해하면, 당신은 원하는 한 그것을 가질 수 있다. 내가 생각하기에, 많은 사람들이 앞으로 나아가지 못하는 유일한 이유는 그들이 스스로를 제한하기 때문이다. 우리는 직원들에게 어디로 가고 싶어하는지, 인생에서 무엇을 하고 싶은지 이야기하도록 끊임없이 부추긴다. 그렇게 하면 많은 문들을 열 수 있다. 직원들이 갖고 있는 많은 좌절들을 제거할 수 있다. 당신은 또한 그들이 더 이상 변명을 하지 않게 만들 수 있는데, 이것은 아주 중요한 것이다.

일 중에는 아주 힘든 일도 있고 아무도 하고 싶어하지 않는 일도 있기 마련이다. 우리의 업무 중에는 화학약품으로 특정 부속을 소제하는 일이 있었다. 누군가 30도가 넘는 클리닝 탱크에 비닐옷을 입고 들어가 내내 지켜서 있어야 했다. 아무도 그 작업을 원하지 않았기 때문에 우리는 그 작업을 없애 버렸다. 우리는 말했다. "사람들이 원치 않는 일은 로봇이 하게 합시다. 컴퓨터로 처리합시다. 그런 제품은 아예 만들지 맙시다."

그러나 그렇게 해버리면, 하기 싫은 일을 없애 버리고나면, 그 다음엔 어떻게 할 것인가? 산업이 발달했어도 볼트에 와셔를 끼워넣는 일은 여전히 많이 있다. 그 일을 다 없애 버릴 수는 없다. 따분하고 번거

롭지만 어쩔 수 없이 해야 되는 일이 있는 것이다.

'위대한 비즈니스 게임'은 모든 직원들이, 심지어 볼트에 와셔를 끼우는 직원들까지 자신의 일에서 기쁨을 맛볼 수 있는 환경을 만들려는 시도이다. 일을 하면서 동시에 다른 어떤 것을 하고 있다는 기쁨을 갖게 하는 것이다. 우리의 의도는 직원들에게 지금 하고 있는 일을 뛰어넘어 그들의 지성을 이용해 무언가를 성취할 수 있는 기회를 주는 것이다. 사실상, 그들이 손으로 일하는 동안 그들의 두뇌를 '슬쩍' 하는 것이다.

우리는 그들의 머릿속으로 들어가 불을 켜고 그들을 자극한다. 그들은 볼트에 와셔를 끼워넣으면서 자신의 환경을 개선하거나 승진을 하거나 삶의 질을 높이는 방법에 대해 생각할지도 모른다. 그들은 더 이상 제품 생산에만 기여하는 것이 아니라 자신의 삶에 기여하고 있는 것이다. 그들은 긍정적인 방향으로 움직이고 있고, 어딘가를 향해 나아가고 있는 것이다.

이유 3. 피고용자 근성을 없애고 싶다

위대한 비즈니스 게임을 실행하면서 얻은 가장 큰 수확은, 우리가 교육을 받을수록 더욱더 유연한 조직이 되어간다는 사실이다. 우리는 시장의 변화에 즉각적으로 대처할 수 있게 되었다. 고객을 위해서 필요하다면 언제든지 방향을 바꿀 수 있다. 우리가 문제에 대응하는 데는 전화 한 통을 거는 시간이면 충분하다.

우리가 이 모든 일을 할 수 있는 것은 주인일 뿐만 아니라 주인처럼 생각하고 행동하는 직원들로 가득차 있기 때문이다. 이것은 매우 중요한 차이이다. 직원들이 회사의 주인처럼 생각하고 행동하도록 하는 것은 그들에게 주식을 주는 것 이상의 차원이다. 많은 회사들이 근무 태도에 있어서의 기적적인 변화를 기대하며 '우리사주제'를 도입하였다. 그리고 나서 회사는 직원들이 여전히 피고용자처럼 생각하고 행동하는 것을 보고 충격을 받았다. 직원들은 계속해서 지시를 받고 일하려 했고, 적극적으로 나서거나 책임을 지려하지 않았다. 자신의 잘못에 대해 변명하거나 남의 탓으로 돌렸고, 항상 다른 누군가에게 책임을 떠넘겼다.

이것은 주인의식과는 정반대되는 것이다. 진정한 주인은 무슨 일을 해야 할지 지시를 받지 않는다. 그들은 스스로 찾아낸다. 그들은 결정을 내리는 데 필요한 모든 지식과 정보를 갖고 있으며, 자신의 일을 신속히 처리하려는 의지와 동기도 있다. 주인의식은 법적인 권리가 아니다. 그것은 정신 상태이다. 단 한 번의 미끼로 그러한 주인의식을 심어줄 수는 없다. 교육이라는 과정을 통해 키워 가는 것이다.

그리고 그 과정은 끝이 없다. 사업은 항상 변화하기 때문이다. 시장이 변화하고 기술도 변화하고 고객도 변화하며 회사의 욕구도 변화하고 있다. 따라서 주인의식에 요구되는 것들도 끊임없이 변화한다. 그러한 요구에 부합하기 위해서는 계속해서 배워야 한다. 배우면서 성장하고, 인생에서 더 많은 것을 얻으며 재미를 느낄 수 있다.

위대한 비즈니스 게임의 기본적 아이디어는 직원들이 항상 배울 수 있는 환경을 조성하는 것이다. 우리는 직원들이 모든 종류의 상황들을 보게 한다. 우리는 모든 경우의 양 측면을 제시해 그들이 결정을 내릴 수 있게 한다. 잘못 내린 결정으로 실패해도, 그 실패에서 배우고 다시 시도하게 한다.

이 과정에서 수치들이 중요한 의미를 갖는다. 그것은 신뢰의 근간이며 우리를 묶어 주는 끈이다. 직원들에게 수치를 보여주며 나는 이렇게 말할 수 있다. "여러분이 저를 못 믿겠거든 이 수치들을 보시오. 내가 하는 말이 사실인지 아닌지 눈으로 확인하시오. 이것이 우리가 다루고 있는 인생입니다. 이것을 보고 좌절할 수도 있겠지만, 인생 또한 그렇습니다. 여기 감추어져 있는 것은 아무것도 없습니다. 여기에 있는 숫자가 모든 것을 말해 줄 뿐입니다."

이유 4. 부를 창출하고 분배하고 싶다

오늘날 경제에서 나를 두렵게 하는 한 가지는 전반적인 감원 추세이다. 회사가 직원을 떨구어내고 그 자리를 기계로 대체하는 일이 실제로 벌어지고 있다. 회사는 직원을 우발채무(Contingent Liability)로 본다. 그들은 생산성이 직원들에게 달려 있다는 사실을 간과하고 있는 것이다.

기계가 경쟁력을 높인다는 데에는 나도 동감한다. 기계는 간접비를 줄인다. 휴식도 필요 없고 휴가도 가지 않는다. 어물쩡거리며 시간을 낭비하지도 않는다. 그런 기계가 할 수 없는 것은 돈버는 방법을 생각해 내는 일이다. 오직 직원만이 그것을 할 수 있다. 돈버는 방법을 아는 직원을 둔다면 매번 승리를 거둘 것이다. 단, 그러기 위해서는 직원들을 교육시켜야 한다. 그들에게 수익 창출과 현금 생성이 중요한 이유를 가르치고, 그들이 이 두 가지에 매진하게 하는 방법을 찾아내야 한다. 직원들에게 교육 외에 생산성을 향상시키는 다른 방법이 있다고 말한다면 그것은 거짓말이라고 나는 생각한다. 생산성은 중요하다. 왜냐하면 생활 수준을 높이는 것은 오직 생산성 향상에 의해서만 가능하기 때문이다. 생산성 향상 없이 산출량을 증가시키는 다른 모든 방법들은 부풀리기에 지나지 않는다. 조만간 그에 대한 부작용이 나타나게 된다.

생산성을 향상시킨다면, 계속적으로 더 좋아지는 사회, 직원들이 서로를 위해 더 많은 것을 할 수 있는 사회를 만들 수 있다. 지금의 우리는 가진 자와 못 가진 자의 사회가 되어가고 있다. 부유한 자들은 비즈니스 게임의 방법을 알고 있고, 그것을 잘해 나가고 있다. 반면, 사회 전체의 생활 수준은 점점 더 하락해 가고 있다. 우리가 좀더 생산성을 높이는 방안을 강구해내지 않는다면 전체적인 생활 수준은 계속해서 하락해 갈 것이다.

그렇다면 왜 우리는 그 방법을 찾아내지 못하는가? 그 문제의 일부는 부의 창출 없이는 생활 수준을 높일 수 없는데도 불구하고 우리가 부를 창출하는 사람들을 증오한다는 데 있다. 이것은 큰 잘못이다. 우리가 증오해야 하는 것은 부의 창출이 아니다. 잘못된 것은 부의 분배이다. 우리의 진짜 문제는 직원들에게 그러한 부를 공유하는 방법을 가르치지 않았다는 데에 있다.

솔직히 말해서 나는 이 나라뿐 아니라 전세계에 걸쳐 부가 공정하게 분배되고 있다고 생각하지 않는다. 리 아이아코카(Lee Iacocca)가 수천 명의 종업원을 해고시키면서도 자신은 450만 달러를 챙겼다는 사실을 생각해 보자. 그는 결코 최악의 범법자는 아니다. 한편 나는 아이아코카의 수백만 달러를 빼앗음으로써 그 문제를 해결할 수 있다고 생각하지 않는다. 그것은 그저 양동이에 물 한 방울 담는 격일 뿐이다. 장기적인 유일한 해결책은 직원들이 수익을 창출하는 것에 대해 의식을 갖게 하고, 어디서 수익이 나고 어디로 가는지를 이해시키는 것이다.

누군가가 나서서 부에 대해 가르쳐야 한다. 이익 잉여금과 자산 가치에 대해, 이익 배수에 대해, 그리고 그것의 의미와 그것이 개인들에게 영향을 미치는 방식에 대해 가르쳐야 한다. 그렇게 하지 않으면 결코 전체적인 생활 수준을 높이지 못할 것이다. 일은 단지 일일 뿐이라고 생각하는 이 무지한 수면 상태에 영원히 남아 있게 될 것이다. 그리고 생활 수준의 하락은 계속될 것이다.

하지만 당신은 직원들이 특정한 기계적인 작업을 하는 데만 집중하는 데서 그들을 떼어놓는 일부터 시작해야 한다. 비즈니스를 위해 더 많은 할 일이 있기 때문이다. 회사들은 의료 문제와 같은 오늘날 시급한 사회적 문제들과 씨름하고 있다. 의료 문제는 작업 현장의 직원들, 심지어 직업 전선에 처음 뛰어든 초년병들조차 가장 신경쓰는 복지 혜택이다. 의료 보험은 항상 당연한 것으로 여겨져 왔다. 의료 보험은 간접비 항목에 속해 있으며, 감추어진 비용으로서 직원들이 꼭 알 필요는 없는 것이다. 이제 직원들은 그 비용에 눈을 돌릴 필요가 있다. 하지만 어떻게 볼트와 와셔에 매달려 있던 직원들을 이러한 문제로 눈을 돌리게 할 것인가? 어떻게 직원들에게 그것을 설명하고 알아듣게 하는 제도를 고안해 내지 않고서 그것이 가능하겠는가?

'위대한 비즈니스 게임'은 그것을 하는 한 방법이다. 우리는 직원들에게 스스로를 돌보는 방법을 가르친다. 그 과정에서 우리는 부를 재분배한다. 회사의 수익을 창출해낸 직원들에게 수익을 되돌려 주는 것이다.

경영에 대한
잘못된 통념

여러분은 위대한 비즈니스 게임이 어느 곳 — 거대 기업의 한 사업부나 강력한 노조가 버티고 있는 공장, 또는 직원들과 주식을 공유하지 않거나 잘 갖추어진 보너스 체계가 없는 회사 — 에서나 실행 가능한지 궁금할 것이다. 사실 위대한 비즈니스 게임은 바로 그런 곳에서부터 시작되었다. 바로 일리노이 주 멜로즈 파크에 있는 거대한 인터내셔널 하베스터 사의 공장에 있는 아주 작은 부서에서 말이다. 나는 그곳에서, 내가 알고 있는 관리에 관해 대부분의 것과 지금은 잊어 버리려고 하는 리더십에 관한 모든 것을 배웠다.

내가 멜로즈 파크에서 일했을 당시, 그곳은 1970년대 미국에서 가장 험한 공장 중의 하나였다. 인종 문제와 화재, 폭발, 총격, 부녀자 폭행 등 갖가지 일어날 수 있는 사건과 사고는 전부 다 있었다. 노동자와 관리자는 끊임없이 서로 으르렁대고 있었다. 일 년에 두세 건의 동맹 파업이 벌어졌는데, 그나마 운이 좋은 경우였다. 안 좋은 달에는 두세 번의 파업이 이어졌다. 한 고비를 넘을 때마다 노사 문제 때문에 공장 문을 닫게 될 것이라는 소문이 들렸다. 말하자면 우리 중에 많은 실패자가 있었던 것이다. 물론 나도 그 중 하나였다.

멜로즈 파크에서 현장 감독을 했던 우리 아버지는 나에게 구매부의 우편 배달 일을 시켰다. 나는 그때 열아홉 살이었는데, 대학과 가톨릭 신학교에서 징계 처분을 받아 쫓겨났고, 제너럴 모터스 사에서 근무 중에 포커를 치다가 해고당했다. 그리고 사고를 당해 다치는 바람에 군대에 갈 수 없었다. 교회와 학교와 군대, 그리고 제너럴 모터스에서 거부당한 뒤 나는 멜로즈 파크가 마지막 기회라는 것을 깨달았다.

내가 아직도 이해할 수 없고 정말로 설명하기 어려운 것은, 그곳이 나에게는 정말 이상적인 자리였다는 것이다. 나는 10년 동안 열 군데 이상의 부서를 돌아다녔는데, 그러는 사이 관리에 대해 많은 것을 배울 수 있었다. 사람들은 나에게 항상 이렇게 말하곤 했다. "삽을 들고 있어라. 돌아다녀야 할 테니까." 해결해야 할 골칫거리가 있을 때마다 사람들은 내 등을 떠밀어 처리하게 했다. 그런데 참 희한한 것은, 나는 처음에는 골칫거리를 만들어내는 재주를 가지고 있었다. 한 업무에서 어떤 일을 하게 되면, 나는 다음 부서로 옮길 때까지 그 일이 미칠 효과를 알지 못했다. 그런 다음 나는 내가 만들어낸 문제들을 해결해야 했다.

그러나 나는 일을 해내는 법을 배웠다. 내가 그럴 수 있었던 주요한 이유는 능력 있는 관리자가 되는 법에 대해 다른 사람들이 내게 했던 충고를 무시했기 때문이었다. 내가 발견한 바에 의하면, 관리의 관행들에는 그 당시 멜로즈 파크와 같이 악화되어 있는 공장이나 회사를 일으켜 세울 수 있다고 장담하는 잘못된 통념들로 가득 차 있다. 유능한 관리자가 되는 진짜 비결은 그 통념들을 무시하는 방법을 배우는 것이다. 직원들에게 위대한 비즈니스 게임을 시키려면 그것을 무시해야만 한다.

잘못된 통념 1. 사람들에게 진실을 말하지 말라

'정직해야 한다'는 말은 1970년대의 멜로즈 파크와 대부분의 다른 회사들에서 들을 수 없는 얘기였다. 전반적인 사고방식은 '자신의 문제를 감춰라(cover your ass)'는 식이었다. 예를 들어 부품 구입에 있어서도, 공급업자에게 정말로 필요한 개수와 시기를 말하는 법이 없었다. 왜냐하면 매번 공급업자들이 물을 먹이기 때문이었다. 경험자들은 말했다. "이봐, 감춰. 감추라고. 몇 주 지탱할 만큼 충분한 부품이 있어도 금요일쯤에 바닥이 날 거라고 저들에게 말하는 거야." 아무도 상대방을 믿을 수 없는 풍토에서 생겨난 일종의 요령이었다. 직원들은 자신의 문제를 감추기 위해 서로에게 거짓말을 하고 있었다.

그러나 나는 이점을 갖고 있었다. 나는 내 문제를 감출 필요가 없었다. 나에겐 딸린 가족도 없었고 책임져야 할 일도 없었다. 그래서 공급업자들이 공장의 속사정을 물어올 때 나는 사실대로 얘기해 주었다. 정확한 부품 보유 개수가 얼마인지, 조립 라인에 문제가 생기기 시작할 때까지 얼마나 버틸 수 있는지를 그들에게 말해 주었다.

나는 그들에게 정직할수록 그들이 나에게 더 의존한다는 사실을 발견했다. 그들에게는 나름대로 납품 시기의 문제가 있었고, 믿을 만한 정보가 없어 속수무책이었다. 결과적으로 그들이 나를 지켜주었다. 나는 그들의 정보처였으며, 그들은 결코 나를 실망시키지 않을 것이라는 확신을 주었다.

내가 작업장의 직원들을 다루는 문제에 있어서도 똑같은 일이 벌어졌다. 아무도 자신에게 주어진 작업 일정을 믿으려 하지 않았다. 왜냐하면 모두가 자신의 문제를 감추고 있었기 때문이었다. 하루 동안 X모델 엔진 50개와 Y모델 엔진 50개를 제작하라는 지시가 생산 라인에 떨어졌다고 하자. 하지만 공장에는 X모델의 할당량을 채울 만한 부품이 없다. 그러면 직원들은 Y모델의 이틀 생산량을 채우고 말아버릴 것이다. 그런 식으로 그들은 생산 라인을 유지해 왔는데, 이는 문제를 감춰버리는 것을 의미했다. 그러나 그들은 다른 모든 이들을 완전히 혼란에 빠뜨렸고, 공정에 무엇이 언제 필요한지를 알 수 없도록 만들었다. 그래서 나는 생산 라인에 있는 직원들에게 다가가 말했다. "보세요, 이제부터 우리는 정해진 일정대로 움직일 겁니다. 필요한 부품이 없다고 해서 다른 부품으로 때워서는 안 됩니다. 그 생산 라인은 정지시키겠어요."

모든 사람들이 충격을 받았다. 그들은 이렇게 말했다. "당신은 그렇게 할 수 없소. 생산 라인이 최우선인데, 정지시킬 수 없어요." 그래서 나는 말했다. "오, 그래요? 내가 어떻게 하나 지켜보세요." 그럴 수 있다는 것을 증명하기 위해 나는 시범을 보였다. 그 일이 있고 난 후에야 직원들은 내 말을 믿게 되었다. 그들은 일정을 지키려면 제때 부품을 갖춰 놓아야 한다고 결정했다. 나는 그들이 일정을 맞추는 데 필요한 것들을 갖추도록 지원했다. 한 부서에 문제가 생기면 다른 부서에서 지원해 주었다. 마침내 우리의 생산량이 증가하기 시작했다. 내가 그 일을 시작했던 당시에는 하루에 약 100개의 엔진을 만들어냈다. 1년 후 내가 떠날 때쯤에는 하루에 300개까지 늘어나 있었다.

잘못된 통념 2. 착한 사람은 뒤쳐진다

우리들은 이런 말들을 들어왔다. 사업에 성공하려면 '나쁜 놈'이 되어야 한다. 성과를 올리기 위해서는 어떻게든 다른 사람을 밟고 올라서야 한다. 세상이 험악하기 때문에, 힘을 휘두르는 것은 괜찮다. 이런 것은 전부 말도 안 되는 얘기들이다. 나는 작업 현장에서 일해왔다. 분명히 말하건대, 작업 현장에서는 아무도 "꼼짝 말고 일이나 하라"는 말을 듣고 싶어하지 않는다. 관리자가 큰소리나 치고 다니며 직원들 앞에서 안하무인이라면 그는 곧 힘을 잃게 된다. 나는 내 일생을 통해서 그런 사람들을 많이 보아왔다. 그런 사람들이 자기가 행한 일의 대가를 톡톡히 치르는 것은 시간 문제라는 것을 나는 배웠다.

상위 법칙 3. 뿌린대로 거둔다.

다른 사람을 이용하는 누군가를 볼 때마다, '나쁜 놈'처럼 행동하는 관리자를 볼 때마다, 나는 그의 날이 머지않았다고 생각한다. 그와 같은 사람들은 스스로 게임에서 이탈한다. 그들은 게임을 이해하지 못한다. 그들은 모르고 있다.

그러나 이런 쓰레기들을 승진시키는 얼간이들이 많이 있다. 나는 이것이 직원들이 경영진을 불신하는 이유 중 하나라고 생각한다. 이것은 큰 문제이다. 왜냐하면 그것은 훌륭한 사람들이 관리자가 되는 것을 가로막기 때문이다. 생산직에서 관리직으로 옮기는 것은 두려운 일일 수 있다. 가장 큰 두려움 중 하나는 직원들이 당신을 더 이상 좋아하지 않게 될 것이라는 점이다. 많은 현장 직원들이 친구를 잃게 될까 두려워 관리직을 거절한다. 직원들은 자신이 관리자가 되면 다른 관리자들과만 어울리게 될 거라고 걱정한다.

내가 처음 관리자가 되었을 때 나도 그런 불안이 있다. 하지만 나는 직원들이 갑자기 내 곁에 앉으려 하지 않고, 말도 삼가려 할 때 화부터 냈다. 문제는 나에게 있는 것이 아니었다. 나는 하나도 변한 게 없었다. 달라진 것은 그들이었다. 그들의 태도는 이러했다. "너는 관리

자이다. 그래서 우린 너와 함께 앉아 있을 수 없다." 결국 조바심이
난 내가 그들을 찾아가 말을 걸었다. "이게 뭔가? 당신들은 내가 감투
하나 걸쳤다 해서 이젠 속옷까지 달라졌다는 건가?" 나는 그 문제를
극복했고, 직원들도 그것을 극복하게 했다. 하지만 쉽지는 않았다.

생산직에서 관리직으로 전환하는 것은 정말로 쉬운 일은 아니다.
게다가 '관리자는 근로자들보다 더 좋은 대우를 받는다'는 또 다른
통념이 있다. 관리자가 되고 나서 월급을 더 많이 받는 데에는 이유가
있다. 더 많은 책임을 떠맡고 더 많은 자유를 포기해야 하기 때문이
다. 그것은 유리로 만든 집으로 이사 가는 것과 같다. 관리자가 되면,
당신이 하는 모든 일은 생산직에 있을 때와는 다른 시각으로 직원들
에게 비쳐진다. 당신은 본보기를 보여주어야 하고, 부지런히 돌아다
니며 말을 해야 한다. 그렇게 하지 않으면 관리자로서 실패하게 될 것
이다. '나쁜 놈'이 되면 당신은 갈 데가 없어진다. 이것이 내가 '남을
밟고 올라가라'고 떠드는 허풍쟁이들을 보고 분노하는 이유이다. 그
들은 치명적인 잘못을 하고 있을 뿐 아니라 비즈니스에서 가장 파괴
적인 생각을 조장하고 있는 것이다.

잘못된 통념 3. 관리자의 임무는 해답을 내놓는 것이다

관리자들, 특히 신참 관리자들은 종종 자신의 눈 앞에서 일어나는
모든 문제에 대해 자신이 해답을 가지고 있어야 한다고 믿는 경향이
있다. 만약 당신이 그런 식의 사고방식을 가지고 있다면, 당신은 곧

심각한 위험에 빠지고 말 것이다. 우선 당신은 실패할 수 밖에 없는데, 누구도 모든 해답을 갖고 있지는 못하기 때문이다. 둘째, 그것은 당신의 신뢰도에 상처를 입힌다. 왜냐하면 누구도 모든 해답을 갖고 있을 수는 없다는 사실을 모두가 알고 있기 때문이다. 그것은 또한 당신을 직원들로부터 고립시킨다.

모든 직급의 관리자들에게 있어 가장 큰 함정은 자신이 완벽해야 한다는 생각이다. 내가 아는 관리자들 중에는 자신이 알지 못하는 질문을 받게 될까 두려워 회의를 주관하지 못하는 이들이 있다. 넥타이가 똑바르지 않거나 머리카락이 헝클어져 있으면 사무실을 나가지 못하는 경영자들도 있다. 그와 같은 관리자들은 자신의 직책을 싫어하게 된다. 그들은 자신이 그 회사의 대표자이자 직원들의 우상으로서, 그런 이미지에 어울리게 행동해야 한다고 생각한다.

그러나 그들은 관리자로서 실패의 길을 걷는 것이다. 왜냐하면 훌륭한 관리자가 해야 할 일은 하지 않고 있기 때문이다. 관리자가 해야 할 일이란 직원들에게 신뢰를 심어주는 것이다. 그렇게 하기 위해서는 당신이 신이 아니라 인간이고, 따라서 모든 해답을 갖고 있지는 못하며, 많은 실수를 한다는 것을 직원들에게 보여주어야 한다. 완벽해지려고 한다면, 모든 문제를 항상 스스로 해결하고자 한다면, 당신은 잘못된 메시지를 보내고 있는 것이다. 어려운 문제를 공유하고, 해결책을 찾기 위해 직원들과 머리를 맞대는 것이 훨씬 현명하다.

내가 멜로즈 파크에서 배운 또 하나의 교훈이 있다. 한번은 트럭 운전자들이 동맹 파업에 나서 고속도로 수송이 막힌 적이 있었다. 저격병들이 트럭에 총을 쏘아대고 있었기 때문에, 인디애나 주 게리에 있는 제철 공장에서 강철을 조달받을 수가 없었다. 강철이 없으면 트럭

64

터를 만들 수 없고, 직원들을 집으로 돌려보내야 할 판이었다. 그러면 그들은 월급을 못 받게 될 것이고, 식탁에 음식을 올려놓지 못할 것이다. 나는 필요한 강철을 확보해야 할 책임이 있었으나, 저격병들을 뚫고서 어떻게 조달해야 할지 속수무책이었다.

그래서 나는 직원들 중 다섯 명을 불러, 내가 정말로 곤경에 처했음을 토로했다. 머리통을 날리는 일 없이 어떻게 하면 인디아나에서 일리노이스까지 강철 2톤을 수송해 올 것인가? 누군가가 말했다. "스쿨버스가 좋겠어요. 저들이 설마 스쿨버스에 총을 쏘아대진 않겠죠, 안 그래요?" 그러자 다른 사람들도 찬성하고 나섰다. "스쿨버스를 운전하는 수녀한테는 총을 쏘지 못할걸요." 이렇게 해서 우리는 해냈다.

우리는 스쿨버스를 전세내서 남자들을 수녀복으로 갈아입혔다. 그들은 제철소로 밀고 들어가 스쿨버스에 강철 빔을 싣고는 멜로즈 파크까지 버스를 몰고 왔다. 생산 라인이 정상적으로 돌아가도록 하기 위해 우리는 항상 그와 같은 미친 짓을 불사하곤 했다. 아무것도 우리를 막지 못했다. 우리는 당신이 이제껏 들어본 것 중에서도 가장 무모한 짓을 생각해 내서 평소처럼 해치웠다. 나에게는 해답이 없었다. 우리 모두가 해냈던 것이다.

이것이 바로 내가 말하는 '문제의 분담'이다. 그것은 경험을 공유하는 것이며 서로를 가르치는 방법이다. 서로를 가르치게 될 때 직원들은 더 빨리 배운다. 사실 나는 그러한 경험으로부터 정말 많은 것을 배웠다. 문제를 공유하는 것 이외에도, 겸손한 마음가짐으로 관리에 임하는 것이나 우발 사태에 대한 대책을 마련하는 것의 중요성에 대해서 배웠다. 왜냐하면 실패는 그 과정의 일부분이기 때문이다. 실패하지 않는다면 성공할 수 없다. 그러나 미리 실패에 대비한 준비를 갖쳐놓지 않으면, 그것에 기습당해 더욱 큰 어려움에 빠지게 된다. 따라서 상황이 계획대로 돌아가지 않을 수도 있다는 사실을 항상 염두에 두고 예비 전략을 세워놓아야 한다.

비밀은 비상 계획을 세워두는 것을 습관화하는 것이다. 이는 일이 한참 진행된 다음에야 문제가 악화되고 있음을 발견했을 때, 내가 개발한 습관이다. 나는 내가 알고 있는 모든 것을 직원들에게 가르칠 것이지만 그것으로는 충분하지 않을 것이다. 그래서 우리는 함께 묘안을 하나 더 생각해 내야만 한다. 나는 예기치 못한 상황이 발생했을 때 무엇을 해야 할지에 대한 생각, 즉 대비책을 마련해 놓았을 경우에는 상황에 더 잘 대처할 수 있다는 사실을 배웠다. 어쩌면 그것은 단지 문제를 의논할 몇몇 직원을 소집하는 계획일 수도 있다. 하지만 적어도 나는 뜻밖의 사태에 충격을 받거나 위축되지 않고 즉각 행동에 나설 수 있을 것이다.

공장에서 일하는 직원들은 우리에게 의존하고 있기 때문에, 우발 사태에 대처하는 것은 중대한 일이다. 당신이 직원들을 돌봐야 할 책임을 지고 있다면, 그 일을 위해서라면 무슨 일이라도 하게 된다.

상위 법칙 4. 해야 할 일은 하게 된다

당신은 다른 모든 것은 제쳐놓게 된다. 밤낮으로 그 한 가지 일에만 매달리게 된다. 동기를 부여하고 압박하고 아첨하고 위협하는 등 모든 방법에 골몰한다. 직원들의 생계가 걸려 있기 때문에 필요한 것이라면 무엇이든 하게 된다.

혼자서만 해답을 찾으려 해서는 안 된다. 해결책이 나오게끔 직원

66

들 간에 창의적인 분위기를 조성해야 한다. 직원들을 창의적으로 만들어주는 데는 도전만한 것이 없다. 실제로 우리를 자극한 것은 어느 누구도 우리가 할 수 있을 거라고 생각지 못한 것을 해내는 스릴이었다. 우리는 대부분의 사람들이 너무나 빨리 포기하는 것을 보아왔다. 결승점까지 가기도 전에 그들은 중단했다. 그들은 내내 그런 식으로 살아왔고, 그들이 틀에 박혀 꼼짝 못하는 이유이다. 나는 관리자가 해줄 수 있는 한 가지 일은 그들이 그런 '틀'을 깨고 빠져나오도록 돕는 것이라는 사실을 깨닫기 시작했다.

잘못된 통념 4. 직원을 너무 빨리 승진시키는 것은 큰 실수이다

승진하려면 자신의 능력을 입증해 보여야 한다는 것은 당연한 일이다. 나는 항상 가능한 한 빨리 직원들을 승진시켰다. 나는 직원들에게 기회를 주고 싶었으며, 그들을 맥빠지고 지루하게 놔두고 싶지 않았다. 하지만 나는 마음 속에 또 다른 의도를 갖고 있었다. 즉, 그것은 회사 전체에 친구를 만드는 일을 훨씬 용이하게 해주었다.

좁은 시야는 사업에 있어서 큰 장애물이다. 직원이 모든 시간을 한 가지 일만 하면서 보내다 보면, 단 하나의 관점에서 모든 문제를 바라보게 된다. 다른 부서의 요구 같은 것은 신경쓸 여지가 없다. 이 때문에 부서 간, 직원 간의 벽이 높아지고 의사소통은 단절된다. 이는 어떤 것을 성취하는 것을 더 어렵게 만든다.

나는 우리 직원들이 다른 부서에서 일하게 함으로써 이러한 문제를 극복했다. 나는 직원들을 위해 교차 교육 프로그램을 마련했다. 그들은 일을 다른 각도에서 보는 방법을 배우게 되었으며, 나는 내 자신의 커뮤니케이션 네트워크를 구축하게 되었다. 결과적으로 우리 부서는 더 잘 돌아가게 되었다. 우리 부서의 입장을 잘 알고 있는 예전의 동료들로 구성된 지원 시스템을 구축함으로써, 필요할 때마다 도움을 받을 수도 있었다.

내가 직원들을 너무나 빨리 승진시키고 있었기 때문에, 채워야 할 자리가 많이 생겼다. 면밀한 평가와 면접을 할 시간이 없었다. 그래서 나는 내 자신만의 독자적인 채용법을 고안해 냈다. 대학 시절에 총학생회장이었던 직원을 찾아 나섰던 것이다. 총학생회장이었다는 것은 동료들이 그를 뽑아 주었다는 뜻이다. 그들은 승자였으며, 우리는 단번에 승리자가 될 수 있는 직원들을 필요로 했다. 왜냐하면 우리는 실제 상황에서 점점 패배해 가고 있었기 때문이었다.

잘못된 통념 5. 큰 문제는 상관하지 말고 네 일이나 해라

미국의 대부분의 다른 회사들과 마찬가지로, 인터내셔널 하베스터 사도 직원 모두가 할당받은 특정 업무에만 집중해야 한다는 원칙 하에 운영되었다. 따라서 특정 업무에 필요한 정보만을 직원들에게 주었으며 그밖의 것은 회사 기밀로 취급되었다. 어떻게 된 일인지 이렇게 하는 것이 사업을 운영하는 좋은 방법이라고들 믿고 있었다. 그것만이 유일하게 옳은 방법으로 통하고 있었다. 이는 모든 잘못된 통념들 중에서도 가장 큰 잘못된 통념이었다.

어떤 일을 성취하고 싶으면 직원들의 시야를 넓혀 주어야지, 좁혀서는 절대 안 된다. 당신이 직원들에게 더 큰 '그림'을 제공할수록, 그들이 도중에 보게 되는 장애물은 더 작아진다. 직원들은 큰 목표를 필요로 한다. 직원들이 큰 목표를 가진다면 조그만 장애물쯤은 쉽게 날려보낼 수 있다. 그러나 그들에게 그날그날의 문제 이상의 것을 보여주지 않는다면, 그들이 진정으로 하기를 원하는 무언가에 호소하지 않는다면, 그러한 장애물은 산처럼 커지게 된다. 그러므로 우리는 직원들이 '큰 그림(Big Picture)'을 보게 해야 한다. 즉, 직원들과 함께 모든 사실을 공유해야 한다는 뜻이다. 그들에게 도전을 보여주고 '위대한 비즈니스 게임'의 재미와 승리의 재미를 경험할 수 있게 하는 것을 의미한다. 유머와 웃음과 흥분으로 직원들을 자극시키라는 얘기이다. 호통치고 소리지르고 버럭 화를 내는 것보다 이런 방법들이 훨씬 더 잘 통한다.

나는 초보 관리자 시절에 이 모든 것들을 배웠다. 나는 공장에서 부품 조달 책임을 맡았다. 나는 매주 간부 회의에 참석하기 시작했는데, 거기서 회사 기밀 사항들을 듣게 되었다. 그때쯤 러시아에 트랙터를 납품하는 큰 계약 건이 있었다. 당시의 기밀이란 그 건에 문제가 생겼다는 것이었다. 러시아와 협상한 위약 조항에는 우리가 10월 31일의 최종 기한을 넘기게 될 경우 지연되는 기간 동안 책임을 부과하겠다는 내용이 있었다. 10월 1일까지도 우리는 여전히 목표에서 800대의 트랙터가 부족한 상황이었다. 주문 시기에 맞춰 필요한 부품을 어디에서 구해야 하는지 아무도 알지 못했다. 그때 다른 간부들이 말했다. "비밀로 해두어라. 진짜 심각한 상황이다. 위에서 대책을 세우고 있을 것이다. 넌 그저 부품 조달에나 신경써라. 트랙터 건은 우리가 맡을 것이다."

나로서는 도무지 이해가 되질 않았다. 진짜 목표는 트랙터를 납기내에 선적하는 것인데, 왜 회사 내에서 부품 조달에만 신경써야 하는지 이해할 수 없었다. 게다가 그 상황을 비밀에 붙여두는 것을 정말 납득하기 어려웠다. 그래서 나는 내 사무실 바깥에 게시판을 걸고 다음과 같이 써붙여 놓았다.

"트랙터 800대! 우리의 목표!"

그리고 나는 직원들에게 모든 이야기를 해주었다. 모두들 내가 미쳤다고 생각했다. 우리는 하루에 대여섯 대의 트랙터를 선적하고 있었고, 계약 시한까지 작업 날짜는 20일이 남아 있을 뿐이었다. 계산대로라면 계약 시한 당일에는 약 700대의 트랙터가 부족할 처지였다. 목표에 도달하기 위해서는 하루 평균 40대의 트랙터를 제작해야 했다. 첫날에는 7대의 트랙터가 나왔고 둘째날에는 3대였다. 직원들은 고개를 설레설레 흔들었다.

그러나 문제에 보다 면밀히 살펴본 결과, 매일매일의 수치를 올릴 수 있는 개선 방안이 보이기 시작했다. 예를 들어, 부품 중 일부는 생산 라인까지 오지 못하고 야적장에 방치되어 있다는 사실을 발견했다. 그래서 공장으로의 부품 조달이 충분하지 못했다는 것을 알 수 있었다. 우리는 그것들을 작업장으로 끌고 왔다. 또한 많은 트랙터들이 제대로 제작되어 나오지 못하는 이유는 몇 가지 주요 부품들 때문임을 알아냈다. 그러한 부품들을 집중적으로 조달한다면 우리는 선적 물량을 극적으로 증가시킬 수 있을 것이다.

이것은 큰 문제를 일련의 작은 문제들로 쪼갠 사례였으며, 이는 어떤 문제를 해결하는 최선의 방법이다. 그러나 동시에 우리는 모든 직원들에게 눈 앞의 '큰 그림'을 보여주었고, 그것은 주효했다.

갑자기 우리의 일일 생산량은 55대로 늘어났으며 직원들의 인식도 달라지기 시작했다. 이 공장에서는 직원들이 자기 부서 바깥으로는 나가본 적이 없었고, 다른 구역으로 들어가려면 통행증이 필요했다. 그러나 우리는 일정 수립, 생산 조정, 품질 검사, 선적 업무 등을 관할하는 직원들을 두었다. 그들은 업무 시간 이후에도 공장에 들어와 트랙터를 살펴보며 정확히 어떤 부품이 필요한지, 몇 대의 트랙터에 그 특정 부품이 부족한지를 조사했다. 그리고 나서 현장 감독관들과 작업자들에게 이를 알려주었다. 우리는 그들이 가능한 한 효율적으로 작업 일정을 짜도록 했으며, 필요한 지원을 해주었다.

우리의 수치는 계속해서 올라갔다. 300대의 트랙터를 만들었을 때 모두가 우리를 주목했다. 우리는 막대 그래프를 만들어, 정확히 어떤 부품이 필요한지, 그것을 어디서 구할 수 있는지, 그리고 그것이 선적에 어떤 영향을 끼치는지를 보여주었다. 직원들은 '전체 그림'을 볼 수 있었고, 서로 다른 모든 조각들을 볼 수 있었다. 그리고 이것의 수치가 떨어지고 저것의 수치가 떨어진다면 어떻게 우리가 그 문제를 해결할 수 있는지를 알 수 있었다. 마침내 그들은 믿기 시작했다. 직원들이 믿을 때, 모두가 불가능하다고 했던 것을 자신들이 실제로 할 수 있다고 생각할 때 그보다 더 위력적인 것은 없다. 개인주의는 사라지고 팀으로 뭉치게 된다.

10월의 마지막 주까지 중압감은 대단했다. 이사들이 내려와서 우리가 하는 일을 지켜보곤 했다. 5일을 남겨두고 나는 총 662대의 트랙터를 선적했다고 게시판에 내걸었다. 작업 현장은 뜨겁게 달아올랐다. 우리가 과연 해낼 것인가, 아니면 실패하고 말 것인가? 이때까지 만 해도 그 누구도 장담할 수 없었다. 생산 라인은 미친 듯 돌아갔다. 직원들은 한 대 한 대 만들어져 나오는 트랙터 수를 헤아릴 겨를도 없었다. 우리는 10월 31일의 최종 시한까지 정신없이 일했다. 할로윈 축제 날에 내 사무실의 창문 밖에 마지막 게시판이 올라갔다.

"808대의 트랙터 선적."

그때 우리는 얼마나 기뻤던지! 게시판 둘레에 풍선을 매달고 파티를 열었다. 그리고 사방에 피자를 돌렸다. 아무도 우리가 러시아 인의 위약 조항을 쓸모 없게 만들 것이라고는 믿지 않았다. 정말 대단한 일이었다.

그 경험은 나에게 큰 교훈을 남겨주었다. 나는 우리 직원들이 허기져 있음을 보았다. 나는 그들이 불가능하리라 생각했던 일에 돌진하여 성취해 내는 모습을 보았다. 하지만 그것은 일상의 만족일 뿐이었다. 그들은 자신들이 일을 해내고 있다는 사실을 몰랐다! 나는 생각했다. '만일 직원들에게 의욕을 불어넣어 주어, 매일 일하러 오고 싶게 만든다면 얼마나 놀라운 일이 벌어질 것인가?'

그것은 누구도 해보지 않은 일이었다. 내가 적절한 수치들을 활용해 그들을 자극할 수 있다면, 직원들은 아침마다 일어나서 이렇게 말하게 될 것이다. "아, 몸이 근질근질하군. 빨리 출근하고 싶어. 어서 가서 무슨 일이 있는지 봐야겠어." 이것이야말로 생산성을 높이는 최고의 비결이다.

그리고 또 내가 배운 게 있다. 경험이 나에게 절대적으로 확신시켜 준 바에 의하면, 비밀 유지란 허튼소리라는 것이다. 나는 그때부터 우리 직원들에게 내가 가진 모든 것을 보여주기로 결심했다. 그러한 다짐은 결과적으로 직원들에게 돈버는 방법을 가르치겠다는 생각으로까지 확장되었다.

상위 법칙 5. 원해야 얻는다.

이 법칙에 따르면, 경영에 관한 모든 통념들은 한 가지 공통점을 가지고 있는데, 그것들이 '큰 거짓말'에 지나지 않는다는 사실이다. 그러한 통념들은 직원들이 하고 싶어하지 않는 일을 억지로 하게 함으로써 효율적으로 관리를 할 수 있다고 말한다.

그것은 진실이 아니다. 동기가 마음 속에서 우러나올 때 직원들은 일 이상의 것을 해낸다. 비즈니스 상위 법칙 5조 '원해야 얻는다'는 이 모든 것을 말해 준다. 직원들이 원하지 않으면 이루어질 리가 없다. 당신이 어떤 목표, 예를 들어 '최고가 되기'나 '한 달 안에 800대의 트랙터 선적하기'에 관해 이야기한다 할지라도, 마음 속에서 그것을 원하지 않으면 이루어질 리가 없다.

경영은 바로 승리하고 싶다는 욕망을 불어넣어 주는 것이다. 자신이 승리자임을 알았을 때 느끼는 특별한 흥분과 자부심, 긍지를 불어넣는 것이다. 누구의 말도 필요치 않다. 자신이 그저 느끼는 것이다.

03

승리자의
느낌

The Great Game
of Business

'위대한 비즈니스 게임'을 어떻게 시작할 것인가? 먼저 작은 승리들을 이루어냄으로써, 즉 직원들에게 승리자가 된다는 것이 어떤 느낌인지 보여줌으로써 시작해야 한다. 분명히 말하지만, 비즈니스의 세계에서 승리자의 느낌을 경험하기란 참으로 어려운 일이다. 성공을 거듭하고 있는 회사에서조차 직원들은 침울해하고 두려워하며 불만족 상태에 있다. 그러한 느낌은 심각한 직업병의 증상으로서, 자칫 삶을 위태롭게 할 수도 있다.

내가 회사를 판단하는 기준은 절대적으로 재무제표이지만, 건강한 회사와 병든 회사를 구분하기 위해 대차대조표까지 이용할 필요는 없다. 많은 경우, 그 회사를 찾아갔을 때 야구장 분위기인지 장례식장 분위기인지를 보면 금방 알 수 있다. 건강한 회사에서는 열정이 느껴지고, 직원들의 열기가 눈으로 보인다. 직원들은 고개를 끄덕이고 미소지으며, 상대방의 눈을 바라본다. 깃발과 풍선이 여기저기 걸려 있다. 항상 무엇인가를 축하하고 있다. 생일이나 기념일, 기록 갱신 등 게시판에는 최신 소식들로 활기가 넘친다.

한편 병든 회사에서는 직원들이 서로를 쳐다보지 않는다. 만나서 반갑지도 않다. 모두가 침울해 보인다. 출근하는 직원들의 모습을 보면 매일 상갓집에 가는 것 같고, 회사의 장례식에 참석하는 것 같이 보인다.

내가 스프링필드 리뉴센터(Springfield Renew Center, 1979년 당시에는 그렇게 불렸다.)의 책임자로 임명되어 시카고에서 왔을 때, 바로 그와 흡사한 모습을 발견하였다. 전임 공장장은 문제들에 압도된 채 스스로 고립되어 있었다. 직원들은 작업장에서 말 그대로 빈둥거리고 있었다. 일하는 데 필요한 부품과 도구가 부족했고, 회사 경영진들 누구도 이에 개의치 않았다. 직원들은 불만에 가득 차서 경영진과 싸우기 위해 노조에 가입할 태세였다. 남은 문제라고는 그들이 전미자동차노조에 가입할 것인가, 아니면 전미트럭운전사조합에 가입할 것인가를 결정하는 일뿐이었다. 내가 거기서 '위대한 비즈니스 게임'을 해보자고 말했다간 당장 쫓겨날 판이었다.

아무 공장이나 회사에 들어가서는 재무제표 읽는 법을 가르칠 수는 없다. 내가 정말로 그렇게 했더라면 통하지 않았을 것이다. 나는 당신에게 당신의 조직과 그곳에서 일하는 직원들을 먼저 면밀히 살펴보지도 않고 그렇게 하라고 말하지 않을 것이다. 직원들이 비즈니스, 즉 수익을 창출하고 현금을 생성하는 일 그리고 그러한 행동을 취하고 점수를 따기 위해 수치를 이용하는 일에 관해 배우기 전에 적어도 다음의 조건들이 갖추어져 있어야 한다.

경영진이 신뢰성이 있어야 한다

이것 없이는 직원들이 귀를 기울이지 않을 것이며, 그들에게 제시되는 수치도 믿으려 하지 않을 것이다. 보너스 프로그램이나 그와 비슷한 정책을 마련한다 해도, 직원들은 그것을 더 적은 돈으로 일을 더 시키려는 계략으로 여기고 말 것이다. 따라서 최소한의 상호 신뢰와 존경이 있어야 한다. 상사에게 결점이 있다 해도, 그가 자신들과 자신들의 문제에 관심을 갖고 있으며 그들의 기여를 알아주고 공정한 대가를 지불해 주리라고 믿을 수 있어야 한다.

직원들의 눈에 불꽃이 일어야 한다

패자라고 느끼는 직원들과는 어떤 회사도 '위대한 비즈니스 게임'을 할 수가 없다. 그들이 수치를 믿는다고 해도, 자신들이 하는 일에 관심이 없다면 그 수치에 반응할 리가 없다. 게임을 하려면, 그것이 어떤 게임이든지 간에 하고자 하는 마음과 열의가 있어야 한다. 즉, 직원들의 눈에서 불꽃이 일어야 한다. 의기소침하고 냉소적이어서는 안 된다. 이기는 것이 중요하다고 생각하고, 일을 즐기고 싶어하기에 충분한 자존심과 자부심을 갖고 있어야 한다.

나는 일을 즐기는 것이야말로 비즈니스에 있어서 가장 필요한 요소라고 항상 생각해 왔다. 일을 즐거워하지 않으면, 누구라도 그것을 잘 해낼 수 없다. 이기는 것은 큰 즐거움이다. 하지만 직원들은 자신의 일에서 어떻게 승리자가 되는지 모를 수 있다. 그래서 그들에게 그것을 보여줘야 한다.

경영진에 대한 신뢰를 높이고 직원들의 눈에 불꽃을 당기기 위한 많은 기술들이 있다. 어디서부터 시작하느냐 하는 것은 전적으로 당신의 환경에 달려 있다.

내가 스프링필드에 왔을 때는 서로에 대한 신뢰와 존경이 너무나 희박해서 가장 기초적인 단계, 즉 '듣기'부터 시작해야 했다. 처음 두 달 동안 나는 100명쯤 되는 직원들을 일일이 만나 보았다. 한 번에 너댓 명씩 짝을 지어 회의실로 데려가서는, 무엇을 원하고 무엇을 느끼며, 가고 싶은 곳과 하고 싶은 일을 물어보았다. 우리는 인생과 꿈과 승리에 대해서 이야기했다. 나는 그들에게 일을 하는 데 어떤 도구가 필요한지 물었다. 직원들은 스스럼없이 이야기하며 경영진에 대해 혹

독한 비난을 서슴지 않았다. 나는 그들에게 한 번만 기회를 달라고 요청했다.

물론 대부분의 회사들이 그와 같은 최악의 상황에 처해 있지는 않다. 당신의 경우에는 직원들에게 수치를 가르치기 전에 리뷰센터에서 했던 것과 같은 강력한 처방이 필요하지 않을 수 있다. 그러나 너무 많은 신뢰를 받는 경영진이나 너무 뜨거운 열정을 가진 직원과 같은 것은 어디에도 없다. 우리는 지금도 당시 개발한 기술들 중 많은 것을 이용하고 있으며, 그때 배운 교훈들 중 많은 것이 아직도 유효하다.

주인의식 이전에 자부심을 갖게 하라

승리자처럼 느끼는 직원들에게는 자신과 일에 대한 자부심이 있다. 자부심이 없으면 주인의식도 없는 것처럼, 자부심이 없다면 승리도 있을 수 없다. 자부심은 곧 관심이고 애착이다. 그것은 자기가 하고 있는 일 또는 갖고 있는 것에 대한 기쁨이나 만족감이다. 애착을 갖고 있지 않다면 승리자나 주인이 되기 위해 필요한 것을 하지 않을 것이다. 따라서 자부심이야말로 비즈니스의 성공을 위한 제1 조건이다.

문제는 많은 직원들이 어떤 것에 대해 자부심을 갖는 방법을 모른다는 것이다. 그들은 아이처럼 애착을 갖는 것을 배운 적이 없다. 그러면 어떻게 직원들이 자신의 일과 회사에 애착을 갖게 만들 것인가? 이를 위해서는 전반적인 훈련 프로그램이 필요하다. 직원들이 회사에 대해 자부심을 갖지 못한다면, 회사의 주인이 되고 싶어하지 않을 것이고, 그것에 대한 책임을 느끼지도 못할 것이다. 이러한 주인의식과 책임감이 없다면, 그들은 '게임'을 하려 하지 않을 것이다.

　내가 스프링필드에 온 처음 몇 년 동안, 나는 리뉴센터의 직원들에게 자부심을 심어주려고 열심히 노력했다. 우리는 '가족 초청 행사 (Open House)'와 같은 간단한 기술을 이용했다. 그것은 이미 멜로즈 파크에서도 큰 효과를 거둔 적이 있었다. 주말에 주차장에다 트랙터를 갖다놓고 가족들을 초대해서 일하는 모습을 보여주었다. 이것은 큰 호응을 불러일으켰다. 직원들로 하여금 자기의 일과 일터가 중요하다고 느끼도록 만들었던 것이다. 나는 리뉴센터에도 그와 똑같은 일을 벌이기로 마음먹었다. 직원들이 자신의 일에 자부심을 느끼도록 해주고 싶었다. 스스로를 위대하게 느끼도록 해주고 싶었다. 아이들이 아빠를 올려다보며 이렇게 말하는 걸 듣고 싶었다. "와! 아빠가 정말 이걸 하는 거예요? 아빠가 용접공이에요? 진짜 중요한 일을 하시네요."

　나는 '가족 견학 행사'를 준비하면서 직원들에게 페인트를 주며 그들의 장비와 작업 구역을 단장하라고 했다. 몇몇 직원들은 솜씨가 좋은 자신의 아내를 데려다 벽에 기발한 문구나 그림을 그리게 했다. 미국 국기나 오토바이 폭주족 문양 등 상상할 수 있는 것은 전부 다 있었다. 어떤 부서는 이런 슬로건도 내걸었다. "기계 제작, 우리에게 맡겨라." 도처에 표시판과 심볼마크가 있었으며 모두 화려한 색깔들이 칠해졌다. 그들은 모두가 알아볼 수 있도록 거기에다 자신들의 아이덴티티를 표현했다. 가족들을 데리고 와서 그들은 이렇게 말할 수 있었다. "나는 여기서 일해. 여기가 바로 내 일터라고."

　내가 페인트 칠을 시키면서 바랐던 것은 주변 환경을 깔끔하게 정비하자는 것이었는데, 이는 안전과 효율성을 위해서도 매우 중요한 일이었다. 작업장이 그들의 것이고 자신들이 직접 그것에 표시를 해 놓는다면, 기꺼이 정리정돈에 힘쓰리라는 것이 우리의 계산이었다. 또한 가족들에게 보여주기 위해서라도 깨끗히 할 것이라고 생각했다.

그러나 작업장의 유지 관리를 위해 가장 좋은 방법은 몇 년 후부터 시행하게 된 '공장 견학' 프로그램이었다. 외부인들이 시설을 둘러보기 위해 방문했을 때, 직원들은 자기 구역의 정리정돈에 더욱더 힘을 쏟기 시작했다. 그들은 자신의 작업 현장을 자랑하고 싶었던 것이다.

우리는 자부심을 심어주기 위해 생각해낼 수 있는 모든 기술을 동원했다. 낚시 대회나 야구 대회를 개최하기도 했다. 한 번은 한 지역 방송국이 자선기금 마련을 위해 잉어 던지기 대회를 주최했다. 출전자들이 냉동 잉어를 가능한 한 멀리 던지는 시합을 하는 것이었다. 그 대회에 우리도 출전했고, 우리 직원이 당당히 승리했다.

우리는 시합이라면 한 번도 놓친 적이 없었다. 적어도 한 달에 한 번은 큰 행사를 마련했다. 직원들은 항상 유니폼을 입도록 했고, 그것을 자주 바꾸어 주었다. 테가 있는 모자를 쓰기도 하고 테가 없는 모자를 쓰기도 했으며, 재킷을 입었을 때는 정말 크고 듬직해 보였다. 우리는 청소 잘하기 게임, 출석 잘하기 게임 등 직원들이 이길 수 있는 행사들을 마련했다. 일정 기간 동안 개근하면 상패를 주고, 본인과 가족들을 만찬에 초대했다. 보통은 내가 그것을 직접 주최했다. 사실나는 약 2년 동안은 외식을 정말 많이 해야 했다. 크리스마스 파티를 열어 선물도 나눠 주었다.

우리는 항상 직원들을 놀라게 해주려고 애썼다. 한 해는 칠면조를, 다음 해에는 치즈볼을 내놓았다. 이 모든 것은 직원들이 회사에 대해 자부심을 느끼도록 하기 위한 배려였다.

우리는 여전히 직원들에게 자부심과 주인의식을 불어넣기 위해 애쓰고 있다. 하지만 지금은 보너스 프로그램이나 우리사주제, 주간 스탭 회의, 그리고 갖가지 수치 게임에 더 많이 의존하고 있다. 이제 직원들은 재무에 대해 배울 준비가 되었으며, 이는 우리가 시작 당시에 할 수 있었던 것보다 훨씬 더 많은 것을 할 수 있게 하였다. 변한 것은 방법이지 목표가 아니었다. 당신은 위대한 비즈니스 게임을 매우 단순하게 시작해야 한다. 아마도 페인트 한 통과 붓 한 개보다 더 단순한 방법은 없을 것이다.

팀
만들기

물론 승리가 자부심만의 문제는 아니다. 승리란 어찌 보면 습관과도 같은 것이다. 불행하게도 패배가 습관이 될 수도 있다. 직원들이 패배의 습관에 젖어들면 그들의 눈에 불꽃은 없고 어둠뿐이다. 그들의 눈에 불꽃을 피우고 싶다면 이기게 하고 승리를 축하하게 해야 한다. 작은 승리를 이끌어내고 그 다음에는 그 작은 승리 위에 점점 더 큰 승리를 쌓아가는 것이다. 이것은 말 그대로 일터에 재미를 불어넣는 방법이다. 우리는 파티를 열었고 모자를 던지며 서로 축하했다. 이 과정에서 우리가 정말로 하고 있는 것은 팀을 만드는 것이었다.

물론 그것은 '위대한 비즈니스 게임'의 배후에 있는 주요 목적 중 하나이다. 그러나 초기에는 재무제표를 가지고 게임을 할 수가 없었다. 직원들이 재무제표를 이해하지 못해 겁을 먹었기 때문이었다. 그래서 우리는 직원들이 이길 수 있는 간단한 게임을 마련했다. 그렇게 해서, 이기는 습관을 길러 줄 수 있었다. 승리할 때마다 축하할 거리가 생겼고 직원들의 눈에 불이 붙기 시작했다. 이렇게 하는 가운데 최고의 효과를 내는 게임의 종류와 목표에 대해 다섯 가지 교훈을 얻을 수 있었다.

비즈니스는 팀 스포츠다! 팀을 강화하는 게임을 선택하라

회사에서 마련할 수 있는 온갖 종류의 게임이 있다. 그러나 분열시키는 게임은 피하라. 협동심을 기르고 연대감과 팀워크를 증진시키는 게임이 가장 좋다.

오히려 문제가 많은 회사일수록 그러한 것을 찾아내기가 쉽다. 모든 문제를 게임의 소재로 삼을 수 있기 때문이다. 스프링필드에서의 처음 몇 달 동안에는 안전이나 정리정돈, 선적 등 무엇이나 게임의 소재로 삼았었다. 나와 다른 관리자들은 사무실에 모여 말하곤 했다. "여기에 문제가 있군요. 이것을 소재로 어떤 게임을 만들 수 있을까요?" 예를 들면, 선적 문제를 해결하기 위해 화려하고 큰 트로피 하나를 산 다음 매달 최고의 기록을 올린 부서에 수여하겠다고 발표했다. 나중에는 평가 기준에 배송까지 포함시켰다. 고객에 대한 배송도 형편 없었기 때문이었다. 또한 청결 상태에 대해서도 평가하기 시작했다. 조사해서 바닥이 깨끗하게 청소되어 있으면 점수를 주었고, 사물함 위에 먼지가 있으면 점수를 깎아 그 결과를 정량화했다. 그리고 매달 말일에 최고의 점수를 올린 부서에 트로피를 수여했다.

당신은 이러한 게임들을 팀워크를 강화하는 데뿐만 아니라 신뢰 구축을 위해서도 이용할 수 있다. 이를테면 내가 생각했던 첫 번째 의도 중 하나는 안전이었다. 그 공장의 안전 기록 상태는 너무나 형편없어서 그에 대한 조치가 시급했다. 이 문제를 제기함으로써 우리가 직원들의 안전을 염려하고 있다는 사실을 알리는 기회가 되었다.

안전은 기본이다. 그러므로 안전의 문제는 직원들이 등을 돌리게 만드는 첫 번째 요소이다. 안전에 허점이 있다면 그것으로 인해 회사의 모든 기반이 허물어질 수도 있다. 직원들이 이렇게 말한다면 그 회사는 이미 끝난 것이다. "저들은 우리를 염려한다고 말하지만, 우리가 다치든 말든 관심이 없다고." 만약 그 얘기가 사실이라면 그들이 옳을 것이다.

그래서 나는 모든 문제들에 아주 인간적으로 접근해 갔다. 스탭 회의에서나 작업장에서나 식당에서나 나는 사람들의 눈을 쳐다보며 말했다. "우리는 안전을 최우선으로 합니다. 나는 여러분이 매일 집으로 안전하게 돌아가길 바라기 때문입니다. 당신의 가족에게 당신이 일하다 다쳤다는 소식을 전하는 일을 정말로 하고 싶지 않습니다"

그 말은 직원들에게 먹혀들어갔다. 우리는 안전위원회를 조직하여 '사고 없는 10만 시간'을 목표로 정했다. 1미터가 넘는 게시판을 사방에 걸어놓고, 목표에 점점 접근해 가는 2천 시간마다 이를 기록에 올렸다. 몇 주가 지나자 극적인 장면이 연출되었다. 마침내 그 목표에 도달한 오후에 우리는 공장 문을 닫고 맥주 파티를 열었다. 스피커를 통해 〈록키〉의 주제가를 틀었고, 안전위원회 사람들이 돌아다니며 소화기를 나눠 주었다. 조화로 장식된 지게차가 행진하는 가운데 직원들은 둘러서서 환호했다.

84

긍정적인 면을 강조하고 자신감을 북돋아라

관리자들은 부정적인 것에 초점을 맞추는 나쁜 버릇이 있다. 관리자들이 잘못 되어 가는 것에 얼마나 빨리 반응하며, 잘 되어 가는 모든 것을 얼마나 간과하는지를 보여주는 통계를 본 적이 있다. 100명의 직원이 있고 그 중 한 명이 끊임없이 불평을 늘어놓는다고 하자. 그러면 그 한 직원 때문에 회사 내의 분위기가 나빠진다고 생각하기가 쉽다. 그가 당신을 열받게 해서, 당신으로 하여금 다른 99명을 위험에 빠뜨리는 대책을 마련하게 할 수도 있다. 당신은 있지도 않은 문제를 확대 해석한 나머지 99명을 칭찬하는 것을 잊어버릴 수도 있다. 직원들을 독려함으로써 미처 생각지도 못했던 놀라운 결과를 얻어내는 큰 기회를 놓치고 있는 것인지도 모른다.

이것은 심각한 약점이다. 관리자의 중요한 책임 중 하나는 조직 내에서 자신감을 북돋는 일이다. 이를 위해서는 긍정적인 면을 부각시켜야 한다. 부정적인 면을 강조하는 것은 조직을 좀먹고, 사기를 떨어뜨린다. 관리의 핵심은 직원들이 열정을 가지고 일하도록 동기를 부여하는 것이다. 동기를 부여하지 못하는 관리자는 자신의 직분을 다하지 못하는 것이다. 계속 부정적인 면에 초점을 맞춘다면 직원들에게 동기를 부여할 수 없다.

따라서 게임을 하면서도 긍정적인 방법을 쓰는 것이 중요하다. 우리가 처했던 선적 문제를 예로 들어보자. 우리는 일정에 한참 뒤처져 있었지만 그것에 초점을 맞추지 않고 선적하는 데 필요한 것에 초점을 맞추었다. 우리는 문제를 세분화했다. 지난 해의 실적과 올해의 진행 상황을 게시했고, 우리가 성취해야 할 목표치를 정했다. 그러고 나서 직원들에게 말했다. "자, 이것이 작년도 기록이고, 이것이 우리가 지난 달에 올린 새 기록입니다. 이제 나가서 목표치를 해치웁시다." 우리는 직원들이 그들이 져야 할 돌의 무게나 언덕의 가파름에 대해서는 생각하지 않고 승리했을 때의 느낌만을 생각해 주길 바랐다.

우리는 몇 가지 실수를 했다. 예를 들어, 청결 점수가 최하인 부서에는 허수아비를 주기로 결정했다. 낡은 빗자루에 눈을 갖다 붙이고 흉한 모습으로 만들어서 건네주었다. 그러나 그것은 효과가 없었다. 직원들은 그것을 보고 게임에 대한 흥미를 잃어버렸다. 그들은 화가 났고 결과적으로 의욕도 잃게 되었다. 누군가를 화나게 하면, 그는 아예 경쟁하고 싶어하지 않는다. 긍정적인 면에만 초점을 맞추지 않았던 것이 우리의 실수였다. 그래서 우리는 허수아비는 그만두고 상패만 주었다.

모든 승리를 축하하라

중요도에 관계 없이 모든 기록은 중요하다. 기록을 깰 때마다 축하할 수 있기 때문이다. 모든 기록은 경영진이 직원들을 칭찬하고, 기분 좋게 해주고, 자신감과 자부심을 갖게 해줄 수 있는 기회를 의미한다. 직원들은 지겹다거나 지루한 느낌을 가지고 있을지 모른다. 당신이 축하하지 않으면 그들의 기운을 북돋아줄 기회를 잃게 된다.

또한 당신은 조직의 사고방식을 바꾸고 직원들이 스스로를 책임지도록 만들기 위해 기록을 활용할 수 있다. 직원들은 종종 그들의 문제를 관리자에게 떠넘기려 하는 경향이 있다. 특히 관리자가 신참일 경우에는 더욱 그렇다. 그것은 인간의 본성이다. 당신이 그것을 수용할 거라고 생각한다면 그들은 어떤 문제든 당신에게 떠넘겨 버린다. 당신이 아직 배우고 있는 단계라면 일정 기간 동안은 그것을 그대로 받아들이게 된다.

그러나 결국 당신은 그 상황을 통제할 방법을 생각해 내야 하며, 가장 좋은 방법은 직원들을 게임으로 끌어들이는 것이다. 일을 하다보면 직원들은 좋은 실적을 올리고 생산 기록도 세울 수 있다. 바로 그때가 기회이다. 기록을 세웠을 때를 놓치지 말고 그것을 축하해 주어라. 당신이 하고 있는 것은 승리할 거리를 만들고 축하해 주는 것이다. 아주 사소한 것일지라도 모든 승리를 축하하라. 작은 승리를 축하해 주면 직원들은 또 다른 게임에 따라올 것이고, 그 다음 것, 또 그 다음 것에도 즐겁게 호응할 것이다. 조금 지나면 그들은 자신들이 무엇을 하고 있는지조차 모르게 된다. 그들은 스스로를 돌보고 있는 것이다. 그들은 자신들의 문제를 스스로 해결하고 있는 것이다. 그들은 더 이상 자신의 일을 관리자에게 떠넘기지 않는다. 그들은 일을 즐기고 있는 것이다. 그 다음에 관리자가 할 일은 그 즐거움이 지속되게 하는 것이다.

일단 게임에 들어가면 직원들은 자신의 문제를 관리자에게 떠넘기는 것을 멈추게 된다. 게임에 빠지면 문제를 떠넘길 시간이 없다. 나가서 직접 해결하고 싶어진다. 그렇지 않으면 기록에 뒤처지고 승리하지 못할 것이다. 게임으로 인해 직원들은 당면한 문제 해결에 집중하게 되고, 관리자들은 앞으로의 문제에 대해 생각할 여유를 갖게 된다. 바로 그것이 관리자가 통제권을 쥐는 방법이다. 관리자가 미래의 문제에 집중하게 되면 이제까지의 임기응변식 경영은 사라지고 일관성을 가질 수 있게 된다. 아주 행복한 일터를 만들게 되는 것이다.

진정한 게임이 되게 하라

직원들 눈에 불을 지피려고 한 나머지 너무 지나칠 수도 있다. 그렇게 되면 직원들은 재미를 잃고 겁을 먹는다. 그럴 때는 뒤로 물러나야 한다.

한때 나에게도 그런 경우가 있었다. 나는 관리자들 각자에게 열 가지의 책임을 정해 주고 그 해 안에 달성하도록 시켰다. 그 책임들은 너무나 세부적이어서 서로 겹치기도 하고 충돌하기도 하였다. 관리자들은 승리하기 위해 다른 사람을 훼방놓기도 했다. 사실은 내가 요구한 만큼의 80%만 달성해도 충분했다. 하지만 모든 항목에서 최고가 되고자 했던 두 사람이 있었고, 그들은 서로의 영역에까지 침범했다. 그 두 사람은 서로 죽일 듯 경쟁했다.

나의 실수는 그들이 이 책임들을 하나의 지침이자, 회사를 도우면서 동시에 자신을 도울 기회로 여길 것이라고 생각한 것이었다. 참으로 순진한 생각이었다. 사실 개인 성과 평가는 직원들에게 두려움을 불러일으킨다. 개인 성과 기준 목록에서 직원들은 무언의 위협을 느낀다. 그들은 거기서 '내가 최선을 다해 이것을 해내지 않으면, 나는 일을 제대로 못하는 것이다'라는 메시지를 받는다. 그들은 말한다. "좋아, 이건 회사가 나에게 직장을 잃고 싶지 않다면 이만큼을 해내라고 말하고 있는 거야." 이렇게 되면 책임 할당은 아주 겁나는 일이된다.

그래서 그 두 사람은 마침내 충돌하기에 이르렀다. 그 중 한 명이 다른 사람에게 말했다. "이봐, 자네는 목표를 달성하게 되겠지만 나는 안 될 것 같네. 내가 진다면 회사에서 쫓겨나게 될 거야. 나는 직장을 잃고, 내 가족은 생계를 걱정하게 되겠지." 나는 그들이 옥신각신 말다툼하는 소리를 들었다. 그들이 책임을 이상적 목표가 아닌 성과의 최소 기준으로 여기고 있음을 그때 알았다. 나는 내 실수를 깨닫고, 책임 할당 용지를 꺼내어 뒷마당으로 가지고 나가서 쓰레기통에 처넣고는 모두 불살라 버렸다.

중요한 점은 그것이 진정한 게임이 되게 해야 한다는 사실이다. 나는 내가 조직 내부에 불안을 키우고 있다는 사실을 깨닫지 못했었다. 생각해보면 그러한 불안은 혼자라고 느끼는 데서 비롯되는 것이다. 모두가 나와 함께 한 배를 타고 있으며 나는 외딴 섬이 아니라는 사실, 나 혼자만의 힘으로 모든 것을 다하지 않아도 된다는 사실을 알리는 데는 여러 가지 방법이 있다.

나는 그 경험으로부터 두 가지 중요한 교훈을 얻었다.

모든 직원에게 동일한 공동의 목표를 주어라

직원들에게 혼란스런 메시지를 보내지 말라. 그들 모두가 동일한 목표를 갖게 하라. 그리고 그것을 이루어내기 위해 함께 일하게 하라. 그리고 나서 성공의 공을 집단의 노력에 돌려라. 이것이 모두가 함께 이기는 방법이다.

원하는 모든 것을 목표로 설정하지 말라

너무 많은 목표는 쓸모가 없다. 1년에 두 가지, 많아야 세 가지 목표만 설정해야 한다. 그리고 각각의 목표에는 대여섯 가지 사항만 포함시키는 것이 중요하다. 다시 말해서 직원들이 대여섯 가지만 잘하면 달성할 수 있는 목표를 설정하라는 것이다. 멜로즈 파크 시절, 트랙터 선적의 최종 시한에 맞추려고 노력했던 때의 교훈을 되새겨 보자. 만약 당신이 직원들로 하여금 트랙터를 제작해 내는 데 집중하게 할 수 있다면, 제때에 부품을 조달하라고까지 말할 필요는 없다.

나중에 살펴보겠지만, 직원들이 수치를 이해하게 되면 포괄적인 목표를 생각해 내기가 훨씬 쉬워지고, 당신은 그들에게 재무적 목표를 제시할 수 있다. 그러나 어떤 상황에서든, 회사나 조직이 직면하는 전체적인 문제들에 영향을 미치는 한두 가지 사안들이 있기 마련이다. 당신이 그러한 사안을 파악할 수 있다면, 그것을 지렛대로 사용해 한 번에 여러 가지 것들에 영향을 미칠 수 있다.

예를 들어, 정리정돈 상태는 가정에서와 마찬가지로 회사나 공장에서도 문제의 발단이 되는 경우가 많다. 작업장에 너무 많은 재고가 쌓여 있는 것을 볼 때마다 나는 생산에 문제가 있음을 알 수 있다. 과도한 재고량은 불확실성을 만들어낸다. 직원들은 다음에 무슨 작업을 해야 할지 알지 못한다. 재고 물품들이 어지럽게 뒤엉켜 있는 작업 환경은 근로 의욕을 떨어뜨린다.

그러나 같은 이유로, 재고 문제를 상황을 반전시키는 지렛대로 이용할 수 있다. 하루치의 재고량만 작업장에 가지고 있으려면 매일 어느 정도의 작업을 해야 되는지 계산해 보라. 그러고 나서 도표를 작성하고 게임을 시작하라. 그렇게 하면 사기, 동기부여, 작업 공간, 정리정돈 등 모든 것들을 개선할 수 있다. 동시에 당신은 작업장에서 불확실성을 몰아낼 수 있다. 직원들은 적정 재고량에 맞춰 작업할 것이다. 더 이상 문제들을 쌓아두지 않을 것이며, 작업 일정을 조절하는 법을 알게 될 것이다. 결과적으로, 제한된 양의 재고만 있기 때문에 생산 라인이 지속적으로 가동될 것이다.

게임에서 승리하고 싶은 욕구를 충족시켜 줘라

초기에 시도했던 많은 것들을 우리는 지금도 여전히 하고 있다. 한동안 '공장 견학' 행사는 하지 않았지만 야유회는 줄곧 하고 있다. 우리는 또한 직원들이 자녀를 공장에 데려오는 특별한 날을 지정했다. 이는 공장 견학 행사와 마찬가지로 직원들에게 자부심과 자존심을 심어주기 위한 것이었다. 우리는 회사 밖에서 전보다 더 많은 게임을 하고 있다. 농어낚시 대회, SRC컵 릴레이 경주 대회, 골프 대회, 소프트볼 대회, 볼링 대회 등을 열고 있다. SRC의 깃발 아래 우리 직원들이 참여하는 모든 행사들을 보면서 나는 놀라곤 한다.

내가 아는 몇몇 회사들은 회사의 후원으로 운동 경기를 열지 않는다. 직원들이 다치거나 인종 차별 등이 문제가 되어 소송이 걸리지 않을까 두려워서이다. 그러나 그것은 큰 낭비이다. 그런 회사들은 엄청난 기회, 즉 직원들에게 자부심을 불어넣어 줄 기회를 놓치고 있는 것이다. 행사 과정에서 문제가 생기면, 처리하면 되지 않는가. 책임이 걱정된다면 직원들에게 책임 면제 각서에 서명해 달라고 부탁하라. 전 직원이 참여하길 바란다면 모두가 환영하고 있는지를 확인하라.

회사 밖에서의 경쟁을 후원함으로써, 당신은 게임을 해서 이기고 싶어하는 직원들의 욕망을 충족시킬 수 있다. 동시에 위협적이지 않는 환경에서 직원들이 불만과 갈등을 터뜨릴 방법을 제공하고, 회사에서는 맛보지 못했을지도 모를 승리의 기쁨을 경험할 기회를 제공한다. 우리 회사에는 품질 검사관이 있는데, 그는 사내에서 아마 가장 인기가 없는 사람일 것이다. 하지만 직원들은 그를 존경하는 데, 그 이유는 그가 최고의 농어 낚시꾼이기 때문이다.

특히 이러한 경기 대회에 우리는 관리자들도 함께 참가하도록 장려한다. 그것은 벽을 무너뜨리는 또 하나의 방법이다. 관리자가 자신을 열어놓으려 아무리 열심히 노력해도 직원들은 그의 직위와 책상, 사무실 등 모든 권위의 상징들을 두려워한다. 그러한 것들은 관리자들이 부수어야 할 장벽이며, 야외에서의 갖가지 행사들이 그 장벽을 깨부숴줄 것이다.

어느 해에는 내가 서머타임 실시에 맞춰 시계를 앞으로 당겨놓는 것을 잊어버리는 바람에 농어낚시 대회를 놓치고 말았다. 결국 내 파트너와 나는 행사가 끝난 지 한 시간이 지난 후에야 도착했다. 그때 제 시간에 갔더라면 우리는 그날 대회의 우승자가 되었을 것이고, 나는 그 해의 1등 낚시꾼이 되었을 것이다. 우리에게는 그것이 아주 특별하고 중요한 일이었다. 그러니 그때 내가 늦게 간 것에 대해 얼마나 낙심했는지 짐작할 수 있을 것이다. 시간 맞추는 것이 내 책임이었기 때문에 내 파트너는 화가 났다. 나는 그에게 500달러의 벌금을 냈는데, 이것은 그의 1주일치 급료보다 많은 것이었다.

그러나 내가 여기서 말하고 싶은 것은, 그 경험이 우리 사이에 진정한 유대감을 만들어냈다는 사실이다. 그 얘기를 들은 회사의 다른 직원들은 재미있어 했다. 그들은 나에게 온통 야유의 글들이 적힌 시계를 보내주었다. 그들에게는 그것이 기분 좋은 일이었다. 나를 비웃을 수 있었기 때문이었다. 회사를 위해서도 좋았다. 일부 장벽을 무너뜨렸기 때문이었다. 그것은 낚시 대회에서 이기는 것만큼이나 나에게도 좋은 일이었다. 당신도 그와 같은 실수를 할 수 있다. 당신은 결코 자만해서는 안 된다. 이것은 회사의 성공이 관리자의 총명함 덕분이 아니라는 사실을 상기시켜 주는 좋은 예이다.

04

큰
그림

The Great Game
of Business

요즘 우리는 직원들이 SRC에 입사하자마자 '위대한 비즈니스 게임'을 가르치기 시작한다. 우리는 곧장 재무제표에 뛰어든다. 일단 직원들이 그 수치를 이해하고, '게임'이 어떻게 돌아가는지를 파악하게 되면, 비즈니스는 가장 이해하기 쉬운 것이 된다. 그것은 직원들로 하여금 자신이 왜 여기에 있는가를 알게 한다. 그것은 그들의 공헌이 무엇이며, 왜 그것이 중요한가를 보여준다.

그러나 당신은 우리가 초창기에 그랬던 것처럼 보다 점진적으로 시작하기를 바랄지도 모른다. 먼저 직원들이 회사의 업무를 잘 이해하고, 그 성과에 자신들이 어떤 영향을 끼치게 되는가를 파악한다면, 수익을 창출하고 현금을 생성하는 것에 대해 가르치기가 훨씬 쉬워진다. 직원들을 위해 '큰 그림'을 그려주어라. 그들이 이미 알고 있는 용어를 이용해 당신이 왜 비즈니스를 하는 지를 설명하라. 그러고 나면 당신은 수치들을 좀더 쉽게 이해시킬 수 있을 것이다.

당신은 어떻게 매일 하는 일들이 '큰 그림'과 연결되도록 하고, 모든 직원이 공통의 목표에 초점을 맞추도록 하기 위해 수치들이 도구로서 사용될 수 있는지를 보여줄 수 있을 것이다. 그리고 그것이 바로 수치가 중요한 주된 이유이다. 수치는 항상 당신이 큰 그림으로 돌아가게 한다.

오늘날 비즈니스에서 겪게 되는 대부분의 문제는 우리가 직원들에게 '큰 그림'에 맞추는 방법을 보여주지 못하기 때문에 초래된 결과이다. 그러한 실패는 계속해서 회사를 허물어뜨린다.

우리는 드릴 앞에 직원을 앉혀놓고 가능한 한 정확히 구멍을 뚫는 데 집중하라고 말한다. 그래서 그는 그렇게 한다. 그는 구멍을 뚫고, 그 제품이 다음 공정으로 넘어가는 것을 지켜본다. 그리고 자기가 방금 뚫었던 구멍 속으로 무엇인가 완벽하게 끼워 맞춰지는 것을 본다. 하지만 얼마 후 우리는 그에게로 가서 그가 일하는 방식에 뭔가 잘못이 있기 때문에 회사가 곤경에 처했다고 말한다. 그는 이해할 수가 없다. 도대체 뭐가 잘못됐단 말인가? 그의 일은 구멍을 뚫는 것이었고, 그는 그것을 완벽하게 해냈다. 뭔가가 잘못됐다면 그것은 다른 직원의 몫이다.

문제는 우리가 직원들에게 그들의 기계 너머에 있는 것을 보도록 가르치지 않았다는 점이다. 그래서 직원들은 구멍이 완벽해도 회사가 잘못될 수 있다는 사실을 이해할 수가 없는 것이다.

'큰 그림'은 동기부여와 관련 있다. 그것은 직원들에게 일을 하는 이유를 제공한다. 게임을 하고자 한다면, 승리의 의미를 이해해야 한다. 직원들에게 '큰 그림'을 보여주는 것은 곧 승리의 의미를 정의하는 것이다.

지금까지의 단계는 다음과 같다.

1. 일련의 작은 승리들을 만들어라.
2. 직원들에게 '큰 그림'에 대한 인식을 심어줘라.
3. 수치를 가르쳐라.

어쨌든, 위의 단계들은 대략적인 순서이다. 진실은 우리는 항상 더 많은 승리를 찾고 있으며, 직원들에게 '큰 그림'을 상기시켜 주는 일을 멈추지 않고 있다는 것이다. 당신 또한 그래야 한다.

다음은 몇 가지 방법들이다.

직원들에게 비즈니스의 진행 방향을 일러 줘라

때때로 극적인 말을 던져서 직원들로 하여금 한 발 물러서서 모든 것이 어떻게 맞물려 돌아가는지 보게 하고, 자신이 하고 있는 일의 더 큰 목표에 관해 생각하게 해야 한다.

나는 내가 스프링필드 리뉴센터에 온 지 2년이 다 되어서야 그 지점에 도달했다고 생각했다. 우리는 그곳을 바꾸어 놓았고 수익을 내게 되었지만 부서간에는 여전히 많은 장벽들이 가로놓여 있었다. '엔지니어들이 월급을 너무 많이 받는다' 거나 '자재부 직원들은 하는 일이 없다' 는 등의 사소한 불평들이 내 귀에 많이 들려오고 있었다. 어떻게 각기 다른 부서들이 서로를 뒷받침해 주어야 하는지, 성공하기 위해서 우리에게 필요한 것은 무엇인지, 그리고 조직 자체에 대해 잘못된 인식들이 있었다. 나는 그들의 편협한 사고를 깨뜨리고 싶어서 직원들에게 말했다. "자, 보세요. 좀 현명해집시다. 이것들은 여러분의 미래를 위한 우리의 투자입니다."

그래서 1980년 10월의 어느 날 우리는 공장 문을 닫고, 대신 시내에 있는 힐튼호텔로 모두 나오게 했다. 그곳에서 우리가 '직원 의식의 날' 이라고 이름붙인 모임을 가졌다. 이 모임은 각각의 부서장들이 주관하는 워크숍으로 시작되었다. 직원들은 소그룹으로 나뉘어져 이 방 저방을 옮겨다녔다. 그들은 각 부서가 하는 일과 그 일이 다른 부서의 일에 어떻게 영향을 미치는지를 배웠다. 엔지니어링 부서장은 신제품 개발과 기술 향상을 위해 그의 부서가 어떤 역할을 하는지에 대해 설명했다. 자재부는 자재가 바닥나면 무슨 일이 벌어지는지를 촌극 형식으로 보여주었다.

이날 행사의 마지막에 우리는 저녁을 먹기 위해 모두 한 자리에 모였다. 식사가 끝난 후 나는 일어나서 특집 기사 하나를 소개했는데, '일본이 하는데 우리는 왜 못하나?'라는 제목의 NBC 기사였다. 나는 그 기사를 TV에서 보았는데 정말로 마음에 와닿았었다. 그것은 일본의 도전과 미국의 둔한 반응에 대한 내용이었다. 미국의 생산성이 둔화되고 있으며 장기적으로는 미국인의 생활 수준에도 영향을 미칠 것이라는 보도였다. 기사 끝에 아나운서가 말했다. "이러한 추세가 반전되지 않는다면, 미국의 다음 세대는 그들의 부모들보다 생활 수준이 낮은 첫 세대가 될 것입니다."

나는 기사 내용을 소개한 후에 이렇게 말했다. "이러한 사태를 책임지고 싶습니까? 이같은 쇠퇴를 야기시킨 장본인들이 되고 싶으세요? 우리는 이에 맞서 무언가 해야 합니다. 안 그렇습니까?" 그때 직원들이 보여주었던 반응은 내가 지금껏 경험해 보지 못한 것이었다. 직원들은 환호했고 고함치며 부르짖었고 서로를 껴안았다.

나는 그때 그들이 마침내 '큰 그림'을 보았다는 것을 알았다.

당신의 제품을 직원들에게 마케팅하라

당신이 고객들에게 제품을 홍보하기 위해 많은 시간과 노력과 돈을 투자하고 있다고 해서, 당신의 직원들이 그 제품을 잘 알고 있을 것이라고 추측하지 말라. 그들 대부분이 제품 공정의 작은 한 부분만을 알고 있을 가능성이 있다. 직원들이 회사가 하는 일을 이해하지 못한다면, 즉 고객에게 어떤 제품이나 서비스를 제공하는지 그리고 어떻게 그것이 고객의 문제를 해결하고 욕구를 충족시키는지 알지 못한다면 그들은 '큰 그림'을 볼 수 없다. 해답은 마케팅 예산의 일부를 직원에게 투자하는 것이다.

그것이 바로, 내가 멜로즈 파크의 생산 라인 책임자로 있었을 때 배운 교훈이다. 그 생산 라인에는 정말로 문제가 많았다. 품질은 형편없었고 일정도 엉망이었고 생산성도 최악이었다. 게다가 작업장의 분위기도 완전히 지옥 같았다. 직원들은 마음이 내키지 않으면 언제든지 작업을 때려치웠다. 술이 덜 깬 상태로 출근하는 경우도 비일비재했다. 업무는 지루하기 짝이 없었다. 나는 어떻게 해서든 이런 직원들에게 동기를 부여할 방법을 짜내야 했다.

문제의 일부는 그들이 하는 일이 그들에게 의미 없게 여겨진다는 것임을 나는 깨달았다. 직원들은 자기들이 만드는 트럭이 미국의 고속도로로 나가 전국 각지에 물건을 옮겨 준다는 사실을 모르고 있었다. 자신이 무언가 중요한 일을 하고 있다는 사실을 알지 못했던 것이다. 회사는 광고와 포스터, 팜플렛 등 고객들에게 우리 제품을 믿어 달라고 선전하는 데 수백만 달러를 쓰고 있었지만, 정작 우리 직원들에게 자부심을 심어주는 데는 한푼도 투자하지 않고 있었다. 그래서 우리는 판매와 마케팅 담당자들에게 우리를 도와 달라고 요청했다.

우리는 트럭과 트랙터가 그려진 멋진 포스터를 제작했다. 생산 라인의 직원들이 자신이 만든 제품을 이해하고 믿을 수 있도록 큰 캠페인을 벌였다. 그리고 그것은 효과가 있었다. 어느 날 한 직원이 내게 와서 했던 이야기를 나는 결코 잊지 못할 것이다. 그는 아들과 함께 차를 타고 맨하임 대로를 달려가고 있었는데, 대형 하베스터 트럭이 옆에 와서 나란히 달리게 되었다. 그때 그는 자신의 아들에게 이렇게 말했다. "아빠가 저 트럭의 엔진을 만들었단다." 정말로 그가 만든 것이었다.

마케팅 캠페인 덕분에 우리는 전반적인 분위기를 바꾸어 놓을 수 있었다. 직원들은 마침내 한 팀의 일원이라는 의식을 갖기 시작했는데, 이것은 생산 라인에 있어서 매우 중요한 요소이다. 각 공정이 다른 공정과 협력하지 않으면 생산 라인은 돌아가지 않는다. 마케팅 캠페인을 벌인 후부터 직원들은 전체적인 과정을 보기 시작했다. 그들은 협동이라는 신앙을 갖게 되었다.

내가 얻은 교훈은 이렇다. 제품을 만드는 직원들에게 제품을 마케팅하라. 사실 당신은 고객에게 팔려고 하기 전에 직원들에게 팔아야 한다. 속이 빈 제품을 팔려고 해봤자 아무런 소용이 없다. 당신은 그 안에 생명이 깃든, 직원들의 숨결이 배어 있는 제품을 팔아야 한다.

직원들이 여러 부서를 경험하게 하라

피플 익스프레스 에어라인(People Express Airline) 사는 예전에 '교차 활용(cross-utilization)' 이라는 제도를 시행한 바 있었다. 이는 직원들이 여러 부서를 경험해 보게 하는 것이었다. 객실 승무원은 소화물 관리일을 해보게 하고, 경리는 고객 서비스 업무를 맡기는 것이다. 이는 직원들이 자신의 전문 분야를 넘어서는 시야를 갖게 하고, '큰 그림' 에 대한 직접적인 인식을 갖게 하는 데 효과적인 방법이었다.

이름은 다르지만 우리도 비슷한 제도를 실시한다. 직원들이 회사 내에서 가능한 한 많은 경험을 해보도록 장려하고 있다. 예를 들어 마케팅 부서 직원들 중 상당수가 작업 현장에서 근무를 해본다. 이는 내가 멜로즈 파크에서 가능한 한 빨리 직원들을 승진시켰을 때 배운 교훈과도 관련 있다. 즉, 두 가지 혹은 그 이상의 업무 경험이 있는 직원들은 비즈니스에 대한 태도가 완전히 다르다는 것을 나는 알고 있었다. 그들은 협력이 잘 되었다. 또한 다른 직원의 입장에서 일을 보는 데에도 훨씬 능숙했다. 그들은 각기 다른 부서들이 어떻게 조화를 이루는지, 어떻게 그것들이 서로에게 의존하는지를 잘 이해했다.

직원들이 실제로 자리를 옮기지 않아도, 평소의 역할에서 벗어나 다른 부서와 일을 해보게만 해도 그들의 시야를 넓힐 수 있다. 그것이 우리가 생산직 직원들을 고객에게 보내는 한 가지 이유이다. 우리가 그것을 처음으로 시행했을 때가 기억난다. 우리는 덴버의 금광개발업자를 위해 거대한 변속기를 제작했다. 그 변속기는 2미터가 넘었으며, 가격은 약 15만 달러였다. 하지만 그것이 고장났을 때 모든 작업이 중단되었고 고객은 시간당 5,000달러의 손해를 보고 있었다.

그래서 우리는 그 변속기를 제작했던 두 직원을 내보냈다. 그들이야말로 그 상황을 처리할 수 있는 유일한 사람들이었다. 화가 머리 끝까지 난 고객은 그들에게 심한 욕설을 퍼부어 댔다. 그런데 우리가 진짜로 얻어낸 것은 그 직원들이 돌아오고 나서였다. 그들은 모두에게 고객을 대한다는 것이 어떤 것인지를 말해 주었다. 갑자기 모두가 이 재생 공정 끝에는 고객들이 있으며, 그곳에서의 비즈니스가 우리가 만들어낸 품질에 의존한다는 사실을 깨달았다. 그들에게는 자기 자신과 회사뿐만 아니라 고객에 대해서도 책임이 있다는 것을 보았던 것이다.

어떤 면에서 그 경험은 직원들로 하여금 내 입장이 되어 보게 해주었다. 우리가 누군가의 기대를 저버리고 실망시킬 때 우리는 기분이 나빠진다. 그러나 대부분의 회사에서 그것에 대해 듣게 되는 유일한 사람들은 실제로 그것을 만든 직원들이 아니라 고객 서비스 직원들이나 관리자들이다. 이제 우리는 가능한 한 생산직 직원들을 고객에게 보낸다.

그림을 그려라

직원들에게 '큰 그림'에 대해 말만 하지 말고 그것을 보여주어라. 도표와 그래프의 형태로 제시하라. 벽을 장식하는 데 그것들을 이용하라. 측정할 수 있는 어떤 것이든 (순이익, 판매액, 고객당 판매액, 일당 혹은 주당 생산량, 에너지 사용량 등) 그림으로 전환할 수 있다. 그러한 그림들은 아주 놀라운 효과를 발휘할 수 있다. 한번은 식당에서 쓰는 냅킨의 양을 그래프로 만들었는데, 그것이 꼭대기까지 치솟고 있었다. 그것은 모두 간접비였으며, 그래프는 직원들의 주의를 끌었다.

그러나 우리가 가지고 있는 가장 효과적인 그림은 도표가 아니다. 그것은 주식 증권인데, 우리는 회사에서 직원들이 보유한 자산 가치와 지난 1년 동안 그들이 얼마나 지분을 늘렸는지에 대한 물리적인 증거를 제공하는 방편으로 그것을 나누어 주었다. 그 증서는 실질적인 가치를 갖고 있지 않을지라도 충분히 진짜처럼 보였다.

보통 직원주주제는 주권 발행은 하지 않고 연간 보고만 한다. 하지만 우리는 직원들이 '큰 그림'을 볼 수 있도록 이를 엄격히 시행한다. 그것은 우리가 어떻게 성공을 측정하는지를 직원들에게 상기시켜 주는 한 방법이다. 우리는 직원들에게 말한다. "이 회사에서 여러분은 지분을 갖는다. 여러분이 '위대한 비즈니스 게임'을 할 때 그것은 곧 성공의 척도가 된다."

여섯 살짜리 아이에게서 동기를 구하라

회사는 목표로 가기 위한 수단일 뿐이며, 그 목표는 비즈니스라는 담장 너머에 있다. 따라서 직원들에게 가장 중요한 진짜 '큰 그림'은 봉급이 아니라 지역사회에 다가가는 것이다. 그래서 우리는 지역 학교와의 자매 결연, 집 없는 아이들을 돕기 위한 크리스마스 모금 운동, 장애인 올림픽, 적십자와 같은 지역사회 프로그램을 강조한다. 우리에게는 아무에게도 말하지 않은 어려운 때가 있었다. 우리에게 있어 그것은 모두 '큰 그림'의 일부이다.

부분적으로, 그것은 되돌려주는 문제이다. 우리는 우리가 받은 모든 것에 대해 감사한다. 이제는 다른 사람들을 돕고 싶다. 그러나 또한 이러한 활동들에 직원들을 참여시킴으로써 우리는 사업에 많은 이득을 본다. 자폐증 아이들을 위한 봉사센터에 방문하거나 집 없는 아이들에게 크리스마스 선물을 나누어 주는 것은 각각의 직원들에게 깊은 영향을 끼친다. 직원들은 SRC의 대표자로 가기 때문에 자기 자신과 회사에 대해 긍정적인 마음을 갖게 된다. 종종 그들은 다른 사람들에게 회사의 정책과 비즈니스 철학에 대해 이야기한다. 그것은 우리가 설교하는 것을 실천에 옮기게 하는 큰 자극제가 된다. 그들은 새로운 활력을 얻고 고취되어 돌아온다.

물론 많은 회사들이 지역사회 활동에 나서고 있지만 대개는 경영자와 간부들 위주로 이루어지고 있다. 우리가 원하는 것은 전 직원이 지역사회 활동에 나서는 것이다. 예를 들어 우리는 지역 학교와 자매결연을 맺고, 중퇴하려는 학생들이 학교를 계속 다니게 하는 노력을 하고 있다. 우리의 현장 관리자들은 학교를 찾아가 학생들에게 관리자가 되는 방법에 대해 이야기해 준다. 또는 학생들을 공장으로 초청해 견학을 시키기도 한다.

스프링필드 공립학교 위원회에서 임신이나 마약, 알코올 또는 학점 미달 등의 문제로 인해 졸업이 어려운 문제아들을 위한 지역 학교 일을 맡아 달라고 요청해 와서 우리는 그 프로그램에 참여했다. 그 아이들은 더 작은 규모의 학교로 보내져 더 많은 관심과 소속감을 얻게 되었다. SRC는 어려운 일을 맡아 하는 것으로 정평이 나 있다. 우리는 그런 일을 좋아한다. 우리는 재생업자인 것이다.

우리도 예전에는 바닥에서 허우적거리던 때가 있었다. 우리는 그런 아이들을 이해할 수 있다. 그들은 새로운 목적이며 새로운 도전이다. 학교가 우리에게 요청하는 것이라면 우리는 무엇이든 한다. 돈, 시간, 새로운 시상 프로그램 등 무엇이든 말이다. 우리는 면접을 보고 아이들을 고용하거나 그들이 계속 학교에 다니도록 힘쓴다. 그들에게 가능한 한 많은 개인적 관심을 쏟는다. 물론 그렇게 하다 보면 직원들이 업무 중 많은 시간을 할애해야 하지만, 그들은 자신들의 책임을 다하는 방법을 알고 있다. 그리고 우리는 우리가 포기하는 것 그 이상을 얻는다.

우리는 정말로 도울 수 있다. 나는 교육 시스템이 기업의 도움을 필요로 한다고 생각한다. 모든 기업은 이에 관여할 의무가 있으며, 외면해서는 안 된다. 이 모든 프로그램에 우리가 관여하는 정도는 엄청나다. 유나이티드 웨이(United Way)를 예로 들어보자. 스프링필드에서만 300명의 직원들이 4만 달러 상당의 기부를 하고 있다. 이것은 이 도시에서 가장 높은 액수에 속한다. 직원들이 이렇게 적극적으로 참여하는 것은 그들 스스로를 팀의 일원으로 생각하기 때문이다. 그들은 SRC가 좋게 보이기를 원한다. 그것은 승리하는 이미지의 전형이다. 그들은 최고가 되고 싶어한다.

우리가 좋은 일을 하면 그것은 모두 우리에게 되돌아온다. 직원들은 자기 자신과 SRC에 대해 기분이 좋아진다. 그들은 올바른 이유를 가지고, 즉 어떤 것의 일부가 되기 위해서, 승리하는 팀의 일부가 되기 위해 SRC에 출근하고 있다. 승리하는 것에는 많은 측면이 있다. 유나이티드 웨이를 돕는 것은 한 측면이다. 훌륭한 부모가 되는 것 또한 그렇다. 다른 종교나 성별을 가진 구성원들을 차별하지 않고 대하는 것도 승리의 한 측면이다. 그리고 자신이 잘못했을 때는 잘못했다고 말하는 용기를 갖는 것도 그렇다. 그것은 모두 비즈니스의 일부이고, '큰 그림'의 일부이다.

품질을 뛰어 넘어라

'큰 그림'에 대해 직원들을 교육시키는 것은, 품질 운동에 열을 올렸던 70년대와 80년대의 생각들과는 정반대의 경향이다. 나는 그때 직원들이 품질에 열중한 나머지 그밖의 것에 대해서는 신경쓰지 않는 것을 보았다. 가까운 내 동료는 직원들에게 비즈니스의 다른 부분을 교육시키는 것이 시간 낭비라고 생각했다. "왜 생산직 직원들이 마케

106

팅 부서의 일을 신경써야 한단 말인가?" 그러면서 그는 이렇게 말하곤 하였다. "내가 신경써야 할 것은 생산직 직원들이 일을 제대로 하고 있는지 관리하는 거야. 내가 내 일을 똑바로 하면 마케팅 부서도 그럴 것이고, 다른 모든 직원들이 자기 일을 똑바로 하면 우리 회사는 성공하는 거지. 마케팅 담당자들이 판촉을 어떻게 하는지는 내가 알 필요 없는 거라고. 중요한 건 품질이라네. 직원들에게 회사가 어떻게 돌아가는지 말해줄 게 아니라, 세부적인 부분까지 신경쓰게 함으로써 좋은 품질을 얻게 되는 거야."

그 말은 그럴듯하게 들리지만 틀린 것이었다. 나는 경험을 통해 그것이 틀렸다는 것을 알았다. 그런 식으로 운영되는 회사들은 대개 품질도 형편 없으며, 다른 문제들도 마찬가지였다. 나는 그런 회사들을 많이 보아왔다. 직원들이 자신의 좁은 분야에만 집중하게 되면, 부서들 간에 다툼이 일어난다. 그들은 회사의 일부로서 기능을 다하지 못하게 된다. 그들은 파벌을 지어 행동한다. 수익을 내기 어려울 뿐만 아니라 그밖의 다른 것들도 잘하기 어렵다. 품질이 좋아지는 게 아니라 더 나빠진다.

게다가 나는 전문화만을 추구한다고 해서 크게 잘된 경우를 보지 못했다. 나 자신은 항상 내게 주어진 업무 이상의 것을 바라보는 것을 좋아했다. 내게 할당된 것만으로는 지루해했다. 시스템의 제약에 대해서는 절망을 느꼈다. 다른 업무들에도 눈을 돌렸던 것은 단지 호기심 때문이었을 수도 있다. 어떤 쪽이든 나는 많은 것을 배울수록 일에 대해 더 매혹당했으며, 다른 직원들도 똑같이 매혹되는 것을 보았다. 나는 '큰 그림'을 동기부여 요인으로서, 즉 직원들이 일에서 더 많은 즐거움을 누리도록 돕는 한 방편으로서 이용할 수 있었다.

나는 또한 '큰 그림'이 우리를 보다 유연하게 만든다는 사실을 발견했다. 일본인들은 자기가 맡은 특정 업무에만 몰두하는 경향이 있다. 나는 우리 직원들이 보다 융통성 있는 직원들이길 바란다. 나는 직원들이 공격과 수비 모두에 능한 선수들이 되기를 바란다. 나는 직원들에게 하나의 포지션만이 아니라 모든 역할들을 맡겨보고 싶다. 그렇게 하면 상황이 돌변했을 때 보다 신속하게 대처할 수 있다.

그 동안 품질 운동에 어떤 일이 있었는가 보라. 10년 전에는 품질이 결함 없는 제품을 만드는 것을 의미했다. 이제 우리는 정보의 품질, 지원의 품질, 고객 서비스의 품질 등 '총체적 품질 경영'을 이야기하고 있다. 결함이 없는 제품을 만드는 것만으로는 충분하지 않다는 것이다. 당신은 또한 그것을 전달해야 한다. 사람들은 이제 정말로 품질의 비용을 측정하기 어렵다고 말한다. 그 이유는 당신이 성공적이기 위해서는 품질 이상의 것을 필요로 하기 때문이다. 당신은 배달과 안전, 청결 유지 등 모든 것들을 필요로 한다. 당신이 측정하고 싶다면 이 모든 것들이 통합되는 영역, 즉 손익계산서와 대차대조표에 초점을 맞추어야 한다.

품질 관리부에 있던 내 동료는 지금 SRC의 부사장이 되었으며, 내가 아는 한 위대한 비즈니스 게임에 가장 열성적인 참가자 중 한 사람이다. 그는 180도 전향을 했다. 하지만 나는 여전히 품질 관리라는 유행어에 사로잡혀 있는 사람들을 보면 약간의 반감을 느낀다. 그들은 내가 위대한 비즈니스 게임에 대해 말하는 것을 듣고 이렇게 묻는다. "지속적인 개선은 어디에 있습니까?" "생산 공정의 개선은 어디에 있습니까?" "당신의 공장에서는 프로세스를 사용하지 않습니까?"

나는 대답 대신 지난 5년 동안의 우리 회사의 주가가 그려진 도표를 보여주며 말한다. "이 정도면 당신이 말하는 '지속적인 개선'으로 충분한가요?"

혼란스런 메시지의 위험

직원들에게 '큰 그림'을 가르칠 때 그들에게 혼란스런 메시지를 보낼 위험이 항시적으로 존재한다. 500대 기업에 속하는 한 회사의 사장이 고객 서비스의 개선을 원한다는 말을 했다. 그래서 직원들은 물류 센터에 재고를 쌓아두기 시작했다. 그 사장이 직원들에게 말하지 않았던 것은 자신이 총 자산에 대한 순이익율에 의해 회사로부터 평가를 받는다는 사실이었다. 재고가 늘어남에 따라 회사의 총 자산은 증가했지만, 사장의 예정 보너스는 줄어들었다. 그 해 마지막 분기 때 사장은 자신의 목표를 충족시키기 위해 갑자기 모든 생산을 중지하라는 지시를 내렸다.

그러나 그것은 큰 재앙이었다. 1,400여 공급업자들은 갑작스레 공장을 멈춰야 했다. 말 그대로 수십만 명의 직원들이 일손을 놓게 되었다. 모두가 사장이 잘못된 지시를 내려서 벌어진 일이었다. 그가 실제로 바랐던 것은 자산에 대한 보다 나은 수익이었는데, 더 나은 고객 서비스를 바란다고 말했던 것이다. 그는 직원들에게 '큰 그림'에 대해 말해 주지 않았고, 그로 인해 모두가 혼란에 빠지고 사기는 땅에 떨어졌다.

회사들은 또한 영업 조직에 커미션 제도를 도입함으로써 혼란스런 메시지를 보내게 된다. 이 경우 영업 사원들에 대한 메시지는 분명하다. '많이 팔수록 좋다'는 것이다. 문제는 많이 판다고 해서 회사에 꼭 이익이 되지는 않는다는 것이다. 커미션을 받는 영업 사원들은 혼란을 야기할 수 있다. 그들은 무턱대고 최대한 팔지만 생산부서가 따라가지 못할 수 있다. 그러면 어떻게 되는가? 회사는 어려워지고 직원들은 일자리를 잃을 수 있다.

보상 제도는 회사들이 혼란스런 메시지를 내보내는 가장 대표적인 방법이다. 회사들은 직원들에 대한 수행 평가를 가지고도 그렇게 한다. 직원들은 혼란스러워하고, 그들의 시야는 점점 좁아진다. 그들은 자신의 행동에 따른 파급 효과를 보지 않는다. 가령 어떤 직원에게 그가 재고 회전율로 평가받는다는 말을 했다고 하자. 그러면 그는 재고를 없애 아무것도 남지 않게 한다. 그러면 어떤 일이 벌어지는가? 재고 비용은 아주 낮아지지만 생산부서에서는 기계를 효율적으로 가동시킬 수 없게 되고, 따라서 제조 비용은 치솟게 된다. 이것이 바로 모든 직원들이 '큰 그림'에 초점을 맞추도록 해야 하는 이유이다.

The Great Game
of Business

직원들이 회사에 대해 아는 것이 많을수록 회사는 더 잘 기능하게 된다. 이는 절대불변의 법칙이다. 정보를 은폐하기보다는 직원들과 공유하는 것이 비즈니스에 이롭다. 회사나 부서, 특정한 과제에 대해 직원들이 알게 하라. 정보는 권력의 도구가 되어서는 안 되며 교육의 수단이 되어야 한다. 직원들을 위협하고 통제하는 수단으로 정보를 이용하지 말라. 직원들에게 공통의 목표를 성취하기 위해 협력하고, 그럼으로써 자신의 삶에 대한 통제권을 갖는 방법을 가르치는 데 정보를 이용하라. 수치를 공개하고 그것들이 살아있게 하면, 수치들은 직원들이 매일 비즈니스를 하면서 스스로를 돕는 데 사용할 수 있는 도구로 전환된다. 이것이 바로 오픈북 경영의 열쇠이다.

그것은 또한 SRC가 거둔 성공의 열쇠이기도 하다. 만일 우리가 우리의 정보와 생각, 수치를 공개하지 않았더라면, 그렇게 많은 돈을 벌어들이고 부를 창출하지 못했을 것이다. 사실 지금까지 생존했을지조차 의심스럽다. 내가 '오픈'이라고 말할 때 그 의미는 '공개'이다.

사업은 수족관처럼 투명하게 운영되어야 한다. 그래서 일이 어떻게 진행되고 있는지 모든 직원들이 볼 수 있어야 한다. 그것은 당신이 하려고 하는 일과 그 이유를 직원들에게 이해시키고, 사업의 방향을 결정하는 데 직원들의 의견을 수렴하는 유일한 방법이다. 그래야만 장차 예기치 못한 일이 발생했을 때 직원들은 어떻게 대처하고 행동해야 하는지를 알게 된다.

오픈북 경영의 혜택을 얻기 위해서 당신이 우리와 같은 상황에 처해볼 필요는 없다. 그것은 어디에서나 효과가 있다. 당신이 온통 비밀에 둘러싸인 회사의 일선 관리자라 해도 이를 실행할 수 있다. 분명 경영진의 지원을 받는 것은 도움이 된다. 하지만 설사 경영진이 자신들의 뜻대로만 회사를 운영하고 그밖의 모든 사람들은 안중에도 두지 않는다 할지라도, 당신과 당신의 직원들은 오픈북을 통해 더 나은 성과를 올릴 수 있을 것이다.

언어 치료: 오픈북 경영이 작동하는 방식

내가 말하는 오픈북 경영이란 수치로 직원들과 의사소통하는 방식을 가리킨다. 이는 '위대한 비즈니스 게임'의 초석이다. 나는 오픈북 경영이 회사 운영의 만병통치약이라고는 하지 않겠다. 앞서 언급했던 단계들 중 일부를 시행하지 않았다면 전혀 효력이 없을지도 모른다. 신뢰가 바탕에 깔려 있지 않고 서로에 대한 존경과 신뢰가 형성되지 않는다면 직원들은 수치를 믿으려 하지 않을 것이다. 그들에게 승리의 경험이 없다거나, 자신을 패배자로 생각한 채 흐리멍텅한 눈으로 주변을 어슬렁거리는 직원들이라면 수치에 따라 행동하지 않을 것이다. 당신이 직원들에게 회사가 어떻게 작동하고, 그들이 어디에 적합하고, 그 모든 것이 왜 중요한지 교육함으로써 '큰 그림'에 대한 인식을 심어주지 않는다면 그들은 수치에 대해 개의치 않을 것이다.

기본에서 시작하라. 먼저 올바른 기초를 다진 다음에 직원들에게 수치를 가르치는 것이 필수적이다. 수치란 비즈니스 언어이다. 그러므로 직원들이 그 언어를 이해하지 못한다면 '위대한 비즈니스 게임'은 말할 것도 없고 비즈니스 자체를 이해하지 못하게 된다. 오직 수치만이 당신이 어떻게 하고 있는지 말해줄 수 있고, 어디에 관심을 집중해야 하는지를 보여줄 수 있고, 문제를 확인하고 해결할 수 있게 하고, 매일매일의 행동이 당신 주변의 모든 것과 모든 사람, 즉 함께 일하는 사람들, 회사, 지역사회, 가족 그리고 자신의 꿈과 희망에 어떤 영향을 끼치는지를 볼 수 있게 한다.

그것은 현미경과 망원경의 시야를 동시에 갖는 것과 같다. 수치는 개인을 '큰 그림'에 연결시켜 준다. 그것은 궁극적으로 우리의 행동에 대한 전반적인 사고이다.

오픈북 경영은 회사가 당면한 중요한 문제들에 직원들을 집중시키게 하는 내가 알고 있는 최선의 방법이다. 그것은 벽을 무너뜨린다. 재무제표로 직원들과 의사소통을 하게 되면, 정보가 내부 라이벌에 의해 왜곡됨이 없이 신속히 그들에게 전달된다. 모두가 전체 비즈니스를 보고 있다면, 부서들이 다른 부서를 탓하고 변명하기가 훨씬 더 어렵다. "우리는 일을 제대로 했는데 저 멍청이들이 일을 망쳐놨어."라는 식으로 영업부서를 비난함으로써 생산부서는 문제를 회피할 수 없다.

문제가 있다면 해결되어야 한다. 모두가 그것을 해결하기 위해 협력해야 한다. 생산부서에서도 영업에 문제를 일으킬 수 있다. 가령 예정 날짜에 납품을 못했다거나 품질에 하자가 있을 수도 있다. 오픈북 경영은 그와 같은 문제가 발생하기 전에 미리 그에 대한 정보를 볼 수 있게 해준다. 감출 수가 없다.

또한 오픈북 경영은 개인이 자신의 일을 바라보는 방식을 바꾸어 놓는다. 수치가 그의 일에 의미를 부여하며, 자신이 정확히 어디에 맞는지, 왜 자신이 중요한지를 보여준다.

우리 회사에 빌리 클린턴(Billy Clinton)이라는 직원이 있는데 그는

114

공장의 물류창고 중 하나를 관리하고 있다. 오랫동안 그 직원은 자신이 회사라는 톱니바퀴에 달린 하나의 작은 이빨처럼 하찮은 존재라고 생각해 왔다. 자신의 일은 누군가가 필요로 할 때까지 부품과 제품들을 그저 보관하는 것뿐이라고 생각했다. 자신은 회사를 먹여살릴 책임이 없으며 회사의 성장에 아무런 영향을 미칠 수 없다고 생각했다.

그러나 수치라는 언어로 교육을 받고 나자 그는 곧 자신의 역할을 이해할 수 있었다. 생산 라인이 멈추면 회사가 얼마나 많은 손해를 보는지 알 수 있었다. 창고에 있는 일부 부품을 찾을 수 없어서 생산 라인이 멈춘 경우가 몇 번 있었다. 그것은 빌리로 하여금, 회사가 필요로 하는 품목을 정확히 알기 위해 자신에게 의존하고 있다는 생각이 들게 했다. 그가 파악한 숫자가 부정확하면, 우리는 중요한 부품이 바닥나는 것도 모를 수 있었다.

공장은 성장하기 위해 그를 정말로 필요로 했다. 이것이 누군가에게 얼마나 뜻밖의 발견이었는지 나는 설명할 수 없다. 이 일을 계기로 갑자기 그의 일은 의미를 갖게 되었다. 그것은 단순히 작업이나 일이 아니라 책임이었다. 그리고 그의 가족의 식탁에 놓일 음식이었다.

비즈니스에서 감정을 배제해야 하는 이유

나는 비즈니스에 대한 인간적인 접근을 자랑으로 삼고 있는 한 회사를 알고 있었다. 직원들은 항상 급류타기나 산악 등반을 하러 다녔고 자기 개발을 위해 하루 중 일부 시간을 할애했다. 사장은 금요일 오후에 항상 맥주 파티를 벌여 직원들에게 그들이 하고 있는 일이 얼마나 대단한지 떠벌렸다. 이것은 끔직한 기업 문화이다. 그들은 한 가지 사실을 잊고 있었다. 즉, 사업을 유지하기 위해서는 돈을 벌어야 한다는 사실이다. 짧지만 신나는 내리막길 끝에 회사는 문을 닫게 되었고 직원들 모두 직장을 잃었다.

비즈니스는 인간 지향적이어야 한다는 믿음에는 나도 남들과 다를 것이 없다. 그러나 수치 이상으로 기분만 북돋아준다고 해서 회사가 직원들에게 잘하는 것은 아니다. 내가 오픈북 경영을 좋아하는 이유 중 하나는 바로 이것이다.

오픈북 경영은 비즈니스에서 감정을 배제시킨다. 적어도 의사 결정의 단계에서만은 그렇다. 감정은 두뇌를 흐리게 하지만 수치는 거짓말을 못한다.

우리 직원들은 사업에서의 성공이 1 더하기 1이 2가 되게 하는 것에 달려 있다는 것을 알고 있다. 그것은 여럿이 둘러 서서 헹가래를 잘 치는 것과는 관계가 없다.

오해가 없길 바란다. 나는 비즈니스에 있어서 감정의 영향력이 중대하다고 생각하는 사람이다. 축포와 축하, 그리고 사기를 북돋아주는 말들이라면 나도 두 손 들어 환영한다. 하지만 그런 것들이 회사의 실상을 나타내는 분명한 자료를 대신할 수 있다고는 생각하지 않는다. 직원들이 축포가 왜 필요한지, 동기부여가 왜 중요하며, 자신이 노력한 것의 대가가 무엇인지 이해해야 한다.

동기를 유발하는 속임수로 직원들을 조종하는 것은 쉽다. 하지만 그것은 잘못된 일이다. 직원들에게 비즈니스의 실제 상황에 대해서는 알려주지 않으면서 그들의 무지를 이용하고, 그들의 등을 두드려주고, 그가 하고 있는 일이 얼마나 대단하고 그가 일하고 있는 회사가 얼마나 위대한지 떠벌리는 것은 공정하지 못하다. 나는 한 회사에서 14년 동안 일했는데, 그 회사는 나에게 모든 것이 훌륭하며 회사는 앞으로도 영원할 것이라고 말했다. 그 회사는 직원들의 감정에 호소함으로써 그들을 격려하고 동기부여했다. 내가 대차대조표를 보았더라면, 나는 그 감정이 잘못된 것임을 알았을 것이다.

직원들이 스스로 상황을 평가하게 하라. 당신은 수치를 가지고 보다 분명하게 의사소통을 할 수 있다. 내가 직원들에게 1 더하기 1은 2라고 말한다면, 그 메시지는 왜곡되지 않고 그대로 전달될 것이다. 도전은 1 더하기 1이 2라는 사실로 내가 진정으로 의도하는 바를 직원들이 이해하도록 만드는 것이다.

전달해야 할 나쁜 소식이 있을 때 수치는 핵심적이다. 나쁜 소식을 직원들에게 밝히는 것은 어려운 일이다. 직원들이 용기를 잃고 자포자기한 나머지 문제 해결에 의욕을 보이지 않을지도 모른다는 두려움이 당연히 뒤따른다. 그래서 그런 소식을 전해야 할 입장에 처한 관리자는 그 문제를 최대한 가볍게 미화시키려는 경향이 있으며 이 때문에 메시지가 종종 약화되고 만다. 그러나 그 메시지가 그대로 전달되지 않으면 문제는 더욱 악화되어 갈 뿐이다. 따라서 어떻게 해서든 직원들의 기를 꺾지 않으면서 분명하게 메시지를 전달하는 것이 중요하다. 수치를 가지고는 그렇게 할 수 있다. 직원들은 수치에 의해 뒷받침되는 메시지를 크고 분명하게 듣는다. 그들은 말한다. "이봐, 뭔가 조치를 취해야겠어."

마법의 수치:
오픈북 경영이 효과적인 이유

한 형사가 내게 이렇게 말한 적이 있다. "뭔가를 이루어내려면 일단의 '마법의 수치' 들이 있어야 합니다." 그가 말한 마법의 수치란 지갑 속에 든 돈의 수치가 아니라 머릿속에 있는 수치, 즉 일이 이루어지게 할 수 있는 사람들의 전화번호 등을 의미하는 것이었다. SRC에서 일하는 직원들 또한 그들의 머릿속에 마법의 수치들을 넣고 다니는데, 그 수치들이야말로 우리의 가장 중요한 경쟁 도구이다. 그 이유는 무엇인가?

비즈니스로 돈을 버는 데는 두 가지 방법밖에 없다. 하나는 최저 비용의 생산자가 되는 것이고, 또 하나는 다른 누구에게도 없는 것을 보유하는 것이다. 독점적인 제품이나 서비스가 없다면 가격으로 승부해야 하며, 최저 비용으로 생산하는 것이 최선의 방법이다. 시장에서 최저 비용으로 생산한다면 경쟁자보다 싸게 팔면서도 수익을 올릴 수 있다. 같은 이유로, 더 싸게 파는 경쟁자에게 시장을 빼앗길까 걱정할 필요도 없다. 당신의 비용이 더 낮다면, 가격 전쟁에서 당신보다는 그들이 더 큰 타격을 받게 될 것이다.

한편 가격을 더 많이 받을 수 있는 입장이라면 더할 나위 없이 좋다. 그렇게 하기 위해서는 고객이 다른 곳에서는 구할 수 없는 경쟁 우위를 확보하고 있어야 한다. 그것은 품질일 수도 있고 특별한 서비스나 독특한 제품일 수도 있고, 브랜드 네임일 수도 있다. 당신이 그것의 유일한 소유자이고 고객이 그것을 원한다면 그에 대한 프리미엄을 붙일 수 있다.

물론 가장 성공적인 것은 최저 비용을 들이면서도 경쟁사에는 없는 어떤 것을 확보하려고 애쓰는 것이다. 많은 회사들이 그렇게 하기 위해 노력하고 있다. 그러나 기본적인 원리는 다를 것이 없다. 3인치짜리 못을 만들려 한다면 그 분야에서 최저 비용으로 만드는 것이 좋다. 제품이 폴라로이드 카메라라면 약간의 여지를 더 가질 수 있다.

그러나 폴라로이드 사와 같은 입지를 누릴 수 있는 회사는 거의 없다. 절대다수는 그들이 원하는 만큼의 가격을 요구할 사치를 누리지 못한다. 우리도 역시 그렇지 못하다. 우리 사업에 있어서 우리는 최저 비용 생산자가 되어야 한다. 누구라도 엔진과 엔진 부품을 재생할 수 있기 때문이다. 비용을 낮추는 것이 필수적이지만 어느 개인이나 일개 부서가 우리를 위해 그렇게 해줄 수는 없다.

전 직원들이 회사의 비용 수준에 영향을 미치는 결정을 끊임없이 내리고 있다. 예를 들어 매일 매 순간마다 작업 현장에 있는 누군가가 중고 부품을 재활용할지, 다른 것으로 대체할지를 결정한다. 우리는 가능한 한 재활용하는 부품이 많기를 바란다. 재활용하는 부품이 많으면 많을수록 우리의 비용은 낮아진다. 단, 폐자재를 살리는 데 너무 많은 시간이 걸리지만 않는다면 말이다.

시간당 노동의 대가로 평균 26달러가 지불된다고 하자. 한 직원이 새것으로 교체하는 데 45달러의 비용이 드는 이음대를 재활용하는 경우, 그 작업에 한 시간이 소요된다면 회사는 돈을 벌게 된다. 그러나 두 시간이 소요된다면 회사는 손해를 본다. 회사가 돈을 벌게 되든 손해를 보게 되든, 그것은 그의 판단에 맡겨져야 한다. 모든 재생 작업이 정확히 똑같지는 않기 때문이다. 따라서 직원들은 특정 업무 수행에 소요되는 시간과 노력을 투입해 수지가 맞을지의 여부에 대한 결정을 끊임없이 내려야 한다.

이런 점에서 우리의 경우도 다른 모든 사업과 다르지 않다. 비용 통제가 개인적인 차원에서 이루어지거나 이루어지지 않는다. 사무실에서 지시를 하달하거나 사기를 북돋는 말을 한다고 해서, 혹은 정교한 체계나 통제 수단을 설정한다고 해서 최저 비용의 생산자가 될 수 있는 것은 아니다. 비용을 통제하는 최선의 방법은 모두가 그 노력에 동참하게 하는 것이다. 그것은 직원들에게 올바른 결정을 내릴 수 있게 하는 도구를 제공하는 것을 의미한다.

그 도구가 바로 우리의 '마법의 수치'이다. 모든 비즈니스에는 수치가 있다. 특히, 그 수치는 경쟁사보다 당사의 비용이 높은지 낮은지를 보여준다. 당사의 적정 비용을 알려면 경쟁사의 비용을 파악해야 한다. 그들의 노동 비율은 얼마인지, 제품 생산 속도는 얼마나 빠른지, 그들이 제공하는 복지 혜택은 무엇인지, 다른 장려책은 없는지, 원료에 얼마를 지불하며 부채 수준은 어느 정도인지 등에 대해 알아야 한다. 그래야만 당신이 최저 비용 생산자가 되기 위해 해야 할 일들을 결정할 수 있다.

경쟁사의 수치가 바로 그 기준점을 제시해 준다. 오픈북 경영은 당신이 직원들과 그 기준을 공유하게 해주는 수단이며, 직원들이 최저 비용 생산자가 되는 노력에 동참하게 하는 방법이다.

물론 비용 절감 노력을 하면서도, 다른 누구도 제공하지 못하는 추가 서비스 개발에 힘쓸 수도 있다. 그것이 총체적 품질 관리 시스템일 수도 있고, 추가적인 마케팅이나 영업 지원일 수도 있다. 이러한 전략들은 가격을 좀더 올릴 수 있게 한다. 그러나 대부분의 회사들은 훨씬 더 높은 가격을 부를 수 있는 입장이 아니다. 따라서 최저 비용 생산자가 되려는 노력을 게을리할 수가 없다. 이는 직원들에게 경쟁사에 대한 교육을 시켜 비용 절감 방안을 내놓게 함으로써 경쟁사를 앞서야 한다는 것을 의미한다. 그들이 내놓는 비용 절감 방안을 보면 당신은 깜짝 놀라게 될 것이다.

그러한 과정에서 다른 이점도 얻게 된다. 높은 수준으로 동기부여된 작업장과 매우 낮은 이직률, 뛰어난 일관성은 고객을 위한 품질 향상으로 이어진다. 그것은 경쟁사가 할 수 없는 것이며, 좀더 높은 가격을 부를 수 있도록 해주는 것이다.

개선은 점진적으로 이루어지는 것이다

오픈북 경영을 옹호하는 최고의 주장은 직원들이 회사에 대해 더 많은 교육을 받을수록, 회사가 나아지는 데 필요한 작은 것들을 더 잘하게 된다는 것이다.

비즈니스는 점진적인 변화의 게임이다. 오늘날 기업들의 손익계산서를 보면 세전 이익이 5%를 넘는 회사가 극히 드물다는 것을 알게 될 것이다. 따라서 수익성의 1% 개선은 매우 중요하다. 하지만 이를 이루어내는 데는 시간이 걸린다. 반면 급작스런 변화는 큰 충격을 가져온다. 대부분의 사람은 비즈니스에 있어서 '급작스런 변화'를 싫어한다. 이상한 것은 정보를 통제하는 구식의 경영자일수록 급작스런 변화를 더 싫어한다는 것이다. 하지만 그들의 폐쇄적인 운영 방식은 사실상 급작스런 변화를 예약하는 거나 마찬가지이다. 직원들이 상황을 예측하고 전망하는 데 필요한 도구를 갖고 있지 않기 때문이다. '급작스런 변화'를 없애려면 당신이 약속한 바를 제공하는 능력에 영향을 미치는 모든 요소들을 알고 있어야 하고, 그러기 위해서는 오픈 북 경영이 필요하다.

급작스런 변화는 안 된다. 적어도 크게 놀랄 일은 없어야 한다. 이것은 관리자의 또 다른 직무상 책임이다. '급작스런 변화'는 당신이 부서를 통제하지 못하고 있다는 것을 의미한다. 오픈북 경영은 직원들에게 통제권을 주고 그럼으로써 일관성을 제공하는 것이다. 직원들은 변화를 싫어하는 만큼 일관성을 갈망한다. 일관성은 체계 안에, 비즈니스의 기본 규칙 안에 존재한다.

상위 법칙 6. 가끔 팬들을 속일 수는 있지만, 결코
선수를 속일 수는 없다.

'위대한 비즈니스 게임'은 속임수가 아니다. 속임수처럼 이용하려 한다면 그것은 제대로 작동하지 않을 것이다.

공개에 대한 두려움 극복

어떻게 하면 당신이 직장을 민주화하는 문제, 즉 직원들에게 수치에 접근할 수 있게 하고 그럼으로써 그들의 운명을 통제하는 수단을 제공하는 것에 관해 생각이라도 해볼 수 있을까? 그것은 당신의 자존

122

심을 내걸어야 할 일도 아니고, 당신이 모든 문제의 답을 갖고 있지 않으며 모든 결정을 내릴 수도 없다는 사실을 받아들여야 가능한 일도 아니다. 당신은 그저 두려움을 극복하기만 하면 된다.

경쟁사가 우리의 수치를 알게 된다면?

회사의 회계장부를 공개한다는 생각은 많은 경영자들에게 공포를 불러일으킨다. 만일의 경우 그 수치가 경쟁사의 손에 흘러들어갈까 몸서리치는 것이다. 나도 그것을 인정한다. 초기에는 우리의 수치가 너무 형편 없어서 경쟁사가 그것을 본다고 해도 상관없을 정도였다. 그후 우리가 그 수치로 직원들을 교육시키기 시작하면서 우리 회사는 점점 더 강해졌고, 그럴수록 우리는 경쟁사에 대한 우려를 조금씩 떨쳐낼 수 있었다. 왜냐하면 그들은 우리와 똑같은 방법으로는 자신들을 강화하고 있지 않았기 때문이었다.

모방자들은 혁신자만큼 나를 걱정시키지 못한다. 수치를 공유함으로써 우리는 경쟁사가 따라올 수 없는 어떤 것을 개발하고 있었다. 그들이 우리의 수치 하나하나를 엿볼 수는 있겠지만, 우리와 같은 방법으로 의욕과 동기를 불러일으키기 위해 그들의 수치를 이용하지 않는다면, 그리고 비용 절감의 경쟁에 그들의 직원을 동참시키지 않는다면, 그들은 결코 우리를 따라잡지 못할 것이다.

경쟁자가 우리 회사의 수치를 이용할 수 있다는 사실을 부인하는 것은 아니다. 우리 역시 경쟁사의 수치를 알아내기 위해 우리가 할 수 있는 모든 방법을 동원한다. 공개적으로 매매되는 것이라면 경쟁사의 주식이라도 산다. 그렇게 하지 않는 것이 어리석은 짓이다. 경쟁사에 대해 더 많이 알게 될수록, 특정 상황에서 어떤 조치를 취해야 할지 결정하기가 쉬워진다. 언제 맞서고 언제 물러서야 하는지, 어디에 당신이 특정한 이점이나 약점을 갖고 있는지를 파악하기가 용이해진다.

대부분의 사람들이 생각하는 것보다는 훨씬 덜하지만, 회사들, 특히 개인 회사는 특정 사항을 감추는 것이 사실이다. 공개 기업의 경우는 신용회사와 같은 곳에서 많은 정보를 쉽게 얻을 수 있다. 같은 분야에서 경쟁한다면, 물정에 밝기만 해도 그 회사에 관해 많은 정보를 얻을 수 있다. 가격 경쟁에서 밀리고 있다면, 당신은 대개 그 이유를 알아낼 수 있다. 같은 공급처에서 자재를 구입한다면 경쟁사와 자재비가 같아야 한다. 그러면 남는 것은 간접비와 임금이다. 다른 회사의 임금을 알아내는 것은 어렵지 않다. 그곳에서 일하는 직원이나 그의 이웃에게 물어볼 수도 있고, 경쟁사 출신 직원을 고용할 수도 있다. 그런 다음 당신은 간접비에 눈을 돌린다. 입찰에서 경쟁사는 9달러를 써냈는데, 당신은 10달러를 써냈다면, 어디에서 당신이 1달러를 지고 있는지 알아내는 데는 그리 시간이 오래 걸리지 않을 것이다.

그러나 중요한 것은 바로 이것이다. 즉, 경쟁사의 수치를 알고 있다고 해도, 당신이 최저 비용 생산자가 되지 못하거나, 어느 누구에게도 없는 것을 갖고 있지 않다면 결국 아무런 의미도 없다는 것이다. 당신은 이 두 가지 기본 원칙에 충실해야 한다. 물론 경쟁사는 특정 사업에서 우리보다 싸게 입찰하기 위해 우리의 수치를 이용할 수 있다. 그러나 궁극적으로 경쟁에서 이기려면 품질이나 설치, 지원 서비스에서도 우위에 있어야 한다. 그러므로 경쟁사의 재무 상태를 아는 것은 기껏해야 단기적인 전술적 이득일 뿐이며, 직원들에게 수치를 교육시켜 얻는 이점에 비하면 하찮은 것이다.

솔직히 말해서, 때로는 경쟁사가 특정 업무나 계약을 따내게 하는 것이 좋다. 그것이 아주 어렵고 값비싼 대가를 요구하는 일이라면, 그리고 상대가 그것을 따내려고 안달한다면 말이다. 우선 그 경쟁자는 너무 낮은 가격을 책정해서 금전적인 손해를 볼 수도 있다. 또한 다음 계약 건의 경쟁에서 뒤처질 수도 있다. 따라서 당신은 입찰가를 높게 책정해 경쟁자가 아주 저가로 그 일을 수주하기를 바라게 된다.

당신이 두려워하는 것은 경쟁자인가, 직원인가?

안 된 일이지만, 많은 회사들이 경쟁사가 두려워서가 아니라 직원들이 두려워 재무 정보를 숨기고 있다. 그들은 직원들이 그 수치를 이해하지 못할 것이라고 생각하며, 밝혀보았자 이로울 것이 없다고 믿는다. 회사를 돕기 위한 도구로서 직원들에게 재무 정보를 이용하는 방법을 보여주지 않는다면, 그들은 회사에 대항하기 위한 무기로서 그것을 이용할 것이다.

나는 재무 정보를 공개하는 것이 결과적으로는 이로울 것이라고 생각한다. 수치가 은폐될 때 직원들은 억측을 하게 된다. 열에 아홉은 회사가 임금으로 지불할 수 있는 돈이 실제보다 훨씬 더 많다고 생각한다. 그들은 과장되게 생각하기 쉬우며 비즈니스를 이해하지 못한다. 예를 들어 얼마나 많은 직원들이 수익과 매출을 혼동하고 있는지 알게 되면 깜짝 놀랄 것이다.

따라서, 직원들을 제대로 교육시키지는 못한다 할지라도 수치만은 공유해야 한다. 직원들이 당신의 의도와 경영 방식에 대해 품고 있는 의심을 완전히 없애지는 못할 것이다. 수치가 의미하는 바에 대해 교육받지 못한 직원들이 뱉어내는 어리석고 무지한 발언들을 막지는 못할 것이다. 하지만 적어도 당신은 그들이 회사의 실태에 대한 정보를 얻지 못했을 때 생기는 억측, 그들을 아주 파괴적인 행동으로 이끄는 억측 중 일부는 피할 수 있을 것이다.

수치가 나쁜 경우 어떻게 해야 하나?

내가 캘리포니아의 경영자 단체에서 연설을 끝마쳤을 때, 인쇄업체를 운영하는 한 사장이 나에게 다가왔다. "나는 당신의 생각이 정말 맘에 듭니다. 당신이 사업을 운영하는 방식도 맘에 들긴 합니다. 그러나 나는 결코 우리 직원들에게 우리 회사의 모든 것을 다 보여줄 수는 없습니다. 우리 회사의 상태가 실제로 얼마나 나쁜지를 알게 되면 전부 떠나가 버릴 테니까요." 그래서 나는 반문했다. "그렇다면 직원들에게 좋은 수치만을 보여주겠다는 건가요?" "그렇죠. 좋은 수치를 보여줘서 직원들의 의욕을 높여주는 거지요." "직원들이 당신을 믿을까요?" 그러자 그는 자신 없게 대답했다. "……아뇨."

진실은 직원들에게 좋은 것뿐만 아니라 나쁜 것도 보여주어야 한다는 것이다. 그것이 신뢰를 구축하는 유일한 방법이다. 그리고 당신도 언젠가는 실수를 저지르게 마련이므로 만일을 위해서라도 신뢰를 얻어야 한다. 우리는 회사를 독립시킨 뒤 5년 동안 숱한 실수를 거듭했다. 회사를 인수한 지 2주도 못 되어 내 개인적으로 가장 큰 고객을 잃기도 했다. 세법을 제대로 알지 못해서 우리가 자초한 엄청난 세금 때문에 곤란을 겪기도 했다. 어느 해에는 사업이 잘 안되 중도에 보너스 프로그램을 취소해야 했고, 직원들의 봉급도 간신히 주었다.

하지만 직원들은 우리의 실수를 받아주고 용서해 주었다. 그럴 수 있었던 까닭은, 하베스터 사가 파산의 위기에서 흔들리고 우리가 공장을 인수하려 애쓰던 그 오랜 시간 동안 우리가 쌓았던 신뢰 덕분이었다. 그 시기에 관리자들은 신념을 잃지 않았고, 직원들에게도 신념을 잃지 말라고 당부했다. 조롱과 굴욕, 그리고 당신이 상상할 수 있는 모든 악조건 속에서도 우리는 평정을 잃지 않고 직원들에게 항상 진실만을 말해 왔다. 그래서 나중에는 직원들도 우리가 아주 어려운 시기에 그들을 이끌고 왔다는 사실을 깨달았던 것이다. 승리의 순간보다는 역경에 직면했을 때 신뢰는 더욱 두터워졌던 것이다.

대다수의 경영자들은 직원들에게 좋은 정보만을 알리고 싶어한다. 그러나 신뢰가 형성되는 것은 좋은 것과 나쁜 것이 결합될 때이다. 계속해서 상황을 좋게 보이도록 만드는 것은 소설과 다름없다. 하지만 인생은 기쁨으로만 가득찬 소설이 아니다. 직원들은 그것을 알고 있다. 물론 직원들의 요구를 들어주지 않기 위해 계속해서 상황을 나빠 보이도록 만든다면 더 신뢰를 잃게 될 것이다. 직원들은 또한 인생이 언제나 비극으로만 가득찬 소설이 아니라는 것도 알고 있다. 그들이 당신을 신뢰하기 바란다면 그들에게 수치를 제공하라.

오픈북 경영자가 되는 법

때때로 나는 내가 실제로 하는 일이 오케스트라를 지휘하는 것과 같다는 생각이 든다. 바이올린은 이쪽에, 심벌즈는 저쪽에, 관악기는

저 위에 있다. 나는 '한 박자, 두 박자' 하고 지적해 주는 지휘자와 같다. 내 임무는 리듬이 이어지게 하는 것이다. 일이 일정대로 돌아가도록 하는 것이다. 상황이라는 것은 항상 변화하기 때문에 잠시도 방심할 수 없다. 유연할 필요도 있지만 견고함을 필요로 하기도 한다. 중요한 것은 모두가 같은 점수표에 따라 움직이게 하는 일이다. 우리의 점수표는 재무제표이며, 특히 손익계산서와 대차대조표가 중요하다.

우리는 그 자료들을 직원들에게 설명하기 위해 갖가지 비유를 사용한다. 나는 직원들에게 대차대조표를 설명할 때 곧잘 '회사의 체온계'라는 표현을 쓴다. 그것은 회사가 건강한지 아닌지를 알게 해준다. 손익계산서는 어떻게 해서 그렇게 되었는지, 그에 대해 어떤 조치를 취할 수 있는지를 알려준다.

예를 들어 대차대조표에 열이 있다고 나왔으면, 손익계산서는 그 열의 발생 원인이 무엇인지, 그리고 어떤 약이 열을 내려줄 것인지를 말해 준다. 두 가지 모두 중요하다. 대차대조표와 손익계산서는 서로를 점검해 주고 균형을 잡아 준다.

재무제표를 경영의 도구로 이용할 때는 목적에 맞는 것으로 골라서 써야 한다. 공인회계사들이 쓰는 재무제표는 쓰지 말라. 그것은 투자자나 세금 징수원, 은행가 등 외부인들에게 그 회사에 대해 원하는 정보를 주기 위해 고안된 것이다. 직원들은 약간 다른 것을 필요로 한다. 일반적인 형태는 같고 정확도도 높아야 한다. 하지만 세부 사항은 회사 내부에서 벌어지고 있는 것에 초점을 맞춰 세분화되어야 한다.

핵심은 직원 각자에게 자신이 손익계산서와 대차대조표에 어떤 영향을 미치고 있는가를 보여주는 것이다. 따라서 당신은 수치를 제공하면서, 직원들이 통제할 수 있는 수치를 강조하고 싶을 것이다.

그것을 어떻게 하는가는 전적으로 당신의 비즈니스에 달려 있지만, 여기 따라야 할 일반적인 규칙이 있다.

손익계산서로 시작하라

손익계산서는 직원들을 게임으로 끌어들이는 최고의 도구이다. 손해와 이익의 수치는 끊임없이 변화하기 때문이다. 결과적으로 원인과 결과를 설명하는 데 그것이 도움이 된다. 손익계산서를 보면서 그때그때 점검을 할 수도 있고, 회사의 이익에 자신들이 어떤 역할을 했는지 스스로 확인할 수가 있다.

가장 많은 돈을 지출하는 항목들을 강조하라

그런 항목들이 회사의 수익에도 가장 큰 영향을 미치는 것들임은 두말할 나위 없다. 따라서 그런 항목을 주의깊게 점검해야 한다.

항목들을 통제 가능한 요소로 세분화하라

노무비가 가변 비용이라면, 직원들이 그것이 변하는 것을 볼 수 있게 해야 한다. 사업에 트럭을 사용한다면, 직원들은 거기에 드는 비용이 얼마인지 알아야 한다. 판매 조직이라면 이동과 접대, 그밖의 비용에 대한 면밀한 분석이 필요하며, 전문 서비스 기업이라면 청구 가능한 시간들을 세분화할 필요가 있다. 중요한 것은 직원들로 하여금 그들이 하는 일의 영향을 눈으로 확인할 수 있도록 손익계산서를 작성하는 것이다.

활동들은 손익계산서를 중심으로 이루어지지만, 직장이 얼마나 안전한지, 부가 얼마나 창출되었는지, 회사의 취약점은 어디인지 등 실제 점수를 알려주는 것은 대차대조표이다. 일단 직원들이 손익계산서의 의미를 알게 되면, 거기서의 변화가 대차대조표에 어떤 영향을 미치는지 그들에게 보여주는 것은 매우 쉬운 일이다. 원인과 영향을 밝히기 위해 동일한 원리를 사용해 대차대조표의 항목들을 세분화하라.

무엇보다도 당신의 특정한 비즈니스에 적합한 재무제표를 개발하라. 의류 체인점들을 가지고 있다면 여행사나 컨설팅 업체나 제조업체와는 전혀 다른 형태의 재무제표가 나올 것이다. 그러나 재무제표를 만들어내는 과정은 크게 다르지 않을 것이다.

우리 SRC에서는 제조 활동과 관련된 여러 가지 비용을 세부화한다. 이들 비용은 대개 손익계산서의 '매출 비용' 란에 합쳐진다. 은행에는 그것으로 충분할지 모르지만, 우리로서는 그것만 가지고는 생산에서 실제 벌어지고 있는 일이 무엇인지, 직원들 대부분이 어디서 일하고 있는지 알 도리가 없다. 우리는 직원들이 수익에 끼친 영향을 정확하게 직접 볼 수 있기를 바라며, 따라서 우리는 매출 비용을 기본 요소들인 자재비, 노무비, 간접비로 나눈다. 매주 각 부서는 그 달의 예산을 초과할 것인지 남길 것인지, 그리고 그 정도는 얼마나 되는지를 예측한다. 그리고 나서 그달이 마감되면 100매 분량의 재무제표를 만들어 정확히 무슨 일이 일어났고, 어디서 어떻게 각 개인이 기여했는지를 보여준다.

안내 직원의 메모지에 지출된 예산에서부터 직원이 크랭크축을 교체하는 데 소요되는 시간당 간접비 내역까지, 회사의 거의 모든 요소가 정량화된다. 우리는 끊임없이 자재비와 간접비, 실적, 시간당 임금 등을 측정한다. 노무비는 하루 단위로 감독과 분과 책임자, 부서장, 근로자 자신들에 의해서 산출된다. 모든 직원에게는 해당되는 수치가 있다. 펜이나 복사지와 같은 비품을 사는 직원에게도 수치가 있다. 그 직원들은 매일 영수증을 컴퓨터에 입력하고, 컴퓨터는 이를 표준 비용 파일과 대조한 뒤 출력해 준다. 그것을 통해 그 직원들은 자신의 구매가 표준, 즉 예산 범위 내에 있는지 초과했는지를 알 수 있다.

이러한 작업이 회사 전체에서 이루어진다. 판매 수치는 매일 게시된다. 즉, 누가 구매했고, 무엇을 구매했으며, 어떻게 구매하고 있는가에 대한 수치가 매일 게시된다. 그 수치는 고객별로만 분류되는 것이 아니라 제품별로도 분류된다.

한편 작업장에서는 '이동 티켓(move ticket)'을 따내기 위한 경쟁이 계속해서 이어진다. 가령 한 직원이 열 개의 엔진을 완성했다고 하자. 그는 그것들을 작업장에서 창고로 이송해 갈 것이며, 그러면 이동 티켓 하나가 그의 손에 쥐어진다. 그 티켓에는 한 단위가 이제 완성되었음을 증명하는 구멍이 뚫린다. 일단 주문 건의 작업이 완료되면 우리는 그 제품이 돈을 벌었는지 손해를 끼쳤는지를 산출해 본다.

때때로 우리 공장을 방문하는 사람들은 이 모든 일들을 보며 놀라움을 금치 못한다. 나는 그들에게 이러한 체계가 하루 아침에 이루어진 것이 아니라고 말해 준다. 직원들이 지금처럼 매일매일의 수치를 갱신토록 하기 위해 만든 메커니즘의 개발에는 수년이 걸렸으며, 우리는 지금도 보다 새로운 것들을 끊임없이 모색하고 있다. 우리는 매우 단순하게 시작했다. 첫 해에 우리의 재무 책임자는 은행에 우리의 현금이 얼마나 있고, 재고는 얼마나 되며, 부채는 얼마인지 등에 대한 사항을 매일 보고해야 했다. 그것은 회사 전체에 돌려졌다. 직원들은 호기심을 갖고 아침마다 묻곤 했다. "오늘은 우리 빚이 얼마예요?" 거기서부터 보고 시스템은 계속 발전을 거듭했다.

직원들이 계속해서 더 많은 정보를 요구했기 때문에 그것은 더욱 확장되었다. 무슨 일이 일어나고 있는지에 대한 호기심을 갖는 데 MBA가 필요하지는 않다. 직원들 중 많은 이들이 고등학교도 졸업하지 않았다. 그러나 그것들은 직원들이 '위대한 비즈니스 게임'에 몰입하는 데 아무런 장애가 되지 않았다. 우리가 정보를 제공하면 할수록 그들은 더 많이 알고 싶어했고, 자신이 그 과정 어디에 적합한지 정확히 알고 싶어했다. 그들이 얼마나 많은 돈을 절약하고 있는지, 특정 작업에서 자신들이 창출해낸 이득이 얼마나 되는지, 특정 아이디어가 얼마나 효과적이었는지 등에 대해 궁금해했다.

직원들의 질문은 우리가 보고해야 할 정보가 무엇이어야 하는지를 우리에게 가르쳐 주었다. 경영진의 역할은 직원들의 알고자 하는 욕구를 부추기는 것이었다. 우리는 보너스 제도와 주간 회의, 그리고 우리가 개발한 다양한 게임들을 통해 그렇게 했다. 그러나 그 과정은 가능한 한 단순하게 시작되었다. 직원들 옆에 앉아 은행이 어떻게 우리를 평가하고 있고, 우리가 어떻게 하고 있는지를 설명하는 것에서 시작했다.

표준
설정하기

The Great Game
of Business

수치들은 어떤 면에서 나쁜 평판을 얻어왔다. 하지만 그것이 실제 어떻게 쓰여지고 있는지를 보면 놀랄 일도 아니다. 대부분의 회사들은 처벌이나 감독, 통제의 수단으로 수치를 이용한다. 그들은 수치를 직원들이 더 생산적이 되도록 교육하는 도구로 이용하지 않는다.

수치들을 만들어내는 직원들이 그 수치를 이해하게 하면, 최고 경영자에서 말단 직원에 이르기까지 커뮤니케이션에 놀라운 결과가 나타난다.

그러나 직원들에게 수치를 무턱대고 들이댄다고 해서 효과적인 커뮤니케이션이 이루어지는 것은 아니다. 그 수치를 이해하기 쉽고 흥미있는 것으로 만들어야 한다. 즉, 살아 있는 것으로 보여주어야 한다. 비즈니스의 거의 모든 측면은 정량화가 가능하다. 재고 회전율, 직원당 판매액, 직무 안전도, 배송 비용, 노동 효율성, 생산성, 고객별 통화 시간, 에너지 소비량, 기타 모든 것을 수치화할 수 있다. 그 수치를 평가하고, 그것이 의미하는 바를 읽어내고, 그에 대한 조치를 강구하는 것이 기술이다. 그렇게 하기 위해서는 표준이 필요하다.

표준이란 측정하려고 하는 특정 항목의 목표가 되는 수치이다. 그것은 비율일 수도 있고 백분율일 수도 있으며, 일정 기간에 대한 절대값일 수도 있다. 그 모든 것은 해당 항목이 무엇이냐에 달려 있다. 안전도를 측정하려면 사고 횟수와 심각성 정도를 살펴보게 될 것이다. 고객이 얼마나 빨리 대금을 지불하는지를 파악하려면, 평균 미불 일수를 조사하게 될 것이다. 어떤 항목이든 당신이 자신의 결과를 비교하고, 그렇게 해서 당신이 어떻게 하고 있는지를 판단할 수 있게 하는 수치가 필요하다. 그 수치가 바로 표준인데, 당신이 최선을 다해 잘했을 때 도달할 수 있는 수준이다. 이것은 '벤치마크(Benchmark)' 이다.

나는 실제로는 '타겟(Target)' 이라는 단어를 더 좋아한다. 그 단어는 목표가 고정되지 않고 변경될 수 있다는 점을 나타내기 때문이다. 표준은 시장의 현실에 맞서 직원들이 벌이는 지속적인 시합의 일부이다. 표준은 직원들이 자신의 능력을 최대한 발휘하도록 부추기는 도구이다. 그처럼 표준은 당신의 능력이 향상되거나 상황이 변함에 따라 수정될 수 있다.

특정 항목은 수익 창출과 현금 생성을 위한 당신의 능력에 보다 큰 영향을 미치기 때문에, 일부 표준이 다른 것보다 더 중요하다. 어떤 표준이 더 중요한지는 업체의 특성에 달려 있다. 예를 들어, 제조업체의 경우 노동 효율성과 간접비 흡수에 대한 표준을 갖는 것은 필수적이다. 노동과 간접비는 우리의 수익 창출 능력에 중요한 영향을 미치는 요소이기 때문이다. 한편 의류 유통 회사라면 매장 평당 판매액과 재고 회전율에 더 많은 관심을 갖게 될 것이다. 그것은 당신이 직원과 현금을 얼마나 잘 관리하고 있는지를 판단할 수 있게 한다. 이와 대조적으로 컨설팅 업체는 비용청구 가능 시간을 강조할 것이며, 호텔의 경우라면 공실률에 초점을 맞출 것이다.

더욱이 특정 회사 내에서 각기 다른 역할을 수행하는 직원들은 그들의 특정한 업무에 적합하고, 자신이 통제권을 가지고 있는 요소들을 반영하는 표준을 필요로 한다. 창고를 관리하는 직원은 재고의 정확성과 회전율에 관한 표준에 가장 큰 관심을 가질 것이다. 마찬가지로 판매부 직원들은 판매액당 총 마진과 판매 비용과 같은 표준을 원할 것이다. 반면에 구매 담당자들은 자재 비용에 관한 표준에 훨씬 더 많은 관심을 가질 것이다. 표준의 개수와 다양성은 사람이나 업무에 따라 다르다. 하지만 회사 내의 모든 직원들은 요일별, 주별, 월별로 자신의 업무를 얼마나 잘 수행하고 있는지를 판단할 수 있게 하는 방법을 필요로 한다.

당신이 마련할 수 있는 표준의 수에는 거의 한계가 없다. 사실 각 개인이 자신만의 표준을 개발할 수 있다. 그러나 처음에는 지나치게 많은 표준을 정하지 않도록 해야 한다. 당신은 두 가지 표준(예를 들어, 판매와 관련된 표준과 생산성과 관련된 표준)을 가지고 '게임'을 시작하는 것이 좋다. 표준은 '위대한 비즈니스 게임'을 더 빠르게, 더 재미있게 만든다. 그것은 당신이 수익 창출과 현금 생성의 과정에 어떻게 기여하고 있는지를 쉽고도 빠르게 판단할 수 있게 해준다.

오픈북 관리자에게 있어, 표준은 비즈니스를 이해하기 쉽고 관리 가능한 것으로 만들어 주는 필수적인 도구이면서, 직원들이 수치에 대한 두려움을 극복하고 그 결과를 통제하는 데 능숙해지도록 도와주는 도구이다.

수치들은 더 이상 복잡한 것이 아니며 더 위협적일 필요도 없다. 수많은 야구 팬들이 자기가 가장 좋아하는 타자의 타율이나 가장 좋아하는 투수의 방어율을 알고 싶을 때 하는 계산과 같은 것이다.

그러나 '비즈니스'에서 직원들은 규칙을 이해하지 못하기 때문에 계산을 하지 않는다. 표준은 당신이 그들을 가르치는 데 도움을 준다. 표준은 직원들에게 비즈니스에서 타율 4할이나 한 시즌에 60개의 홈런, 56게임 연속 안타, 또는 방어율 1.0에 해당되는 것을 보여주는 것이다. 표준을 가지고 직원들을 교육하는 동안, 당신은 또한 그들이 달성해야 할 목표도 제공하게 된다. 당신은 그들이 할 수 있는 것을 보도록 자극하고, 그들이 게임에 참여하게 하는 것이다.

수치가 팀을 만든다

가장 중요한 것은, 이러한 수치가 모두가 같은 게임을 하게 만든다는 사실이다. 직원들은 점수를 따는 방법을 배워야 한다. 당신이 그것을 제공하지 않는다면 그들은 나름대로 방법을 강구한다. 하베스터 사에서 나는 노련한 한 현장 관리자가 나름대로의 간단한 손익계산서를 작성하는 것을 보았다. 그는 공장에 일찍 출근해서 작업장을 둘러보고 재고를 파악하고 기계들을 살펴보곤 했다. 그리고는 타임 레코드 옆에 서서 직원들이 들어오는 것을 세어보곤 했다. 그 다음에는 자리로 돌아가서 자기 혼자만의 손익계산서를 작성하는 것이었다.

대부분의 직원들은 우선순위를 파악하고, 자신의 업무를 계획하는 나름대로의 계산 방식을 가지고 있다. 문제는 그 방식이 그들을 엉뚱한 방향으로 이끌 수도 있다는 사실이다. 바로 이 때문에 진행 상황을 점검하기 위해 모두가 이용할 수 있는 일련의 표준을 제공하는 것이 중요하다. 그래야만 모두가 언제 무엇이 잘못되었는지 알게 되고, 모두가 그것에 관해 무엇을 할 수 있는지를 보게 된다.

그렇다면 당신의 회사에서 표준을 개발하고 시행하는 것을 어떻게 착수해야 할까? 먼저 항목을 선정하고, 타겟을 정하고, 그것을 목표로 삼아야 한다. 추구할 가치가 있는 타겟이라는 이유를 설명할 수만 있다면 어떤 타겟이든 상관없다. 단 하나의 정확한 길은 없다. 자신의 본능을 따르든, 업계의 특정 지침을 따르든, 최고의 효과가 있을 것 같은 무엇이든 따라 하라. 합당하다고 여겨지는 수치를 정하라. 정확하려고 애쓸 필요는 없다. 그것이 잘못되었다는 생각이 들면, 직원들이 이의를 제기할 것이다. 표준 설정은 집단적 노력이며 지속적인 과정이다. 직원들이 서로 토론을 하도록 장려하라. 그들이 협상하게 하라. 시간이 지나면서 표준은 바로잡히게 된다. 일단 시작하고 그것에 매진하고 실수로부터 배우도록 하라.

다음은 많은 실수를 통해 터득한 것으로, 표준을 설정하고 이용하는 것에 관한 몇 가지 조언이다.

조언 1. 당신은 회사의 핵심 수치를 알고 있는가?

모든 회사는 핵심 수치를 가지고 있다. 그 수치는 당신이 하고 있는 것과 가고자 하는 방향에 가장 큰 영향력을 미치는 것이다. 정확하게 말하자면, 그것은 사업의 종류, 경쟁 상황, 경쟁 여건, 당신의 특정한 재무 상황 등 다양한 요인에 달려 있다. 당신의 핵심 수치는 판매나 현금 흐름, 품질, 직원 채용, 운영 비용 및 그밖에 몇 가지의 다른 요인들과 관련된 것일 수 있다. 당신이 알든 모르든 간에 그것은 당신의 회사를 흥하게 할 수도 있고 망하게 할 수도 있다. 그것은 당신이 성공하고 싶다면, 적어도 살아남고 싶다면 신경써야 하는 수치이다. 따라서 그 핵심 수치를 파악하고, 그와 관련해 직원들이 이용할 수 있는 표준을 만드는 것이 필수적이다.

좋은 소식은 당신이 회사에 대해 잘 알고 있다면, 핵심 수치를 알아내기가 상당히 쉽다는 것이다. 당신을 밤에 잠 못 들게 하는 것에 주목하라. 더 좋은 방법은 직원들에게 그들을 잠 못 들게 하는 것이 무엇인지를 물어보는 것이다. 불경기의 늪에 빠져 있다면 틀림없이 당신과 직원들은 판매에 대해 걱정하면서 잠자리에 누울 것이다. 그렇다면 아마도 거기서 당신의 핵심 수치를 발견할 수 있을 것이다. 또는 파견제 용역 회사를 운영하고 있고 당신의 사업이 성공을 거두고 있다고 가정해 보자. 그러면 핵심 수치는 쓸만한 일꾼을 찾아내고 확보하는 것과 관련될 가능성이 높다.

또는 당신 회사에서 어떤 요소를 특별히 중요하게 만드는 일이 일어날 수도 있다. 예를 들어 크로거 수퍼마켓 체인(kroger supermarket chain)은 민영화되었을 당시에 엄청난 부채를 안게 되었다. 회사가 그 정도 규모로 빚을 떠안게 되면 현금이 왕이 된다. 그래서 그 회사는 모든 점포 관리자들에게 많은 주식을 주면서 "주식이 올라가는 것을 보고 싶다면 현금 흐름에 초점을 맞추어야 한다"고 말했다. 그들은 정말로 그렇게 했다! 그들은 재고를 낮게 유지했고, 설비에 대한 투자를 연기했다. 공급업체와는 계약 조건을 다시 협상했다. 그들은 수령액을 즉시 은행에 넣었다. 회사가 현금을 만들어 냈기 때문에 부채는 청산되었고, 주가는 하늘 높이 치솟았다.

회사를 인수한 직후 우리 상황도 그와 비슷했다. 하지만 그 이후로 우리는 정상적 환경에서 핵심 수치인 매출 비용에 초점을 두었다. 실제 돌아가는 상황을 파악하려면, 우리는 손익계산서의 매출 비용 항목에 영향을 끼치는 모든 요소들을 살펴보고, 모든 변수를 모니터링해야 한다. 한편 우리는 환경이 갑자기 돌변할 수도 있고, 이로 인해 또 다른 핵심 수치가 전면에 나설 수 있다는 사실도 알고 있어야 한다. 예를 들어, 판매가 줄어들어 생산을 계속하는 데 어려움을 겪은 시기가 있었다. 그와 같은 경우 현금이 떨어지지 않도록 조심해야 한다. 따라서 우리가 가장 주시하는 수치는 판매였다.

조언 2. 표준 비용 체계를 마련하라

조만간 당신의 핵심 수치는 비용과 관계될 것이며, 그 전에 적절한 표준 비용 체계를 마련하는 것이 좋다. 그것은 비용이 시장과 조화를 이루게 하고, 비용이 너무 높아 경쟁력을 잃지 않게 하는 유일한 방법이다. 최저 비용 생산자가 되거나 누구도 따라오지 못한 어떤 것을 보유할 때만 사업에서 수익을 낼 수 있다는 사실을 명심하라. 후자의 경우에도 비용을 낮추지 않는다면 당신은 어리석은 사람이 될 것이다.

이를 효과적으로 하기 위해서는, 기업 운영의 모든 측면에서 적정 비용을 알려주는 표준 비용 체계가 있어야 한다. 그것 없이는 직원들이 비용 통제에 참여하게 하는 데 어려움을 겪게 될 것이다. 왜냐하면 직원들은 무엇을 해야할 지 모르기 때문이다. 사실 회사의 비용이 너무 높다고 직원들에게 말해도 그들은 믿으려 하지 않을 것이다. 그렇게 되면 그들에게 수익 창출과 현금 생성이라는 비즈니스의 기본 법칙을 따르는 방법을 가르치는 것은 거의 불가능하다.

내가 처음 스프링필드에 왔을 때 나는 이러한 문제들에 부딪쳤다. 일부 제품에서 손해를 보고 있었지만, 작업장의 직원들을 납득시키는 데 어려움을 겪었다. 적절한 표준 비용 체계가 없었기 때문이었다. 변속기를 제작하는 데니스 브레드펠트(Denise Bredfeldt)라는 직원이 있었는데, 그는 자신의 일을 정말로 자랑스러워했다. 그가 만든 제품의 품질은 매우 뛰어났다. 그러나 자신이 수익을 올리는 데 도움을 주는지 여부는 알지 못했다. 내가 그에게 그가 만든 제품이 수익을 내지 않고 있다고 말했을 때 그는 믿을 수 없어했다. 작업 주문서를 보니 자재비만 해도 판매가에 육박하고 있었다. 그는 구내 식당에 오랫동안 앉아 수치를 검토하고 해결책을 찾아내려 애썼다. 마침내 '이것을 조금, 저것을 조금' 하는 식으로 부품을 적게 들인다면 일부 수익을 낼 수 있다는 결론을 내렸다.

나는 한동안 그가 하는 대로 내버려두었지만 변속기 부품 값은 계속해서 상승했다. 결국 우리가 그 사업에서 수익을 내는 것은 불가능해졌다. 그래서 나는 그 사업을 없앴다. 그 경험을 통해 나는 한 가지 교훈을 얻었다. 실제로 현장에는 그 같은 직원들이 훨씬 더 많으리라는 사실이다. 그때 내가 내린 결정은 모든 제품을 세분화하고, 각 단위에 얼마나 많은 자재, 노동, 그리고 간접비가 들어가는지를 정확히 밝히기로 한 것이었다. 나는 직원 다섯 명으로 한 팀을 만들어 1년 동안 우리가 했던 작업에 얼마를 썼는지를 파악하게 하였다.

많은 작업이 필요한 일이지만, 제대로 된 표준 비용 체계를 갖고 싶다면 그렇게 해야 한다. 대부분의 회사들은 내가 '평균 비용 체계'라고 부르는 방법을 쓰고 있다. 즉, 전년도에 쓴 비용을 조사해 보고 그것을 올해의 비용으로 정하는 것이다. 그러나 그와 같은 체계는 구체적이지 않고, 타겟을 제시해 주지 못한다. 만약 당신이 전 해에 비효율적으로 운영을 해서 너무 많은 비용을 지출했다면, 그 모든 비용과 문제, 결함들을 그 시스템에 심어놓게 된다. 그런 식의 비용 계산은 비효율성을 용납하고 보상을 해주는 것이기 때문에 생산성 향상에 장애가 된다.

개선하고 싶다면, 과거에 얼마나 썼는가뿐만 아니라 앞으로 얼마를 써야 하는지에 대해서도 알 필요가 있다. 그렇게 하려면 모든 제품을 검토하고, 모든 부품을 확인하고, 모든 공정과 운영을 조사하고, 각 요소를 개별 요소로 세분화하고, 그러고 나서 우리가 하는 모든 것에 대한 표준 비용을 설정하는 것이다.

이 모든 것은 시간과 노력을 요구하지만, 일부에서 생각하듯이 그렇게 어렵거나 불가해한 것은 아니다. 우리보다 덜 표준화된 회사들(이를테면 그래픽 디자인 회사나 컨설팅 회사)조차 비용이 수반되는 작업을 하고 있다. 두 개의 광고 캠페인은 똑같을 수는 없지만 광고 회사들은 그것들을 똑같은 요소를 이용해 제작하고 각각의 요소들에는 비용이 든다. 비즈니스는 제한된 자원들(시간, 인재, 자재, 에너지 등)을 가져다 고객들이 사고자 하는 제품으로 만드는 것이 전부이다. 어떤 사업에 있어서도, 당신이 그러한 자원에 얼마를 지불할 여력이 되는지, 그러고도 이익을 남길 수 있는지를 미리 안다면 많은 어려움을 피할 수 있다.

그것이 표준 비용 체계를 개발하는 핵심 이유이다. 당신은 단순히 당신의 회사를 조사해 보고 그러한 모든 비용들이 어떠해야 하는지를 알아내면 된다. 그것은 제품을 표준화하는 것과는 관계가 없다. 확신을 갖고 직원들에게 다음과 같이 말할 수 있는 것과 전적으로 관련이 있다. "자, 우리는 이 정도 수준에서 운영을 해야 합니다. 그렇지 않으면 우리는 직장을 잃게 됩니다."

142

조언 3. 수치의 배후에 있는 현실을 보라

훌륭한 표준을 개발하는 데는 창의성과 상상력이 요구된다. 사물을 정량화하는 것은 총체적인 기술이며, 어떤 것을 정량화할수록 그것을 가지고 더 많은 것을 할 수 있기 때문에, 그 기술은 습득할 가치가 있다. 그러나 정량화에 뛰어난 사람이 되기 전에 먼저 수치 뒤에 감추어진 현실에 대한 안목을 키워야 한다. 그 수치가 무엇을 의미하는지, 어떤 종류의 행동이 그 수치를 만들어내는지, 그 수치를 변화시키기 위해 직원들이 무엇을 할 수 있는지를 인식하는 방법을 배워야 한다.

수치 자체로는 명확한 것이 아무것도 없다. 예를 들어 당신이 소매 체인을 소유하고 있다고 하자. 점포 중 한 곳이 다른 곳보다 유난히 재고 회전율이 낮다고 할 때, 수치는 그 점포에 너무 많은 현금이 재고에 묶여 있다는 것을 말해 준다. 그때 제기되는 중요한 질문은 이것이다. "문제를 초래하는 현실은 무엇인가? 지점장이 경험이 부족한가? 게으른가? 그가 시장을 알고 있나? 그가 현재 재고량과 필요량을 파악할 수 있는 효과적인 체계를 갖고 있는가? 그 체계를 이용하고 있는가? 아마도 그 지점은 고객당 판매량도 평균을 밑돌 것이다. 그것은 제품 선택에 문제가 있음을 뜻하는가? 점포의 위치가 잘못되었나? 상품 진열이 서투른가? 종업원들에 대한 고객 서비스 교육이 필요한가? 아니면 리더십 있는 관리자가 필요한가? 종업원들의 사기를 높여주는 사람이 있는가?"

반면, 유용한 표준을 개발하기 위해서는 이러한 과정을 뒤집어야 한다. 당신은 업무 현장에서 무슨 일이 실제로 일어나고 있는지, 직원들이 어떻게 일에 착수하는지를 이해해야 한다. 그 다음엔 직원들이 공동의 목표에 대한 그들의 개인적 기여를 측정하는 데 사용할 수 있는 도구를 마련해야 한다. 그것은 구체적인 것을 추상적인 것으로 전환하는 것을 포함한다. 중요한 것은 직원들을 혼란스럽게 하거나 그들에게 혼란스런 메시지를 보내지 않는 방식으로 하는 것이다.

가장 좋은 표준은 직원들에게 너무나 당연하게 이해되서 제2의 본성이 되는 것이다. 그것은 그들의 의식 속에 늘 존재한다. 그것은 직원들이 자신의 업무가 어떻게 진행되는지 설명하는 일상적인 대화에서 이야기하는 어떤 것이다. 야구 경기에 비유하자면, 타율은 추상적인 것이지만 경기를 하는 선수는 아무도 그 의미에 대해 두 번 생각하지 않는다. 타율이 0.047이라면 슬럼프에 빠졌다는 것을 안다. 평균 4할을 넘는다면 잘 나가고 있는 것이다. 평균을 이용하면 현재의 진행 상황을 파악하고 대책이 필요한지 여부를 판단할 수 있다.

평균 타율을 계산하는 방법

모든 비즈니스는 야구의 평균 타율에 해당되는 것을 가지고 있어야 한다. 우리는 여러 개를 갖고 있다. 가장 좋은 것 중 하나는 간접비 흡수율이다. 이것은 중간 휴식이나 작업장 청소, 회의 참석 등을 뺀 실제 작업을 하면서 시간을 보낼 때 직원들이 얼마나 많은 간접비를 충당하거나(cover) 흡수하는(absorb)지를 결정하는 데 이용되는 수치이다. 우리는 매년 예산에 편성된 모든 간접비를 합친 다음 우리의 생산 목표 달성에 필요한 실제 작업 시간으로 나누어 흡수율을 계산한다.

그것은 우리가 연간 계획을 이행하기 위해 간접비를 시간당 얼마나 쓰고 있는지를 알려준다.

내가 다른 회사 간부들에게 이에 대해 이야기해 주면 그들은 받아들이기 어려워한다. 그들로서는 우리의 근로자들이 간접비를 충당하기 위해 무엇을 하고 있는지 알기나 하는지 또는 신경이나 쓸지 믿을 수가 없는 것이다. 나는 그들에게 스프링필드를 방문해서 현장을 한 번 돌아보라고 말해 준다. 전직원이 간접비 흡수율을 알고 있다. 그것은 우리의 수익을 극대화하고 보너스를 벌어들이는 데 우리가 할 수 있는 모든 것을 하고 있는지 빠르고 쉽게 알려 주는 표준을 제공하기 때문이다.

실제로 실제 작업에 투입된 시간과 흡수율을 곱하기만 하면 우리의 생산성이 간접비를 충당할 만큼 충분히 높았는지 알 수 있다. 즉, 우리가 얼마나 많은 간접비를 흡수했는지를 알 수 있다. 만약에 우리가 예산으로 잡았던 모든 간접비를 흡수하지 못한다면 그 차이를 수익에서 지불해야 하며, 그럴 경우 우리의 주가는 말할 것도 없고 보너스도 깎일 것이다.

분명 SRC 직원들이 간접비 흡수에 대해 신경쓰는 이유는 우리가 '게임'을 설정한 방식 때문이기도 하지만, 그것은 표준을 갖는 것의 이점 중 하나이기도 하다. 표준은 직원들이 그것에 신경쓰지 않는다면 아무 쓸모가 없다. 당신이 더 나은 표준을 개발할수록, 당신은 직원들이 표준에 신경쓰게 하는 데 더 창의적이 될 것이다.

조언 4. 표준 개발에 도움이 될 정보원을 찾아라

당신이 어떤 비즈니스를 하든지 간에, 벤치마크와 표준이 있게 마련이고, 누군가가 이미 그것을 계산해놓았을 가능성이 있다. 주변을 꼼꼼히 살펴보면 당신은 그것을 찾아낼 수 있다. 새로운 사업을 위해 근로자 배상보험에 가입해야 한다고 가정하자. 당신은 안전도를 측정할 방법이 필요하다. 정부는 안전도를 측정하는 공식을 개발해 놓았고, 보험회사는 보험료 산정에 그 공식을 사용한다. 당신도 그 공식을 이용해서 안전도를 점검하고 나름대로의 기준을 세울 수 있다. 그런 다음 그것을 이용해서 직원들에게 간접비의 파급효과를 교육시킬 수 있고, 어떻게 안전도를 개선함으로써 간접비를 줄일 수 있는지를 보여줄 수 있다.

표준을 개발하는 것은 지속적인 교육의 과정이다. 당신은 어떤 종류의 표준을 가져야 하는지와 타겟 수치가 어느 수준이어야 하는지에 대한 탐색을 결코 멈추어서는 안 된다. 이 두 가지를 알아내는 데는 수십 가지의 방법이 있다. 당신에게 설비와 자재를 판매하는 사람과 이야기를 해보라. 모든 공급업자와 이야기를 해보라. 비공식적인 조사를 해보라. 해당 산업의 협회에 가입해 보라. 무엇보다 중요한 것은 우리 직원들이 적극적인 역할을 하고 있다는 사실이다. 그들은 많은 것을 주고 많은 것을 받는다. 그리고 그 모든 것이 우리의 표준을 마련하는 데 도움이 된다.

당신은 또한 훌륭하고 성공적인 회사들을 연구함으로써 많은 것을 배울 수 있다. 뛰어난 회사를 정하고 그들이 무엇을 측정하는지 알아내라. 그 회사에 편지를 쓰거나 전화로 물어보라. 어떤 업계 행사에 그들의 중역이 참석하는지 알아내어 그들을 만나라. 혹시 그가 연설을 한다면, 연설이 끝난 후 질문을 던져라. 대부분의 경우 당신을 직접적인 경쟁자로 보지 않는다면 기꺼이 당신이 알고 싶어하는 것을 말해줄 것이며, 설사 당신을 경쟁자로 여긴다 해도 때로는 정보를 교환하는 데 주저하지 않을 것이다.

아니면 직접 그 회사를 찾아가라. 그들을 직접 보고 느껴보라. 작업 교대는 몇 번이나 하며 작업 시간은 얼마이고, 우리와 다른 점은 무엇인지 알아내라. 그 회사의 최고 경영자와 약속할 필요는 없다. 빗자루를 들고 작업장을 청소하는 직원에게 말을 걸면 된다.

특히 자재를 납품하는 공급업자들이 훌륭한 정보원이 된다. 초창기에 우리는 공급업자들에게 공장에서 강의해 달라고 요청했다. 베어링 설치에 관해 그것을 만드는 사람보다 누가 더 많이 알겠는가? 가르치는 중에 그들은 당신이 더 많은 표준과 벤치마크를 개발하는 데 도움을 준다. 또한 그 수업을 통해 공급업자와의 긴장을 줄일 수 있다. 전형적인 '아군 대 적군' 식의 사고방식을 피할 수 있다. 이것은 큰 소득이다. 공급업자는 파트너이다. 당신은 그들을 파트너로 대해야 한다.

신제품에 대한 표준을 개발하는 방법

1985년 우리가 자동차 엔진 재생사업을 시작하기로 결정했을 때, 우리가 했던 첫 번째 일은 세계 최고의 자동차 재생업체를 찾는 것이었다. 우리는 모든 기계 제작업자들에게 이렇게 물어보았다. "누가 자동차 엔진을 제일 빨리 재생하며, 얼마나 빠른가?" 서너 군데에서 우리에게 말해 주었다. "미네소타에 있는 딜러(Dealer) 사인데 엔진 1 개당 10시간이 걸린다." 그래서 우리는 딜러 사가 어떤 비결을 가지고 있는지 알아내야 했다. 그들은 어떤 설비를 갖추고 있으며, 그들의 간접비 비율은 얼마인지, 직원들에게 얼마를 지급하는지 등에 대한 조사에 착수했다.

우리는 딜러 사에 전화부터 했다. 그 때는 이미 그들이 다른 주로 옮기고 난 뒤였다. 그들은 미네소타 공장에서 강력한 노동조합을 가졌던 것으로 밝혀졌다. 그들은 조립공에게 시간당 14달러를 지불하고 있었다. 그들은 어째서 10시간을 표준으로 잡았는지 우리에게 말해 주었다. 높은 임금을 상쇄하는 유일한 방법은 그것뿐이라는 것이 그들의 대답이었다. 조립 라인에 그만큼 지불한다면, 가장 효율적인 프로세스를 고안해 작업 시간을 줄여야 했다.

그것은 우리에게 즉각적으로 경쟁 이점을 안겨 주었다. 우리 공장에서는 당시 시간당 4.5달러를 지급하고 있었다. 만약에 우리 근로자가 10시간 안에 엔진 1개를 만들 수 있다면, 우리는 업계에서 확고한 기반을 구축할 수 있게 된다. 시간이 지나면서, 우리는 시간당 임금을 10달러까지 높일 수 있었다.

이상이 우리가 기본적으로 했던 일이다. 우리는 엔진 재생 속도에 있어 업계 최고 수준이 10시간이라는 사실을 알아내고 그것을 표준을 정한 후, 그것을 달성하기 위해 노력했다. 그것을 따라잡을 수가 없어서 12시간으로 조정했고, 그러다가 나중에는 11시간으로 줄일 수 있었다. 우리는 보너스를 포함해 시간당 약 6.5달러를 지불한다. 우리의 판매 직원들은 우리의 제품 가격이 업계에서 가장 경쟁력 있다고 말한다.

수치는 리더십의 대체물이 아니다. 중요한 것은 그것을 사용하는 방법이다.

인간적인 요소는 배제한 채 수치에만 너무 집착하지 말라. 직원들이 더 적게가 아니라 더 많은 기여를 하게 하는 도구로서 수치를 이용하라. 직원들이 기여를 하지 않거나 기여를 할 수 없는 환경을 만들기 위해 수치를 사용한다면, 아예 사용하지 않는 편이 낫다.

조언 5. 수치 뒤에 있는 이야기를 해줘라

일단 표준을 개발하면 그것으로 무엇을 할 것인가? 표준을 어떻게 이용할 것인가? 보다 중요한 것은 어떻게 직원들이 표준을 이용하게 할 것인가? 어떻게 그 수치에 대한 편견을 없앨 것인가? 어떻게 표준을 직원들이 더 많은 기여를 하기 위해 이용할 수 있고, 그리고 이용하고 싶어하는 도구로 전환시킬 것인가? 한 마디로, 표준을 가지고 어떻게 직원들을 교육시킬 것인가?

내가 발견한 가장 효과적인 방법은 표준을 이용해 회사에 무슨 일이 벌어지고 있고, 상황을 변화시키려면 무엇을 해야 하는지를 직원들에게 이야기해 주는 것이다. 우리는 문제들을 모두에게 전달될 수 있는 공개 장소에 게시해 놓을 수 있다. 일단 직원들이 표준을 이해하게 되면, 그들은 우리가 그것에 도달하지 못하고 있을 때 어떤 조치가 취해지기를 기대한다. 그들은 우리가 표준에 도달하지 못하면 돈을 벌 수 없게 되거나 현금이 떨어질 것이며, 이는 자신의 이익과 직결된 것임을 안다.

사실 재무제표의 모든 수치 뒤에는 이야기가 있다. 놓친 기회와 예기치 못한 문제, 풀리지 않은 의혹, 인생의 완전과 불완전에 대한 모든 이야기들이 있다. 매주 열리는 우리의 스탭 회의는 이러한 이야기들로 가득차 있으며, 우리는 서로에게 이것을 이야기한다. 그리고 그 이야기들은 부서별 회의를 통해 모두에게 전달된다. 그것이 수치를 살아 있게 만드는 방법이다. 이야기를 전하기 위해 수치를 이용하면 직원들을 위협하거나 협박하지 않고 그들을 교육시킬 수 있다. 당신은 수치가 어디에서 비롯되었고 무엇을 의미하는지 보여줄 수 있다. 당신은 직원들이 지금 중대한 변화를 이루어내고 있으며, 자신의 운명을 통제하고 있다는 사실을 그들이 이해할 수 있는 방식으로 보여줄 수 있다. 그 수치는 바로 '그들의 게임'이다.

예를 들어, 두 달 동안 4만 5,000달러의 간접비 흡수라는 목표를 달성하는 데 실패한 신임 공장장의 이야기가 있다. 스탭 회의에서 그는 자신의 공장이 그 달에 책정된 27만 달러 상당의 간접비를 흡수할 것이라고 말했다. 그러나 그는 22만 5,000달러에서 멈추었다. 모두가 그에게 물었다. "4만 5,000달러는 어디로 갔소?" 다음 달에도 똑같은 일이 벌어졌다. 그래서 우리는 그의 공장에 재무 이사를 보냈다.

재무 이사는 공장장이 간접비 흡수를 잘못 계산하고 있다는 사실을 밝혀냈다. 그 공장장은 올바른 공식을 적용한 다음에야 공장이 표준에 미치지 못하고 있음을 깨달았다. 즉, 실린더 헤드를 만드는 데 시간이 너무 오래 걸리고 있었다. 그 일을 하는 데 네 시간이 아니라 일곱 시간이나 소요되었다. 그 이유는 작업자들이 다른 파트에서 옮겨

온 새로운 사람들이었던 것이다. 그렇게 된 것은 공장장이 기존 실린더 헤드 작업자들을 다른 자리로 승진시켰기 때문이었는데, 이는 다른 부서에도 연쇄적인 영향을 미쳤다. 네 개 부서가 새로운 직원들을 갖게 되었으며, 이들은 모두 새로운 학습 과정을 거쳐야만 했다. 그래서 그 공장은 표준을 달성하는 데 실패했고 모든 직원들은 보너스를 놓쳤다.

중요한 사실은 그들이 '위대한 비즈니스 게임'을 배우고 있지 않았다는 것이었다. 그들이 '게임'을 알았더라면, 실린더 헤드 작업자들이 그 자리를 유지하는 것이 얼마나 중요한지를 알았을 것이다.

이것이 우리가 수치에 대한 편견을 없애고 직원들이 더 많은 기여를 하는 데 이용할 수 있는 도구를 제공하기 위해 들려줄 수 있는 이야기이다.

조언 6. 문제에서 수익을 찾아라

패자에서 승리자가 될 때 그 기쁨은 두 배가 된다. 가령 한 해에 50만 달러의 비용이 드는 문제가 있었는데, 그 해결책을 찾아 50만 달러의 수익을 벌어들였다고 하자. 이때의 승리는 50만 달러짜리가 아니라 100만 달러짜리이다. 한 번 부러진 뼈를 완벽하게 붙이면 전보다 두 배는 튼튼해지는 법이다.

재무 체계는 단지 어디서 손해를 보고 있는지를 이야기해 줌으로써 어디서 돈을 벌 수 있는지를 보여준다. 간접비 흡수에 있어 표준보다 4만 5,000달러가 미달되고 있는 공장을 예로 들어보자. 그 공장에서는 간접비로 인시(man hour)당 20달러를 쓰고 있다. 사실상 그 공장은 한 달에 2,250시간을 잃고 있는 셈이다. 직원 한 명당 한 달에 약 173시간씩 일한다. 그러니까 그 공장에는 업무 성과가 바닥 수준에 있는 13명이 있는 것이다. 이들 13명을 찾아 그들이 표준에 도달하게 하라. 그렇게 하면 4만 5,000달러 이상을 벌게 될 것이다. 왜냐하면 다른 직원들 또한 그들의 성과를 개선하기 때문이다. 이것이 바로 일곱 번째 비즈니스 상위 법칙이다.

상위 법칙 7. 바닥을 끌어올리면 꼭대기도 올라간다.

당신은 직원들이 그들 자신의 문제를 스스로 해결하기를 원할 것이다. 물론 문제가 악화할 때마다 당신이 개입해서 그들에게 해야 할 일을 지시할 수도 있다. 그러나 그렇게 되면 판에 박힌 해결책밖에 나오지 않는다. 당신은 그렇게 되지 않기를 바랄 것이다. 창의적인 해결책을 얻으려면 직원들이 스스로 해결책을 생각해낼 수 있는 환경을 만들어야 한다. 표준은 해결책을 찾기 위한 도구이다.

벤치마크가 업무성과를 바꾸어 놓을 수 있다

내가 스물여덟 살이었을 때, 나는 멜로즈 파크에서 크랭크 케이스 실린더 헤드 제조 부서의 책임을 맡게 되었다. 그것은 그 공장에 있는 일곱 개의 제조 부서 중 한 곳이었다. 각각의 부서는 네 개 분과로 이루어져 있었는데, 내가 맡은 부서가 가장 신통치 않았다. 내 부서에는 약 500명의 직원이 있었고, 내 밑으로 다섯 명의 분과장들이 있었는데 모두 50대 후반이었다. 그들은 부서장이 공석이 되면 그 자리에 임명되리라는 기대를 갖고 있었다. 그런데 내가 그 자리를 차지하고 들어왔으니, 그들의 기분이 어떠했을지 짐작할 수 있을 것이다. 당시 나는 좀 겁을 먹은 상태였다.

나는 금요일마다 열리는 공장장 주재 회의에 참석하기 시작했는데, 그는 우리에게 생산성을 높이라고 고함만 치는 사람이었다. 공장장 은 생산성 실태 보고서를 이리저리 흔들어 보이며 우리 부서가 항상 바닥이라고 호통을 쳤다. 그래서 나는 그 보고서의 출처를 반드시 밝혀내리라고 결심했다. 나는 그 보고서가 우리 직원들이 매일 기입하는 조그만 카드에 근거를 두고 있다는 사실을 알아내어 그 보고서를 관리하는 직원에게 가서 말했다. "이봐요, 매일 이 자료들을 뽑을 수 있는 방법은 없습니까?" 그가 대답했다. "얼마든지요, 문제 없죠."

그가 나에게 주기 시작한 일일 보고서에는 3교대로 우리가 한 일을 정확히 말해주었으며, 다른 부서와의 비교도 나타나 있었다. 그는 매일 아침 그 자료를 뽑아 주었고, 나는 분과장들이 볼 수 있도록 그것을 복사해서 여기저기 놓아 두었다. 오랫동안 분과장들은 그것을 무시했다. 그러다 마침내 보고서를 주목하게 되었을 때 누군가 내게 상세한 보고서를 보여 달라고 요청해 왔다. 그 보고서는 개인별 생산성까지 보여주었다. 그들은 그것을 보고 말했다. "세상에, 믿을 수가 없군!" 그것은 내가 바라던 첫마디였다.

일단 분과장들에게 일일 성적을 보게 하자, 나는 작은 경쟁을 부추길 수 있었고 약간의 승리를 따냈다. 분과별 순위에 변동이 있었다.

일부 분과장이 분발을 하였다. 우리 부서는 여덟 시간 근무에 1인당 평균 42달러 어치를 생산하였다. 그런데 한 분과장이 어느 날 자신의 분과에서 1인당 62달러 어치를 해냈다. 나는 그것을 그의 벤치마크로 설정했다. 나는 그에게 말했다. "당신에게 말할 게 있소. 그 기록에 다시 도달하면 당신의 분과 전체에 내가 커피를 사리다. 두 번 도달하면 커피와 도넛을 사겠소. 만일 세 번 도달하면 모두에게 피자를 돌리겠소." 그들이 그것을 해내는 데는 오래 걸리지 않았다. 모두가 그것을 해냈다. 그들은 일종의 덫에 걸린 셈이었다. 한 번 할 수 있으면 또다시 할 수 있기 때문이다.

그런 다음 그들은 나에게 자신들이 어떻게 생산성을 높였는지 말해 주었다. 우리는 약간의 변화를 일으켰다. 우리 부서는 하루 생산을 1인당 약 42달러에서 최고 60달러까지 높였다. 한편 공장의 다른 부서들 역시 실적을 올리고 있었다. 대부분 50달러 정도에서 맴돌고 있었으나, 우리 부서가 60달러에 육박하자 다른 부서들이 우리를 쫓아오기 시작했고 공장 전체가 함께 상승했다.

정말로 대단했던 순간은 언제나 생산성 1위를 차지하고 있던 부서를 바짝 쫓아갔을 때였다. 그 부서의 부서장은 넬슨이라는 사람이었다. 그의 부서가 아직은 선두였지만 우리의 열기는 후끈 달아올라 있었다. 거의 불꽃이 붙을 단계에 이르자 우리는 약간 으스대고 싶었고, 그래서 넬슨의 부서에 시합을 해보자고 도전했다. 우리는 500달러 내기를 걸어, 우리 부서의 54분과와 그의 부서 37분과가 다음 주에 생산성 우위를 겨루어 보자고 했다. 한때 우리 부서 54분과의 생산성이 1인당 70달러를 기록하고 있었는데 이는 전례 없는 일이었다.

작업장에서 한 직원이 내게 다가와 말했다. "이봐요, 나는 하루에

76달러를 해낸 적이 없었는데 오늘 그걸 하겠소. 분과장이 우리의 작업 표준을 바꾸지 않게 하겠다고 약속해준다면 말이오." 그렇게 우리는 시합에 나갔고 그들을 이겼다. 우리는 약 20센트 차이로 앞섰다. 그것은 믿기 어려운 일이었다. 54분과의 분과장은 에디 노박(Eddie Novak)이라는 체격이 우람한 사람이었는데, 그는 조그만 자전거를 타고 다니며 "54가 37을 이긴다!" 하고 외쳐댔다. 우리는 멋지게 승리를 거두었다.

직원들을 바꾸어 놓은 것은 도전과 게임의 재미, 승리의 기쁨이었다. 유머와 웃음은 큰 소리로 호통치거나 화를 내는 것보다 훨씬 더 효과가 있다. 그러나 당신이 표준을 갖고 있지 않다면 그와 같은 게임을 할 수가 없다.

직원들이 매일매일의 문제를 뛰어넘게 할 수 있다면, 그리고 그들이 정말로 원하는 것에 호소할 수 있다면, 그들은 모든 장애를 단번에 날려버릴 것이다.

07

칭찬보다는
실질적 보상을 제공하라

홀륭한 보너스 프로그램보다 강력한 경영자의 도구는 없다. 그렇기 때문에 일부 기업에서는 보너스 프로그램 설계를 위해 전문가에게 수만 달러를 지불하는 것이다. 그것을 쓸데없는 투자라고만 할 수는 없다. 보너스 프로그램이 효과적이기만 하다면 놀라운 동기부여가 되기 때문이다. 그렇게만 되면 프로그램 설계에 얼마의 비용이 들었든간에, 그 정도는 하찮은 금액으로 치부해 버릴 만한 수준으로 직원들의 생산성을 높일 수 있다.

보너스 프로그램의 역할은 가장 효과적인 방법으로 직원들에게 목표를 전달하는 것이다. 즉, 목표에 상금을 걸음으로써 그렇게 한다. 보너스 프로그램은 이렇게 말한다.

"이 목표는 매우 중요하므로, 여러분이 그것을 달성하면 보상을 하겠습니다."

그렇게 하면 직원들의 즉각적인 관심을 끌 수 있다. 당신은 그들에게 강력한 메시지를 전한다. 집중해야 할 목표를 제공한다. 그들에게 도전 과제를 제시하고, 그들이 그것을 달성하기 위해 최대한 영리할 뿐 아니라 열심히 일해야 할 이유를 제공한다. 그들이 보상을 받게 될 거라는 것 말이다.

우리는 보너스 프로그램으로 모든 것을, 아니 그 이상 훨씬 더 많은 것을 얻어냈으며, 프로그램 설계에는 한푼도 들이지 않았다. 우리는 이것을 가리켜 '칭찬은 말고 실질적 보상을!(Skip the Praise, Give Us the Raise)' 이라는 뜻으로 STP-GUTR이라 하는데, 발음하기 좋게 스탑 구터(Stop-Gooter)라고 부른다.

우리가 이 프로그램을 선호하는 이유는 다음과 같다.

가장 효과적인 교육 프로그램이다.

우리는 직원들에게 비즈니스를 가르칠 때 이 프로그램을 이용한다. 목표가 부채 대 자산 비율의 개선이라면 직원들은 부채와 자산, 그리고 두 가지의 상호 영향에 대해 배우게 된다. 세전 이익이나 재고 정확도(Inventory Accuracy) 또는 간접비 충당률(Overhead Chargeout Rate)에 대해서도 마찬가지이다. 목표가 무엇이든지 간에 직원들이 회계 시스템, 회사, 그리고 경쟁 환경을 파악하는 데 스탑 구터가 큰 인센티브를 제공한다. 그것이 없다면 직원들은 흥미를 느끼지 못할 것이며, 보너스를 받을 일도 없을 것이다.

회사와 일자리에 대한 일종의 보험과 같은 기능을 한다.

이는 우리의 취약점을 공략하기 위해 우리가 그것을 이용하는 이유이다. 매년 우리는 회사의 가장 큰 위협 요소를 밝혀내어 전직원이 보너스 프로그램에서 그것을 목표로 삼아 일하게 한다. 사실상 우리는 우리의 약점을 제거하기 위해 매년 보상금을 걸고 있는 것이다. 그것은 모두에게 그 목표를 달성해야 할 추가적인 이유를 제공한다. 이것들은 요망사항이 아니라 필수사항이므로 더 노력을 기울일 가치가 있다. 흥미로운 것은 일단 약점이 고쳐지면 그 상태가 계속 유지되는 경향이 있다는 사실이다.

우리 모두를 한 팀으로 묶어 준다.

그것은 모두가 똑같은 우선순위를 갖게 하고, 모두가 똑같은 목표에 초점을 맞추게 한다. 그것은 혼란스런 메시지를 제거한다. 한 부서에 문제가 생기면, 다른 부서에서 지원군을 보내주며 모두가 그 이유를 안다. 요청할 필요조차 없을 때도 많다. 때로는 큰 불편을 감수하면서까지 자발적으로 돕는다. 이는 프로그램이 직원들로 하여금 공동의 목표를 달성하기 위해 서로에게 얼마나 의존하고 있는지를 알게 하기 때문이다. 우리는 함께 이기거나 함께 패한다.

문제의 신속한 규명에 도움이 된다.

우리가 목표를 달성하지 못할 경우 우리는 그 원인을 아주 신속하게 밝혀낼 수 있다. 모든 직원들이 문제가 무엇인지 알기 위해 수치를 살펴본다. 문제는 어음일 수도 있다. 고객이 대금 지불을 늦추고 현금 결재를 안하고 있을 수도 있다. 어쩌면 생산성에 문제가 있을 수도 있다. 직원들이 일에 서툴러서 간접비를 제때 흡수하지 못하고 있을 수도 있다. 보너스 프로그램은 문제가 공개되게 한다. 일단 문제가 드러나면 당신은 그것에 달려들어 해결할 수 있다.

주식 가치를 증가시키는 최고의 도구이다.

우리는 항상 목표를 달성하면 주식 가치가 실질적으로 오른다는 것, 그리고 설사 목표를 달성하지 못한다 해도 주식 가치는 안전하리라는 것을 보장하기 위해 보너스 프로그램을 운영한다. 우리가 이 프로그램을 통해 전달하는 가장 중요한 메시지 중 하나는 이것이다. "위대한 비즈니스 게임은 주식 가치와 직장 안정을 위한 것이다." 보너스와 같은 단기적인 인센티브도 좋지만, 우리는 직원들이 장기적 보상에 대한 시야를 잃지 않게 하고 싶다.

160

'위대한 비즈니스 게임'의 틀을 제공한다.

그것은 경기에 공(ball)을 제공하고 템포를 정한다. 경기가 일년 내내 매주 이루어지게 한다. 그것은 우리에게 의사소통의 수단으로 언어를 제공한다. 흥분과 기대를 자아내게 한다. 아드레날린이 흐르게한다. 직원들이 참여하고 몰두하게 한다. 다시 말해서 보너스 프로그램은 우리의 가장 중요한 동기부여 수단이며, 이것이 바로 보너스 프로그램의 첫 번째 기능이다. 그 프로그램이 활력을 높이지 못한다면 나는 이 프로그램의 사용을 중단할 것이다. 그래서 우리는 항상 이렇게 자문한다. "보너스 프로그램이 직원들에게 동기부여를 하고 있는가?" 하지만 누군가가 그 질문에 "그렇지 않다"고 대답한다면, 나는 그가 비열한 거짓말쟁이거나 아니면 우리의 교육 프로그램이 심각한 문제에 빠져 있다고 생각할 것이다.

자력 생존: 보너스를 지급하는 최선의 이유

나는 회사의 미래가 항상 경계선상에 있으며, 언제라도 생존을 위협할 수 있는 사태가 벌어질 수 있다고 믿으면서 운영한다. 사실 대부분의 회사들이 초창기에는 그 원칙을 따르고 있다. 그들은 미래가 당연히 있는 것으로 여기지 않는다. 그럴 수가 없기 때문이다. 그들은 다음 주에 현금이 떨어지면 게임은 끝이라는 사실을 알고 있다. 그래서 그들은 끊임없이 비용을 절감하고 돈을 절약할 방안들을 찾는다. 이는 자력 생존(Bootstrapping)이라 일컬어지고 있으며, 신생 기업뿐 아니라 모든 기업의 운영 방식이 되어야 한다.

자력 생존은 정신 자세이고 습관이고 자립과 창의력, 영리함, 근면에 근거한 운영 방식이다. 자력 생존을 지향하지 않으면 둔해지고 허술해진다. 문제에 대한 해결책을 밖에서 얻으려는 습관이 생기며 미래를 당연한 것으로 여기게 된다. 자기 사업이 영원할 것이라고 생각한다. 비용이 올라가게 내버려 두고, 수익 창출이나 현금 생성과 관련이 없는 많은 문제들에 사로잡힌다. 그 다음에 당신이 알아야 할 것은 경쟁자가 쫓아와서 당신을 쓰러뜨린다는 사실이다. 갑자기 당신의 회사에는 미래가 사라져버리고 당신은 실업자가 될지도 모른다.

훌륭한 보너스 제도는 조직에 자력 생존의 정신을 심는 데 도움을 준다.

그것은 직업 안정성에 상당한 강조점을 둠으로써 그렇게 한다. 직원들에게 자신의 직장을 보호하기 위해 무엇이 필요한지를 인식시키고 더 많은 안정성을 얻는 방법을 보여줌으로써 그렇게 한다.

앞서 얘기했듯이, 직장을 보호하는 확실한 방법은 하나뿐이며 그것은 비용에 대한 철저한 자세이다. 그러나 최저 비용 회사들은 불유쾌한 선택에 직면한다. 경쟁사보다 비용을 적게 들이고 싶다면 직원들의 임금을 줄이거나, 생산을 더 빨리 해야 한다. 여기에 회사의 생존이 달려 있다.

하지만 이러한 선택을 좋아할 사람은 아무도 없다. 직원들에게 최저 생계비만을 주거나, 일을 빨리 하라고 몰아쳐 건강을 해치게 만드는 회사를 누가 다니고 싶어하겠는가? 가족과 자기 자신을 돌보지 못하게 하고, 행복한 삶을 누리지 못하게 하는 회사를 누가 원하겠는가? 그렇다면 경쟁력을 확보하고 사업을 유지시키기 위한 대안은 무엇인가?

우리가 마련한 것과 같은 보너스 제도가 이러한 딜레마를 해결해 준다. 그것은 회사가 직원들에게 상당한 수준의 직업 안전성, 즉 일을 성실히 하는 한 직장을 잃지는 않을 것이라는 확실한 보장을 제공하는 수준에서 기본 급여가 유지되도록 해준다. 그러나 성실히 일하는 것 이상으로 더 잘하고, 개선 방안을 내놓을 수 있다면, 회사는 직원들이 창출한 추가적 수익이 얼마든지 보너스를 제공함으로써 그것을 함께 나눌 수 있다. 그들이 더 많은 수익을 창출할수록 보너스는 더 커진다. 그것은 급여를 올려주는 것과 같다. 어쩌면 정규 급여 이상이 될 수도 있다.

하지만 보너스 지급은 미래의 고용을 위험에 빠뜨리지 않는 방식으로 이루어져야 한다. 우리는 극심한 불황에도 살아남을 수 있어야 한다. 불황이 닥치면 보너스 지급이 어려울 수도 있지만, 유지는 해나갈 것이며 실업자가 되는 일은 없을 것이다.

사실 우리는 어려운 때를 대비하여 일종의 유연성을 키우고 있다. 우리는 직원들을 실직시키고 싶지 않으며 임금을 깎고 싶지도 않다. 직원들이 버는 급여의 대부분은 고정비에 들어간다. 집세와 수업료, 부식비, 교통비 등에 쓰이는 것이다. 그런 곳에 쓰이는 비용을 줄이라고 강요받는다면 직원들의 사기는 땅에 떨어지고 만다. 기본 생활비를 줄여야 하는 것보다 더 어려운 일이 무엇인지 나는 모르겠다. 우리는 직원들이 일정 수준의 수입에 의존할 수 있기를 바라는 한편 그 이상을 벌 수 있는 기회를 주고 싶다. 회사가 올바로 운영되고 직원들이 최선을 다해 일하는 한 그들이 훨씬 더 많이 벌 수 있게 될 것이다.

훌륭한 보너스 제도를 가지고도 실패하는 이유

1983년, 우리의 첫 번째 보너스 프로그램은 여러 가지 이유 때문에 효과를 거두지 못했다. 그것은 총체적인 난국이었다. 무엇보다도 직원들은 그것을 이해하지 못했다. 그들은 그 프로그램에 의해 동기부여되지 않았다. 그리고 목표 성취를 위해 무엇을 할 수 있는지 알지 못했다. 그뿐만이 아니라 목표 설정에 있어서도 우리는 실수를 했다. 직원들이 목표를 달성했더라도 보너스를 지급할 만한 충분한 현금이 우리에겐 없었다.

실수를 깨달았을 때, 우리는 즉시 프로그램을 중단하고 원점으로 되돌아갔다. 이 경험은 우리에게 보너스 프로그램을 '고착화하지 않는' 법을 가르쳤다. 그 이후로 실질적인 효과를 거두는 프로그램의 개발에 관해 많은 것을 배웠다. 그리고 그 과정에서, 우리는 보너스 프로그램을 설계할 때 해야 할 것과 하지 말아야 할 것에 대한 체크리스트를 마련했다.

모두를 같은 배에 태워라

고위 간부에서부터 청소하고 전화를 받는 직원들까지 모든 사람에게 똑같은 보너스 프로그램이 적용되어야 한다. 모두에게 똑같은 목표를 제시하고 성과 배분도 비슷해야 한다. SRC에서는 정규 급여의 일정 비율로 보너스를 계산한다. 하지만 우리가 똑같은 비율로 받는 것은 아니다. 스탑 구터(Stop-Gooter) 프로그램에 따르면 대부분의 관리자와 전문 기술자들은 연봉의 18%까지 보너스를 받을 자격이 있다. 그밖에 모든 직원들의 최대 보너스는 연봉의 13%이다. 그 이유는 간단하다. 우리는 직원들이 남보다 앞서 나가고 더 많은 위험을 감수하고 더 큰 책임을 지길 바라기 때문이다. 그렇게 했을 경우, 그들이 보상받는 것은 당연하다. 그러나 앞서 언급했듯이, 모두가 같은 목표를 추구하고 같은 규칙의 적용을 받아야 한다.

그것은 우리가 직원들이 한 팀으로 뭉쳐서 같은 방향으로 나아가길 원하기 때문이다. 그렇게 되면 승리하기가 쉬워진다. 우리는 직원들끼리 혹은 부서간에 서로 경쟁하는 것을 원치 않는다. 우리는 관리자와 근로자가 서로를 적대시하는 것을 결코 원치 않는다. 우리는 직원들이 서로의 문제를 이해하고, 그 문제를 해결하도록 장려하는 보상제도를 원한다. 어느 부서에 속해 있든 우리 모두가 서로에게 얼마나 의존하고 있는지를 직원들이 알기를 바란다.

SRC에서는 모두가 승리할 때 회사도 승리하고 당신도 승리한다. 나는 일부는 승리하고 일부는 패배하는 보너스 프로그램을 원치 않는다. 패배자는 우리의 경쟁사뿐이어야 한다.

이 규칙에 한 가지 예외는 '안전'이다. 당면 과제로서 안전에 대한 인식을 제고해야 한다. 그것만이 사고를 예방하는 유일한 방법이기 때문이다. 나는 내부 경쟁을 통해 그것을 하는 데 어떤 문제도 갖고 있지 않다. 우리의 스탑 구터(Stop-Gooter) 프로그램에는 안전에 관한 부분이 포함되어 있지 않다. 대신에 별도의 무사고 경연대회를 여는

데, 회사를 여러 팀으로 나누고 일부러 서로 다른 부서 직원들을 섞어
놓는다.

예를 들어, 나는 어떤 해에는 성이 S자로 시작하는 직원들과 한 팀
이 되었다. 그렇게 짜여진 팀 중에 어떤 팀이 사고 없이 가장 오랜 시
간을 버티는가를 겨루는 것이었고 상금으로 6만 2,000달러를 내걸었
다. 사고를 줄임으로써, 우리는 근로자 배상 연간 보험료를 10만 달
러까지 낮출 수 있었다. 결국 무사고 프로그램 덕분에 회사는 달러당
38센트의 이득을 보았다. 그것은 SRC의 승리이자 모든 직원의 승리
였다. 그같은 비용 절감 덕분에 그해의 스탑 구터(Stop-Gooter) 목표
달성이 가능했기 때문이었다. 그러나 우리의 본래 목적은 직원들의
안전의식 고취와 사고 예방이었다.

두세 가지 목표에 집중하고 그것을 재무제표에서 가져와라

직원들에게 길게 나열된 목표를 제시하는 것은 아무런 목표도 제시
하지 않는 것과 같다. 한 해에 두 가지 혹은 많아야 세 가지 목표를 가
지고 보너스 프로그램을 설정하라. 그 이상은 복잡하기만 할 뿐이다.
가장 중요한 것은 올바른 목표를 선정하는 것이다. 내가 바라는 목표
는 비즈니스의 기본, 즉 수익 창출과 현금 생성에 초점을 맞추는 것이
다. 또한 직원들에게 비즈니스의 상이한 측면에 대해 교육하고, 성공
하기 위해 정확히 필요한 것을 가르치며, 일을 제대로 하도록 인센티
브를 제공하는 목표를 원한다. 마지막으로 나는 우리의 약점들을 제
거함으로써 회사를 더 강하게 만드는 목표를 원한다. 밝혀진 대로 재
무제표에서 목표를 선택함으로써 당신은 이 모든 것을 얻을 수 있다.

166

우리는 항상 세전 이익 마진(Pretax Profit Margins)을 연간 목표 중 하나로 삼는다. 직원들이 수익 창출에 초점을 맞추도록 하기 위해서다. 또 다른 목표는 해마다 달라지는데, 그 당시에 우리의 가장 큰 약점을 무엇으로 보느냐에 달려 있다. 그러나 대체로 우리는 직원들이 현금 생성에 집중하도록 하기 위해 대차대조표에서 두 번째 목표를 선택한다.

재무제표에서 목표를 선택하면 재미있는 일이 벌어진다. 하나를 선택할 때마다 동시에 대여섯 가지 다른 것들이 따라온다. 가령 유동성을 목표로 삼기로 결정했다 하자. 회계사들이 유동비율이라 일컫는 것을 살펴보면 유동성을 측정할 수 있다. 모든 유동자산(즉, 재고나 어음과 같이 향후 12개월 안에 현금화할 수 있는 것들)을 합계해 모든 유동부채(즉, 단기부채와 대금 지불액과 같이 12개월 안에 지불해야 하는 것들)로 나눔으로써 산출되는 것이 유동비율이다. 이상적인 유동비율은 업계마다 매우 다양할 수 있지만 유동부채보다는 유동자산이 더 많아야 함은 자명한 일이다. 일반적으로 1:2의 비율이면 꽤 양호한 것으로 받아들여진다.

목표를 정량화할 수 있을 때마다 당신은 타겟을 설정할 수 있다. 당신은 유동비율을 특정 수준으로 개선했을 때 직원들이 얼마나 보너스를 받게 될지를 결정할 수 있다. 그 타겟을 맞추기 위해, 직원들은 전반적인 요소, 즉 재고량과 선적 스케줄, 작업 효율성, 어음 수금, 고객과의 협상 기간 등에 주의를 기울여야 한다. 그 과정에서 직원들은 비즈니스의 다양한 측면에 흥미를 갖게 된다. 갑자기 모두가 어음에 대해 알고 싶어한다. 스탭 회의에서 회계사가 고객의 지불 내역과 지불 속도에 대해 이야기하면 직원들은 관심을 갖고 듣는다. 고객이 지불을 하지 않으면 우리가 현금을 갖지 못하기 때문이다. 게다가 우리의 단기부채를 줄이는 데 그 현금을 이용할 수 없게 된다. 우리의 부채 지불이 연체된다면 유동성 목표를 달성하는 데 실패하게 되어 보너스를 받지 못한다.

이처럼 보너스 게임은 직원들이 고객의 대금 지불이 연체될 경우 벌어지는 모든 사태에 주목하게 만든다. 그들은 비즈니스와 수치, 그리고 회계에 대한 지식을 습득하게 된다. 그들은 그 모든 요소들이 어떻게 함께 맞춰지는지를 배운다. 그렇게 한 가지를 추구해가는 과정에서 여러 가지 목표를 성취하게 된다.

직원들에게 빨리, 그리고 자주 승리할 기회를 제공하라

보너스 프로그램은 직원들에게 동기부여를 하는 가장 중요한 첫 번째 도구이다. 그 프로그램이 동기부여를 하지 못한다면 효과가 없는 것이다. 그러면 직원들이 동기부여되게 하는 것은 무엇인가? 그것은 '승리'이다. 돌아가서 다시 시도하고 다음 번에 더 잘하도록 만드는 데는 승리 이상의 것이 없다. 처음부터 직원들이 승리의 기쁨을 맛볼 수 있도록 보너스 프로그램을 설계하라. 그러면 일년 내내 계속 그들이 승리하도록 만드는 것이 가능해진다.

이것이 바로 우리의 지불 체계 이면에 있는 모든 논리이다. 목표 설정 후에는 보너스를 지불할 수준을 결정한다. 각 목표마다 다섯 가지의 지불 수준이 있을 수도 있다. 예를 들어 수익 목표에 있어 회사의 기준선은 대개 5.0%의 세전 이익인 반면, 우리의 최고 목표는 8.6%이다. 만약 우리가 5.0% 이하로 세전 이익을 얻게 된다면 보너스는 없다. 5.0과 5.5% 사이라면 1단계 지불 수준에 들어가 근로자들에게 정규 급여의 1.3%에 해당되는 보너스를 지급한다. 5.6%의 세전 이익을 얻게 되면 2단계 수준에 들어가 보너스는 2.6%로 상승한다. 3단계 지급은 6.6%의 세전 이익에서 시작되며 정규 급여의 3.9%를 지급한다. 이런 식으로 회사가 8.6% 혹은 그 이상의 이익에 도달할 때까지 지불이 계속되며, 그 시점에서 근로자들이 6.5%의 최대 보너스를 지급받게 된다.

특정 목표와 지불 수준을 정하는 것은 대개 산술적인 문제이다. 물론 그 수치는 회사마다 다를 것이다. 당신은 수학을 해야 한다. 수학이 통하지 않으면 보너스 제도는 효과가 없다. 그러나 계산을 함에 있어 직원들에게 동기를 부여하고 그것을 지속적으로 유지한다는 근본적인 목적을 놓쳐서는 안 된다.

다음은 명심해야 할 몇 가지 규칙들이다.

1. 회사의 안정을 보장하는 최하 수준에서 기준선을 설정하라.

회사의 기본적인 안정이 최우선이라는 사실을 모두가 인식해야 한다. 직장의 안정에 필요한 최소한의 성과를 내고서 보너스를 받아서는 안 된다. 이를테면, 우리는 5%의 세전 이익은 큰 어려움 없이도 이루어낼 수 있는 최소한으로 보고 있다(이익의 40%는 세금으로 빠진다는 것을 상기하라. 그렇게 되면 약 3%의 세후 이익이 남게 되며, 이는 낡은 기계를 교체하거나 재고 변동에 대처하는 운영 자금으로 이용된다).

한편 기준선을 너무 높이 책정함으로써 직원들의 사기를 저하시켜서도 안 된다. 1단계 지불 수준은 그들의 능력이 쉽게 미치는 곳에서 설정하라. SRC의 전직원은 어떤 목표이든 1단계 수준에는 능히 도달할 수 있다는 것을 알고 있다. 우리가 과거에 이미 도달했던 수준에서 기준선을 설정하기 때문이다.

직원들은 생존점 이상에 초점을 맞추고 있다는 사실을 주목하라. 많은 회사들은 손익분기점에 도달하기만 해도 좋은 것인양 목표를 너무 낮게 책정한다. 그리고 그 목표를 놓치면, 회사는 위험에 빠지게 된다. 우리는 기준선에 가깝게 회사를 운영하고 싶지는 않다. 세전 이익이 5% 이하라면 우리 모두는 서로를 실망시켰다고 느낄 것이며, 이는 내가 바라는 바이다. 회사가 수익을 창출하지 못해서 직장을 잃는 것보다는 보너스를 놓쳐서 실망하는 게 낫다.

2. 보너스 프로그램 하에서 창출된 추가 이익의 상당 부분을 직원들이 가져갈 기회를 갖도록 보장하라.

직원들이 회사를 인색하거나 탐욕스럽다고 생각한다면 보너스는 그들을 동기부여하지 못할 것이다. 또한 그들의 노력에 상응하는 보상이 뒤따르지 않아도 마찬가지다. 보너스 프로그램이 공정한 거래이며 상당한 돈을 벌 수 있는 방법이라고 그들이 느껴야 한다.

스탑 구터(Stop-Gooter) 보너스 프로그램은 현장의 기계공에게 기본 급여 외에 13%를 더 받는 즐거움을 준다. 연봉이 2만 달러인 직원의 경우 2,600달러가 더 지급되는 것으로, 7주의 임금과 맞먹는다. 회사는 목표 달성으로 최고 수준의 보너스를 지불한다고 가정할 때 5% 세전 이익 기준 이상으로 창출된 추가 이익의 절반 가량을 보너스 형태로 직원들에게 되돌려 주는 것이다.

3. 직원들이 '위대한 비즈니스 게임'에 계속 참여하도록 자주 보너스를 받게 하라.

회사가 저지르는 가장 흔한 실수 중 하나는, 보너스를 1년에 단 한 번밖에 지급하지 않는 것이다. 게다가 한 해가 거의 끝나갈 즈음에서야 직원들이 얼마를 벌여들였는지 발표하고, 그러고 나서도 몇 주 동안 실질적인 지불을 하지 않는다. 그렇게 되면 직원들은 마지막 분기 때까지 보너스 프로그램을 무시하게 된다. 그것도 운이 좋아야 그렇다. 심한 경우에는 보너스 프로그램에 전혀 신경을 쓰지 않다가, 그 제도 하에서 받게 되는 것을 그저 선물로 여기게 된다. 그런 종류의 보너스는 보상이 아니라 미끼이다.

우리는 직원들이 석 달마다 보너스를 벌 수 있는 기회를 갖도록 스탑 구터(Stop-Gooter) 프로그램을 마련했다. 그것은 '위대한 비즈니스 게임'에 대한 우리의 전반적인 접근 방법 때문에 합당하다. 한편으로 우리는 직원들이 분기별 등급제에 익숙해지기를 바란다. 분기별 등급제는 회사를 평가하는 전통적인 방법이다. 그것은 비즈니스의 일반적인 주기에 맞추어져 있으며 유용한 단기 시간 프레임이다. 더욱이 3개월은 우리가 위대한 비즈니스 게임을 하기에 아주 이상적인 기간이다. 분기 마감이 빨리 다가오기 때문에 주간 회의를 통해 직원들이 그것에 매진하도록 유도할 수 있다.

모든 보너스 프로그램이 분기별로만 지급되는 것은 아니다. 어떤 회사의 경우에는 매달의 보너스가 보다 유효할 수도 있다. 연 2회 지불되는 경우도 보게 된다. 하지만 그보다 기간이 길어지지는 말라. 그렇게 되면 보너스의 효과가 떨어질 뿐 아니라, 신뢰도에 문제가 생길 것이다. 당신이 직원들을 위한 보너스 계획을 펼쳐 보여도 그들은 회의적인 반응을 보일 것이다. 그들은 자신의 수중에 돈이 들어올 때까지 믿으려 하지 않을 것이다. 그러나 일단 돈이 들어오면 그들의 태도는 돌변하여 당신을 놀라게 할 것이다.

4. 작은 보너스 풀에서 시작해서 점점 더 커져야 직원들이 모든 목표를 달성해 보너스 전부를 받아낼 기회와 인센티브를 갖게 된다.

보너스 풀(pool)은 주어진 특정 기간 동안 보너스로 지불 가능한 돈의 총액을 의미한다. '풀'은 작게 시작해서 다달이 그리고 분기마다 커져야 한다. 이 점이 매우 중요하다. 조심하지 않으면 의도하지 않게 동기 박탈 요인을 프로그램 안에 키울 수 있다. 직원들에게 분기마다 연간 보너스의 25%를 따낼 기회를 주었는데, 그들이 처음 2분기 동안 그에 못 미쳤다 하자. 그렇게 되면 프로그램은 상당히 김이 빠질 것이다. 직원들은 의욕을 잃고 시도를 멈출 것이다. 반면 한 해의 전체 보너스를 얻기 위해 어떤 시점에서 목표를 달성하면 된다고 하자. 그러면 직원들은 3/4분기 중간에 모든 것을 해낼 수 있다. 하지만 회사는 그해가 끝나기 전에 뜻밖의 사태로 인해 큰 난관에 봉착하게 될 수도 있다.

우리는 이 모든 위험을 피하기 위해 그해가 지남에 따라 액수를 증가시켰고, 한 분기에서 벌어들이지 못한 보너스는 다음 분기로 넘겼다. 이렇게 해서 효과를 거두었다. 1/4분기의 보너스 풀은 그해 총액의 10%이고 2/4분기는 20%이며 3/4분기는 30%, 4/4분기는 40%가 되는 식이다. 1/4분기에 목표량의 반을 달성했다고 하자. 그러면 수중에 넣을 수 있는 보너스의 절반을 얻게 된다. 그것은 우리가 한 해 동안 받을 수 있는 보너스 총액의 5%에 달한다. 우리는 그 5%를 즉

172

시 지급했다. 벌어들이지 못한 5%는 2/4분기 풀로 넘어간다. 그러면 이제 2/4분기에서는 연간 보너스 풀의 25%(2/4분기에 할당된 20%와 1/4분기에서 넘겨진 몫 5%)를 목표로 하게 된다.

2/4분기에서 목표 달성에 실패했다 하자. 그럴 경우 25% 전체가 3/4분기로 넘어가는데, 그렇게 되면 이제 연간 보너스의 55%(3/4분기에 할당된 몫 30%와 2/4분기의 20%, 그리고 1/4분기에서 남은 5%의 합계)를 목표로 하게 된다. 3/4분기에서 최고 목표를 달성했다 해도 4/4분기에 따내야 할 40%의 보너스 풀이 남아 있다. 어떤 목표도 달성하지 못했다면 그해 연말까지 나머지 연간 보너스(95%)를 벌어들일 기회가 여전히 있다.

결과적으로 직원들은 마지막 경기 종료를 알리는 호루라기 소리가 들릴 때까지 게임을 계속하게 된다. 우리는 분기마다 승리할 수도 있고 마지막 순간에 한꺼번에 환호를 올릴 수도 있다. 마지막 승전가가 울려 퍼질 때까지는 게임이 끝난 것이 아니며, 그때가 되면 우리는 또 다른 게임을 시작할 준비가 된 것이다.

의사소통하고, 의사소통하고, 의사소통하라

무엇보다도 직원들이 보너스 프로그램의 작동 방식을 이해하게 하고, 그들이 어떻게 하고 있는지를 수시로 점검하라. 잘못된 의사소통은 보너스 제도의 실패 요인이 된다. 당신이 얼마나 머리가 좋든 간에, 목표 설정이 얼마나 잘되었든 간에, 지불 시스템을 얼마나 신중하게 설계했든 간에, 직원들이 그 프로그램을 이해하지 못하거나 전개되는 상황을 따라가지 못하거나 당신이 무언가를 감추고 있다고 생각하게 된다면, 그 프로그램은 직원들을 동기부여하지 못할 것이다. 직원들이 당신에게 유리한 쪽으로 해석할 거라는 기대는 하지 말라. 내가 보증하건대, 보너스 규칙에 의문의 여지가 있다거나, 성과를 모니터하고 점검하는 체계를 결여하고 있다면, 직원들은 당신이 수치를 조작하고 있다고 생각할 것이다.

물론 보너스 프로그램이 타당한 것이라면, 그것을 설명하는 데 어려움이 없을 것이다. 교사들, 즉 경영자와 현장 감독들, 근로자 대표들을 교육하는 것부터 시작하라. 상황을 파악하고 있고 그것을 다른 직원들에게 설명해줄 수 있는 핵심 직원들을 구축해 놓아라. 회의를 열고 보조자료(출력물, 팜플렛, 비디오 등)를 만드는 것도 좋은 아이디어다. 일단 교사들이 궤도에 오르면 더 이상 지체하지 말라. 즉시 프로그램을 시작하라. 대부분의 직원들은 게임을 배우는 방식과 같이 그것을 직접 해봄으로써 보너스 게임에 대해 배우게 된다.

중요한 것은 결과를 추적하고 그것을 회사 전체에 전달하는 효과적인 체계를 갖추는 것이다. 매주 최신 점수를 발표할 날짜와 시간을 정하고 그때를 지켜라. 매주가 어렵다면 매달이라도 상관없다. 직원들은 그때를 기대하게 될 것이다. 그들을 실망시켜서는 안 된다. 점수를 제때 기록하지 않으면 직원들의 의심을 키우고 그들의 열정을 식게 만들고, 성공 가능성을 약화시킬 것이다.

결과를 전달하는 방법은 당신에게 달려 있다. 회사 게시판에 게시하거나 회의에서 알리거나 급여 명세서에 표시해둘 수도 있다. 어떤 방식이든 간에 직원들에게 질문할 기회를 주고 설명을 해주어야 한다. 점수의 근거가 되는 수치들을 직원들이 언제든 확인할 수 있게 하라. 직원들이 실제로 그것을 확인할 수 있든 못하든 간에, 그들은 자

174

신들이 확인하려면 할 수 있다는 사실을 알고 싶어한다. 매달 완전하고 상세한 재무제표를 발행하는 이유 중 하나가 바로 그것이다. 우리 것은 100페이지 분량에 달하며 매달 스탑 구터(Stop-Gooter)의 결과가 맨 앞에 실린다. 직원들은 마음만 먹으면 손익계산서와 대차대조표의 수치들을 가지고 자신의 보너스를 계산해볼 수 있다.

그러나 직원들이 최신 점수표에 관심을 갖게 하는 것은 보너스 프로그램이 작동하도록 하기 위해 필요한 과정의 일부분이다. 사실상 그 프로그램이 당신의 비즈니스에서 핵심 관심사가 되어야 한다. 그것은 진행되는 다른 모든 것들을 위한 맥락과 구조를 제공해야 한다. 결국 올바른 목표를 선택했다면 그것을 성취하는 것이 모든 사람의 최우선 관심사가 되어야 한다.

보너스 프로그램이 제 기능을 다하기 위해서는 일선 직원들과 관리자들 사이에 쌍방향의 지속적인 정보 교류가 있어야 한다. 고위 관리자들은 해결해야 할 문제, 추구해야 할 기회, 축하해야 할 승리를 파악하는 데 사용할 수치가 필요하다. 일선 직원들은 그들의 현재 위치에 대한 지속적인 업데이트가 필요하고 그들이 결과의 개선을 위해 무엇을 할 수 있는지 알 수 있어야 한다. 중간 관리자들은 동기를 부여하고, 방향을 제시하고, 우선순위를 정할 도구가 필요하다. 또한 기준을 충족시키는 것과 목표를 달성하는 것, 그리고 보너스를 벌어들이는 것 사이의 연관성을 끌어낼 도구가 필요하다.

내가 여기서 이야기하고 있는 것은 경영의 근본적인 문제들이다. 이것이 어쩌면 훌륭한 보너스 프로그램의 가장 중요한 혜택일 수 있다. 그것은 조직의 전직원들이 자신의 역할과 그 역할을 최대한 잘 수행하는 데 필요한 정보를 분명히 이해하도록 하는 강력한 인센티브를 제공한다. 정보의 흐름을 관리하는 회사의 능력은 보너스 프로그램의 효과성뿐 아니라, 시장에서의 궁극적인 성공을 결정하는 데 중요한 역할을 하게 될 것이다.

SRC에서는 '위대한 비즈니스 게임'을 실행함으로써 정보의 흐름을 관리한다. 우리가 쓰는 주된 메커니즘은 매주 열리는 스탭 회의인데, 이는 조직 전체의 정보를 교환하는 전반적인 과정의 구심점이다.

수익을 내지 못했을 때는 보너스를 지급하지 말라

이것은 단순하면서도 기본적인 사항이다. 보너스 프로그램은 직원들이 시장의 현실과 접촉하게 하는 수단이 되어야 한다. 보너스가 회사로부터 받는 선물로 여겨져서는 안 된다. 시장에서 같은 고객을 놓고 경합을 벌이는 경쟁자들보다 일을 더 잘했을 때 벌어들이는 보상이 되어야 한다. 직원들이 목표에 미달했을 때 보너스를 지급한다면 그 본래 취지를 훼손하는 것이다.

직원들이 열심히 노력했지만 약간 목표에 미달되었다면 어떻게 해서든 보너스를 지급하고 싶은 유혹이 존재한다.

그러나 그 유혹을 물리쳐라. 일단 게임의 규칙을 바꾸기 시작하면 미끄러운 비탈길에 들어서게 되고 다시 돌아가기 어려워진다. 몇 번인가 우리도 0.01% 차이로 목표를 놓치고 말았다. 그럴 때마다 고통스러웠다. 다시는 그런 일이 벌어지도록 하고 싶지 않았다. 그래서 지금은 분기가 마감될 무렵에 회계사가 주간 회의에 참석해 각각의 목

176

표에 있어 다음 단계에 도달하기 위해 우리가 정확히 무엇을 해야 하는지를 보여주는 자료를 제시한다. 그것이 필요한 조치라면, 어떤 분야에서는 수천 달러의 추가 소득을 만들어낼 수 있다.

보너스 프로그램의 힘

보너스 프로그램의 진정한 힘은 비즈니스에 대해 직원들을 교육시킬 수 있다는 데 있다. 일단 그들이 그 수학을 이해하게 되면 어떻게 모든 것이 서로 맞아떨어지는지 그리고 어떻게 비즈니스가 자신들이 원하는 것을 얻어내는 도구가 될 수 있는지를 알게 된다. 그러면 모든 것이 맞아떨어지게 된다. 보너스 제도는 실제로 효과적이다. 당신은 그것을 비판할 수 없다. 그것은 현실의 단순한 반영이기 때문이다. 당신은 개인을 비판할 수 있다. 그가 비즈니스를 행하는 방식에 대해 그를 나무랄 수 있다. 탐욕스럽고 자기 자신만을 챙기고 개인적인 이득을 위해 다른 사람을 착취하는 이들을 가려낼 수 있다. 결점은 그러한 개인에게 있는 것이지 자본주의의 본질에 있는 것이 아니다.

08

비즈니스 게임
계획 짜기

The Great Game
of Business

위대한 비즈니스 게임의 핵심은 그것이 연간 계획이라는 것이다. 그것은 1년에 걸쳐 매달 당신이 해야 할 일을 말해 주는 일단의 재무제표를 의미한다. 계획이 없으면 직원들이 자신의 업무 성과를 비교할 수 있는 대상이 없고, 문제를 인식할 수단이 없으며, 자신에게 동기를 부여하고 도전의식을 고취시키는 데 사용할 목표가 없게 된다. 서로를 지원하기 위해 해야 할 일도 알지 못할 것이고, 자신이 일을 잘하고 있는지도 알 수 없으며, 일, 주, 월 단위로 자신이 만들어낸 낸 수치를 평가하는 방법도 모를 것이다.

감정이 개입되면 그림이 흐려진다. 장벽도 쌓여갈 것이다. 리더로서의 당신은 축하를 해야 할지 경종을 울려야 할지 알지 못할 것이다. 당신이 무엇을 하든지 직원들은 나중에 당신을 비판할 것이다. 보너스 프로그램에 관해서라면, 그것에 시간을 낭비하지 말라. 연간 계획 없이 어떻게 정량화할 수 있는 목표를 설정할 수 있겠는가? 목표를 달성했다 해도 어떻게 알 수 있겠는가?

게임 계획이 당신에게 그것을 말해줄 것이고, 다음과 같은 중요한 문제들에 대해서도 당신이 알게 할 것이다.

- 회사가 일정보다 앞서가고 있는가?
- 일정에 뒤처지고 있는가?
- 현금 상황은 정상적인가?
- 누가 과중한 업무를 수행하고 있는가?
- 누가 뒤처지고 있는가?

그러나 계획 그 자체만큼이나 중요한 것은 그것을 만드는 방법이다. 현실에 확고한 기반을 둔 계획 이상의 것이 필요하다. 직원들이 수용할 뿐 아니라 조건 없이 동의할 수 있는 것이어야 한다. 게임에 참여하는 모든 선수들이 계획을 실행할 준비가 되어 있어야 한다. 그들이 그것을 시작하고 싶어해야 한다. 승리를 위해 필요하다면 무엇이든 기꺼이 할 의사가 있어야 한다. 같은 목표를 위해 자신이 다른 모든 사람들에 의지할 수 있으며, 다른 모든 사람들도 자신에게 의지하고 있음을 알아야 한다.

계획 과정을 공개하여 전직원이 이에 참여하도록 함으로써 당신은 일종의 컨센서스를 얻어낼 수 있다. 그런 식으로 계획이 세워진다면 직원들은 그 과정에 대해 주인의식을 갖게 되고, 그 결과에 대해 책임이 있다는 사실을 알게 된다. 그것이 게임이다. 그렇지 않으면 그 계획은 업무를 위한 도구가 아닌 회초리가 될 것이며, 직원들은 목표를 자신의 것으로 보지 않고 다른 누군가의 것으로 여기게 될 것이다. 이렇게 되면 계획을 세운 본래의 목적은 상실되고 마는 것이다. 목표 달성을 위해 누군가를 동기부여하는 것은 매우 어려운 일이다. 다섯 번째 비즈니스 상위 법칙을 기억하라.

"원해야 얻는다."

그러면 그것은 어떻게 일어날 수 있는가? 어떻게 고역이 아닌 게임의 일부가 되는 계획 과정을 마련할 것인가? 즉, 모두가 참여할 마음을 먹게 하고, 그 결정으로 인해 영향을 받는 직원과 의논을 거치고, 그럼으로써 최종 결과에 대한 컨센서스를 만들어내는 계획 과정 말이다. 그리고 어떻게 회사를 정지 상태에 빠뜨리지 않고도 이 모든 것을 해낼 수 있을까? 현재의 과제 수행을 방해하지 않으면서 직원들이 내년의 계획과 목표에 대해 생각하게 하려면 어떻게 해야 할까? 가장 중요한 것으로, 어떻게 하면 그것을 재미있게 만들 것인가?

직원들에게 그 과정에 걸려 있는 그들의 이해관계를 보여줘라. 연간 계획을 통합할 때, 당신은 향후 12개월 동안 실행할 게임을 설계하게 된다. 이것은 계획이 어떻게 마련되어야 하는지에 대해 모두가 각자의 생각을 정확히 말할 수 있는 중요한 기회이다. 중요한 것은 모두가 열정을 가지고 참여하고 승리를 염원하는 게임을 만들어내는 것이다.

우선 승리가 의미하는 바를 결정해야 한다. 직원들에게 다음과 같이 질문하라.

- 올해 무엇을 성취할 수 있다고 생각하는가?
- 판매와 생산을 얼마나 증가시킬 수 있는가?
- 그것을 원하는가?
- 회사에 대해 걱정하고 있는 것은 무엇인가?
- 회사 내에 개선해야 할 문제가 있는가?
- 더 넓은 작업 공간을 원하는가?
- 새로운 도구나 장비를 원하는가?
- 추가 수당이나 복지 혜택을 원하는가?

계획 과정은 미래에 대해 생각해 보는 시간이다. 또한 앞으로 다가올 위험에 대해서도 생각해 보는 시간이다. 그래야 당신은 그것을 최소화할 방법을 파악할 수 있다. 모두가 동의하는 목표를 성취하기 위해 각자가 기여할 수 있는 것에 대해 말하는 시간이다. 그 과정의 끝에 가서 당신은 그들에게 다음과 같이 말할 수 있기를 바랄 것이다. "이것이 우리가 원한다고 말한 것이며, 이것이 우리가 그것을 얻을 수 있는 방법입니다. 우리 모두가 할 수 있다고 말한 것을 하기만 하면 말입니다." 제 1선은 방어를 해야 하고, 공격대는 밀고 나아가야 하며, 펀트 조(punt return unit)는 필드에서 좋은 위치를 확보해야 한다. 팀은 진정한 팀 정신으로 경기를 해야 한다.

연간 게임 계획을 수립하는 것에 대해 지루해 해서는 안 된다. 견뎌야만 하는 고역을 대하는 식으로 그것에 접근하는 실수를 범하지 말라. 그것이 만약 고역이라면 실패한다. 그 계획은 다음 한해 동안 회사의 생명과 같다. 직원들이 그것을 창출하는 과정에서 지루함을 느낀다면 그것을 이행하는 것에 의욕을 느끼지 못하거나 이행하지조차 못할 수도 있다. 그것에 대한 책임을 지려고도 하지 않을 것이며, 필요한 헌신을 하지도 않을 것이다.

그렇다고 해서 완전히 새로운 계획 방법을 고안해내야 한다는 뜻은 아니다. 우리는 예산 수립에 관한 어느 책에서나 발견할 수 있는 과정을 사용한다. 다른 어떤 것보다도 논리적인 근거를 지닌 네 가지 단계가 있다.

1. 내년의 예상 매출액을 결정하라.
2. 그 매출을 생산하는 데 소요되는 비용과 그 매출의 결과로 기대되는 현금 액수를 파악하라.
3. 그 현금으로 해야 할 일을 결정하라.
4. 그해 보너스 목표를 선택하라.

이것은 간단한 방법이다. 이 모든 것을 흥미있게, 심지어 흥분되게 만드는 것은 모두가 참여하는 데서 오는 극적인 요소이다. 처음 시작할 때 우리가 어디로 가게 될지 아무것도 모른다. 고위 간부들이 계획의 기본 틀을 이미 결정해 놓은 것과는 거리가 멀다. 나는 창고에서 부품을 관리하는 직원만큼이나 어둠 속에 있으며, 우리 둘 모두 앞에 무엇이 있을지 궁금해 한다.

새해까지의 카운트다운

계획을 세우는 맨 첫 단계로서 스케줄을 짜라. 스케줄이 없으면 요구되는 시간을 과소평가하여 되는 대로 놔두게 된다. 항상 올해의 요구는 내년 것보다 다급해 보이기 마련이다. 결과적으로 중요한 단계를 건너뛰게 되거나 어쩔 수 없이 급하게 일을 해치우게 된다. 어느 쪽이든, 직원들은 재미를 느끼지 못할 것이며 훌륭한 계획 수립도 어려울 것이다.

그러면 계획 스케줄을 어떻게 개발할 것인가? 새해에서부터 거꾸로 작업하라. 무엇을 언제 끝마치고 싶은지, 그것을 만들어내는 데 얼마나 걸릴지 파악하라. 우리의 연간 게임 계획은 여덟 가지 문서를 가지고 있다.

1. 손익계산서(Income Statement)
2. 대차대조표(Balance Sheet)

3. 현금 흐름 분석(Cash-Flow Analysis)

4. 판매와 마케팅 전략(Sales and Marketing Plan)

5. 자본 계획(Capital Plan)

6. 재고 계획(Inventory Plan)

7. 조직도(Organization Chart)

8. 보상 계획(Compensation Plan)

의심할 바 없이 당신은 우리가 했던 것보다는 더 적은 문서들을 가지고 게임 계획을 수립할 수 있을 것이다. 필수적인 서류는 손익계산서, 대차대조표, 판매와 마케팅 전략, 그리고 보상 계획이다. 현금 흐름과 자본 및 재고 계획은 우리가 생성하는 현금을 통제하는 데 이용되는 도구들이다. 그다지 많이 필요로 하지 않을지 모르지만 당신에게도 이 도구들이 있어야 한다. 이를테면 당신의 비즈니스에 재고라는 것이 없다면 분명 재고 계획은 필요 없을 것이다.

이러한 계획을 세우는 데 우리는 6개월 이상이 소요된다. 더 빨리할 수도 있겠지만 시간을 들여서 모든 직원이 참여할 기회를 주는 것을 좋다. 처음 두 달 동안은 준비 기간이다. 주로 우리는 매출 예상치에 대해 생각한다. 그 중요성 때문에 우리가 상당한 확신을 가질 수 있는 매출 예상안을 마련하길 원한다. 진짜 흥분되는 순간은 10월부터인데, 그때 우리는 회사 전체에 매출 계획을 발표한다. 그때부터는 우리의 계획 과정은 SRC의 회계연도가 끝나는 1월 31일까지 긴박하게 진행된다.

6개월 전: 초기 판매 회의를 개최한다

7월 말경, 우리는 오자크(Ozark)에 있는 아름다운 휴양지에 여러 개의 방을 예약해 놓고 판매와 마케팅 담당자 전원을 이틀간의 회의에 참석시킨다. 영업부 직원 각자는 향후 18개월 간의 자신의 목표치를 발표한다. 부서장의 간략한 발언이 있은 후 직원들은 그들의 개인적 목표를 달성하는 방안, 올해 남은 기간의 활동 계획, 그리고 다음 해의 전망에 대해 토론한다.

회사의 다른 부서 관리자들도 참석한다. 우리는 영업부의 발표를 귀기울여 듣고 '만일의 경우' 게임을 한다. 우리는 영업 전략의 허점을 끄집어내기 위해 모든 것을 한다. 논쟁을 하거나 시비를 걸자는 것이 아니라 그들이 가장 강력한 매출 예측치를 갖도록 돕기 위해서이다. 왜냐하면 그것이 우리의 전체 계획의 토대 역할을 하기 때문이다. 따라서 모든 문제의 가능성과 잘못된 가정, 비현실적인 기대와 그 속에 감추어진 위험 요소를 파악하는 것이 우리 모두의 관심사이다. 즉, 다음과 같은 것들이다.

- 이 매출 공약을 이행하는 데 드는 비용은 얼마나 될 것인가?
- 우리에게 그만한 능력이 있는가? (기술은? 설비는? 자금은?)
- 우리는 필요한 부품을 구할 수 있는가?
- 이 고객이 얼마나 빨리 대금을 지불해줄 것인가?
- 경쟁에서 우리가 취약한 부분은 무엇인가?
- 금리가 상승되면 어떻게 할 것인가?
- 이 거래가 성사되지 못하면 어떻게 할 것인가?

- 고객이 주문을 늘일 가능성은 얼마나 되나?
- 우리가 그것을 감당할 수 있는가?
- 만일의 사태에 대한 대비책은 무엇인가?

이상이 영업부 직원들에게 제기해야 할 질문이다. 생각해낼 수 있는 모든 최악의 경우에 대해 질문하라. 그리고 일찍 문제를 제기해야 만일의 사태에 대비한 계획을 짜거나 대책을 마련할 시간을 확보할 수 있다.

당신의 회사가 전문 서비스 회사라면 영업부가 없을 수도 있다. 그런 경우 고객을 확보할 책임이 있는 전직원에게 이것과 똑같은 과정을 거치게 하라. 당신에게 해당되는 경우라면 동료들을 모아놓고 내년도 당신의 예상치에 대해 호된 심문을 하게 하라. 이런저런 방법으로 당신은 최선의 매출 예측치를 마련하길 원한다. 그리고 이는 당신이 그것을 수용하기 전에 최대한 철저히 분석하는 것을 의미한다.

5개월 전: 매출 계획을 통합하고 표준 비용에 대한 작업을 한다

사전 매출 예상치에 대한 분석을 마친 후에는 좀더 강력하고 현명한 매출 예상치를 짜낼 시간이 필요하다. 우리의 경우 보통 2, 3개월을 허용하는데, 현재 수행 중인 과제에 소홀함이 없이 철저한 작업을 할 기회를 준다. 그 기간 동안 판매와 마케팅 직원들은 7월의 회의에서 거론되었던 모든 사항을 정리해 판매 계획에 대한 수정 방안을 마련한다. 그들은 조사를 수행하고, 전략을 수정하고, 전망치를 낮추거나 올리고, 고객과의 스케줄을 검토하고, 우발적인 상황에 대해 재고

한다. 한편, 그들은 계속해서 시장을 탐색하고, 내년에 일어날 변화들에 대한 새로운 단서를 찾는다. 9월 말경 그들은 그 모든 정보를 취합하여 새롭게 개선된 매출 계획을 수립한다.

그 시점에 우리는 또한 회사 비용의 많은 부분, 즉 최종 매출 계획에 따라 결정되는 비용을 제외한 거의 모든 비용을 산정하는 작업을 한다. 우리 회사에는 더그 로더트라는 직원이 있는데, 그의 업무는 전적으로 우리의 비용이 얼마가 되어야 하는지를 파악하는 것이다. 그는 한때 생산팀장으로 일했던 회계사로, 우리의 초창기 표준 비용 체계를 마련하는 일을 도왔다. 이제 그는 업무 시간의 대부분을 회사를 돌아다니며 직원들과 이야기하는 것으로 보낸다.

그는 직원들이 하고 있는 일에 대해서 의견을 나누고, 보다 적절하고 정확한 표준을 마련하기 위해 그들과 함께 작업한다. 이처럼 회계사를 '위대한 비즈니스 게임'에 끌어들일 필요가 있다. 그는 우리가 표준을 달성하는 데 어려움을 겪는 분야나 혹은 너무 쉽게 달성하는 분야들을 조사한다. 어느 것이든 표준을 수정할 필요가 있다는 신호이다. 9월 말까지 거의 모든 직원들과 이야기를 나누고 나면 그는 내년도 회사의 표준 비용이 어떻게 수정되어야 하는지에 대한 분명한 생각을 갖게 된다.

한편, 우리가 직원들이 어떤 문제에 관심을 갖고 있으며 그들이 일어나길 기대하는 일들이 무엇인지를 알고 있을지라도, 이 시점에서 목표들은 단지 비공식적으로만 토론된다. 나는 해마다 개인적으로 적어도 한 번은 650명의 직원 모두와 만난다. 늦은 봄 무렵 나는 일련의 미팅을 통해 20~30명 그룹의 직원들과 이야기를 나누며 그들이 어떤 생각을 하고 있는지 알아내려고 애쓴다. 때로는 그들에게 회사에 대한 개선안을 적어 달라고 부탁하기도 한다. 또한 우리는 여러 가지 조사들을 실시하는데, 예를 들어 다양한 복지 프로그램들과 비교해 우리사주제(ESOP)를 평가해 달라고 요청한다. 직원들이 열정을 느낄 만한 게임 계획을 마련하는 데 그 반응들을 지침으로 사용할 수 있다. 회사 내의 행사들을 통해서 정보를 얻는 말할 것도 없고, 스탭 회의를 통해서도 정기적으로 피드백을 얻는다. 이러한 모든 정보들은 목표 설정의 시간이 가까워옴에 따라 우리에게 생각을 위한 영영분을 제공한다.

4개월 전: 매출 계획을 제시하고 그에 대해 토론하라

10월에 영업부에서 수정된 예상치를 발표하면 계획 과정이 본격적으로 진행된다. 확대 스탭 회의를 열어 고위 관리자와 중간 관리자들에게 매출 계획을 제시하고, 그들은 나머지 직원들에게 이를 전달한다. 모두에게 5페이지 분량의 문서가 배포되는데, 그 안에는 향후 15개월, 즉 당해의 마지막 분기와 내년 동안의 판매 예측이 들어 있다. 그 예측은 매우 구체적이며, 매달 고객별 선적이 예정되어 있는 각 품목의 양이 정확히 제시된다. 그 점이 중요하다. 모호한 예측은 쓸모가 없다. 직원들은 그것에 반응을 보이지 않을 것이며, 그것을 계획의 근거로 삼을 수도 없다. 매출 예상 품목과 수량, 그리고 시기를 정확히 밝혀야 한다. 모호한 것보다는 틀린 것이 낫다.

일단 매출 계획이 제시되면, 직원들은 그것에 달려들어 어떤 약점이나 모순을 찾아낸다. 우선 중간 관리자들이 일선 현장 감독들에게 그 계획을 보여주면, 현장 감독들은 그것을 면밀히 검토하고 자신과 관련된 항목에 특히 주의를 기울인다(계획상의 생산 목표를 달성할 수 있을까? 올해에서 다음 해로의 변화의 중요성은 무엇인가? 그 변화는 합당한가?). 동시에 우리는 판매액을 제조 부품 수로 전환해 본다. 이를테면 계획 달성을 위해 매달 생산해야 하는 연료분사 펌프 노즐의 실제 수치를 계산해 보는 것이다. 그러면 현장 감독들은 그 수치를 작업장의 근로자들에게 넘겨 토론하게 한다(이 수치를 감당할 만큼 인원은 충분한가? 인원이 넘치지는 않는가? 필요한 장비는 무엇인가? 이것이 품질에 어떤 영향을 미칠 것인가?).

금액을 물건으로 바꾸어 보는 식의 시도는 중요하다. 직원들이 쉽게 이해하고 반응할 수 있으며, 매일 그들이 대하는 물건의 형태로 예측치를 바꿔 주어야 그들이 이에 대처할 수 있다. 그리고 그 형태는 사업이나 업무에 따라 다를 것이다.

레스토랑 체인의 경우, 매출 예상치는 요리사와 웨이터, 재료를 구입하는 직원들마다 각각 다른 의미를 갖게 될 것이다. 항공회사라면, 조종사는 비행 횟수와 비행 시간, 그리고 비행 간격을 알고 싶어할 것이다. 고객 서비스 담당자들은 그들이 처리해야 하는 전화 건수가 얼마나 되는지 알아야 하고, 구매 담당 직원들은 주문받아야 할 식사 건수에 대해 알고 싶어할 것이다.

직원들을 위해 그것을 자세히 말해 줘라. 판매 계획을 달성하기 위해서 그들이 해야만 하는 일이 정확하게 무엇인가를 제시하라. 그들이 토론에 참여할 수 있도록 쉽게 만들어라. 직원들이 참여할 기회를 갖지 못한다면 그 계획에 대해서 책임지려 하지 않을 것이며, 피할 수도 있는 오류를 저지르게 될지도 모른다. 매출 예상치에 대한 회사 차원의 토론이 단순한 홍보 활동이 되어서는 안 된다. 직원들의 말에 귀를 기울여라. 우리가 정말 바라는 것은, 직원들이 그 수치를 냉정히 관찰하고 예상치가 비현실적이라면 수정할 것을 요구하는 분위기이다. 때로는 큰 폭의 수정이 필요하기도 하다.

예를 들어 1990년 가을에, 직원들은 다음 해에 대한 영업부의 낙관적인 전망에 대해 강한 이의를 제기했다. 이미 우리 고객에게는 문제가 되고 있던 불경기에 우리는 아무런 영향을 받지 않을 것인가? 그 불경기를 어떻게 피할 수 있단 말인가? 아무도 그에 대한 답을 할 수 없었고, 그래서 우리는 판매 예상치를 15% 가량 낮추었다. 그 불경기는 다음 해 3/4분기에 우리를 어렵게 만들었다.

10월 말에 중간 관리자는 영업부원들에게 현장에서 수집한 의견을 전달하고 예상치에 대한 합의를 이끌어낸다. 그 무렵 일부 직원은 목표 산정을 시작하지만, 회계사가 판매 예상치를 적정 표준 비용 수치에 포함시키고, 내년도 세부계획을 뽑아낼 때까지 그에 대한 진지한 토론은 이루어지지 않는다.

3개월 전: 판매 계획 이행에 소요되는 비용을 합의한다

11월은 우리가 내년도 표준치를 정하는 때이다. 회계부는 매출 예상치에 따른 물품 제작비와 배송비를 월별로 면밀히 분석한다. 이 과정에서도 토론이 이루어진다. 표준치는 해마다 많이 변하지 않는 것이 보통이며 전혀 변동이 없을 때도 있다. 표준치가 수정되는 경우에는 타당한 이유가 있어야 한다. 우리의 경우, 생산성을 증가시키는 새 기계의 도입을 들 수 있다. 또는 부품에 드는 돈을 절약하는 방법을 누군가가 개발했을 수 있다. 또는 보다 효율적인 생산 과정을 고안해

냈다거나, 시장에서의 경쟁이 보다 치열해질 경우 우리의 일자리를 보호하기 위해 비용을 삭감해야 할 경우도 있다.

변화의 요인이 무엇이든 11월 내내 분석과 토론이 계속된다. 어떤 경우에나 표준치를 결정하는 담당자가 영향을 받는 직원과 함께 변화 요인들을 검토한다. 예산이 승인되기 전에 현장 감독들과 중간 관리자들이 그 변화에 동의해야 한다. 나는 개인적으로 10%를 넘는 모든 변화안에 대해 재검토한다. 우리는 표준치가 공정한지 분명히 하길 원한다. 그것은 도달 가능하면서 우리가 시장에서 경쟁력을 유지하게 하는 것이어야 한다.

또한 우리는 다른 사람들이 기대하는 표준치를 모든 직원들이 수용하는지를 알기 원한다. 그런 식으로, 표준치에 도달하려는 동기가 내부로부터 생겨난다. 당신이 스스로 목표를 선택했다면, 그것을 놓치더라도 다른 사람을 탓할 수 없다. 물론 불평을 늘어놓는 사람도 있을 것이다. 인간의 본성이란 그런 것이기 때문이다. 그들은 도달 불가능한 표준치를 제시한 회계부서를 비난할 수도 있다. 그 시점에서는 당신은 그들이 그 모든 표준치를 승인했었다는 사실을 상기시키고 싶어질 것이다.

이는 표준치를 승인받아야 하는 또 다른 이유이다. 표준치를 승인하면서 직원들은 향후 12개월에 대해 서로에게 특정한 약속을 하는 것이다. 표준을 충족시켜 자신의 임무를 수행하겠다는 데 동의하고 있는 것이다. 이러한 약속이 '위대한 비즈니스 게임'의 토대이다. 약속 없이는 '게임'이 있을 수 없으며, 그것은 단지 조작과 강제의 다른 형태에 지나지 않게 된다. 약속은 필수적이다. 당신은 계획에 대한 합의를 이루어내야 한다.

192

물론 우리가 6장에서 논의했던 방식에 따라 표준 비용 체계를 개발함으로써 기초 작업을 해놓았다면 합의가 훨씬 더 잘될 것이다.

이 시점에서 목표에 대한 전반적인 토론에 들어가는 것이 좋다. 그 계획 하에서 현금을 어떻게 쓸지를 곧 결정하게 될 것이기 때문이다. 직원들에게 그들의 걱정거리와 원하는 바를 물어보라.

- 수리를 요하는 것이 있는가?
- 설비가 교체되어야 하는가?
- 새로운 사무실이나 더 넓은 공간을 원하는가?
- 무엇을 그들 일자리에 대한 가장 큰 위협 요소로 보고 있는가?

걱정거리는 어쩌면 불경기의 가능성일 수 있다. 따라서 당신은 부채를 줄이고 싶을 수 있다. 어쩌면 걱정거리는 고객에 대한 배송일 수도 있다. 그래서 재고량을 늘리고 싶을 수도 있다. 걱정거리가 품질이라면 새로운 공정을 도입하고 싶을 수 있다.

위험 요소가 경제든 시장이든, 회사 자체든, 어디에 있느냐는 중요하지 않다. 당신은 직원들이 전체 상황을 조망하고 당면한 문제와 긴급한 필요에 대해 이야기하기를 바란다. 그러한 걱정을 해결하고 필요를 충족시키는 데 쓸 현금은 한정되어 있으므로, 어느 것이 직원들에게 가장 중요한가를 파악하는 것이 급선무이다.

우리는 11월에 시작되어 수주 동안 간헐적으로 계속되는 회사 차원의 토론회를 가짐으로써 그 작업을 한다. 스탭 회의에서 문제를 제기하면 그 자리에 있던 사람들이 나머지 사람들에게 전달한다. 곧 우리는 피드백을 얻기 시작한다. 폭넓은 동의가 이루어지는 것 같으면 목록을 작성하기 시작한다. 토론이 더 필요하다면 회사 안이나 밖에서 추가 회의를 갖는다. 어떤 경우든, 우리는 어떻게 현금을 사용해야 하고 내년도에 무엇에 초점을 맞출지에 대해 전반적인 동의를 얻어낼 때까지 토론을 계속한다.

2개월 전: 보너스 목표를 달성하기 위해 현금을 가지고 어떻게 해야 할지 파악한다

매출과 생산비용, 기타 비용에 대한 모든 수치가 나오는 즉시 내년도 손익계산서를 작성할 수 있다. 그것을 월별로 세분화하면 무엇을 해야 하는지 그리고 언제 해야 하는지를 정확히 알 수 있다. 손익계산서로부터 예비 대차대조표와 현금 흐름 계획을 만들어낼 수 있으며 이것을 이용해 현금에 관한 토론에 초점을 맞출 수 있다.

우리는 이 작업을 대개 12월에 한다. 우리는 예상 재무제표를 스탭 회의에 제출하며 말한다. "보십시오. 만약 우리가 이 계획을 실행해서 표준을 충족시킨다면 이만큼의 현금을 생성해낼 수 있어야 합니다. 우리가 그 현금을 가지고 무엇을 해야 한다고 생각하십니까?" 중간 관리자들이 모든 직원들에게 그 정보를 전달할 것이다.

이 시점에서 당신은 어떤 결정을 내리기 시작해야 한다. 그 가이드라인으로서 대차대조표를 이용하라. 그것은 현금이 갈 수 있는 서로 다른 곳을 보여줄 것이다. 예를 들어, 공장과 자산과 설비에 얼마를 투입하고 싶은가? 그것은 우리와 같은 자본집약형 사업에 특히 중요한 질문이지만, 거의 모든 사업이 그에 답해야 한다. 기존의 설비로 해나갈 수 있는가, 아니면 지금이 설비 중 일부를 교체할 때인가? 현재의 시설에 충분한 공간이 확보되어 있는가? 다른 건물을 사두어야 하는가? 이러한 질문에 대한 대답이 그해 자본 계획의 기초가 될 것이며, 이를 월별로 세분화해야 현금 사용 시기와 규모, 용도 등을 파악할 수 있다.

현금은 또한 재고 확보를 위해 사용될 수도 있다. 신중하지 않으면 필요 이상으로 재고 형태로 현금을 갖게 될 수도 있다. 따라서 재고 계획도 세워야 한다. 판매 계획에 의해 요구되는 물량을 맞추기 위해서는 어떤 부품과 자재가 추가로 필요한가? 언제 필요한가? 완제품을 얼마나 빠른 속도로 선적할 수 있는가? 이 부분에 있어서도 그 수치를 월별로 세분화하라.

현금이 어디에 사용되든 계획이 필요하다. 나는 여기서 손익계산서 상의 지출과 비용이 아니라 대차대조표 상의 항목인 자산과 부채에 대해서만 말하고 있음을 이해하라. 당신 사업의 경우 고객 접대에 많은 돈을 써야 할 수 있지만, 당신은 이미 그 비용을 예상 손익계산서를 작성하면서 계정에 포함시켰어야 한다. 계획 과정의 이 시점에서, 당신은 대차대조표가 그 해 연말에 어떻게 보이길 원하는지 실제로 파악하고 있다. 만약 현금이 건물이나 설비, 재고에 묶인다면 보너스나 이익 배당, 직원 주식의 매입, 부채 지불 등에 이용할 수 없을 것이다. 이는 건물에 투자하거나 재고를 늘리지 말아야 한다는 뜻이 아니다. 아마도 당신은 더 많은 재고 확보가 고객 서비스에 이롭다거나 시설을 확장하는 것이 직원들의 사기 진작에 효과가 있을 수 있다고 생각할 것이다. 모든 수단을 동원해서 그것을 하라. 하지만 현금을 어떻게 사용할지는 신중하게 결정해야 한다.

아무도 주의를 기울이지 않는다면 돈은 사라지기 마련이다. 직원들이 그것을 훔쳐가기 때문이 아니라, 현금이 당신이 원하지 않은 곳에, 필요로 하지 않은 곳에 쓰여질 것이기 때문이다.

현금을 어디에 쓰길 원하는지 미리 결정하라. 당신의 사업을 살펴보고 현금이 어디에 쓰일 수 있는지 파악하라. 재고, 설비, 사무실 집기, 차량 등 현금을 쓸 데는 너무나 많다. 실질적인 필요에 근거해 계획을 수립하라. 관련 당사자들, 즉 창고 직원, 엔지니어들, 장비 사용자들, 현장 감독과 부서장들로부터 많은 정보를 확보하라. 그들이야말로 결정에 따른 결과를 떠안아야 하는 장본인들이므로, 그들의 의견을 듣는 것이 필수적이다. 전반적인 게임 계획에 대한 컨센서스를 훼손하지 않으려면 직원들에게 필요한 장비가 있는지 묻는 것을 잊어서는 안 된다.

해야 할 일을 파악하는 동안 예상 대차대조표와 현금흐름표를 항상 가까이에 두어라. 12월과 1월 동안 우리는 그 두 가지 표를 가지고 계속해서 수치들을 계산하고 또 계산한다. 이는 서로 다른 계획들이 직원들에게 보너스를 지급하고, 우리사주기금에 돈을 넣고 또는 직원들의 주식을 재매입하는 회사의 능력에 어떠한 영향을 미칠지 알아보기 위해서이다. 예를 들어, 현금이 너무 빠듯하다면 우리는 컴퓨터나 건물을 구입하는 비용을 미룰 수도 있고, 유동성 증가를 목표로 하는 보너스 계획을 선택할 수도 있다.

사실 어떻게 현금을 쓸지와 보너스 프로그램에서 무엇을 목표로 할지에 관한 결정들 간에는 밀접한 관계가 있다. 두 가지 모두 회사의 장기적인 건전성을 고려해야 하기 때문이다. 우리가 그러한 결정을 내리려면 먼저 우리의 니즈와 약점에 대한 컨센서스가 필요하다. 12월 중순에는 그러한 컨센서스가 나타나기 시작한다. 자본 계획과 재고 계획을 수립하면서 우리는 회사 전체의 피드백에 기초해, 보너스 목표의 목록을 마련한다. 우리는 손익계산서와 대차대조표에 미치는 그것들의 효과를 알아보기 위해 다양한 수치들을 대입하면서 공식들을 시험해 본다.

그러나 우리는 목표에 대한 최종 결정을 내리기 위해 그 과정의 마지막 순간까지 기다린다. 우리는 결정을 내릴 때 모든 정보가 우리 앞에 놓여 있기를 바란다. 이러한 목표들이 내년에 우리의 최우선 순위가 될 것이다. 우리는 그것을 달성하기 위해 할 수 있는 모든 일을 할 것이다. 목표를 선택하면서 우리는 이렇게 말하고 있는 것이다. "이것이 우리의 핵심 수치들이다. 내년을 잘 보내려면 그것들을 잘 해내야 한다." 1월에 우리는 그 선택을 할 준비가 되어 있다.

1개월 전: 보너스 프로그램을 결정하고 최종 계획을 제출한다

내가 앞 장에서 언급한 대로, 보너스 프로그램에는 두 가지 유형의 목표가 있다. 하나는 손익계산서에서 나오는 것이고, 다른 하나는 대차대조표에서 나오는 것이다. 우리가 이 두 가지 목표 성취에 너무나 많은 노력을 기울이기 때문에, 그 과정에서 우리가 우리 자신을 더 강하게 만들지 확실히 하기를 원한다. 결과적으로 우리는 목표를 결정하기 전에 우리의 약점에 대해 생각하는 데 많은 시간을 할애한다.

우리의 접근 방식은 모든 사업이 서로 다른 강점과 약점을 갖고 있고, 이는 해마다 변한다는 단순한 전제에 기초하고 있다. 그 약점들은 일자리의 안정에 대한 위협 요소이다. 직원들은 출근해서 열심히 일할지 모르지만, 이러한 약점들 때문에 그들의 일자리가 외부 요인에 의해 위태로워질 수 있다. 그러면 어떻게 그 위험을 최소화할 수 있을까? 한 가지 방법은 보너스 프로그램을 이용하는 것이다.

사업상의 약점을 보강해 주는 목표를 타겟으로 삼아라. 물론 모든 약점을 제거할 수는 없으며, 모든 실수를 피할 수도 없고, 시도하는 모든 일에 성공을 거둘 수도 없다. 우리 모두는 때때로 실패할 수 있어야 한다. 그것이야말로 우리가 배울 수 있는 유일한 방법이다. 따라서 직장의 안정성을 위협하지 않고 직원들에게 실패하거나 실수할 기회를 주는 것이 중요하다. 우리는 우선 직장의 안정성에 가장 큰 위협을 주는 요인을 파악한 다음 그 위협 요소를 제거하는 데 모든 사람의 관심이 집중하게 만드는 보너스 목표를 선택함으로써 그렇게 한다.

사실상 우리는 직장을 보호하기 위해 필요한 일을 하는 것에 대해 우리 스스로에게 보상을 하겠다는 약속을 하는 것이다. 우리는 매년 우리의 약점에 대한 보상금을 책정해 놓고 있다. 우리는 이렇게 게시한다. "현상 수배: 노동 시간당 비용 29달러" 또는 "현상 수배: 유동비율 20% 증가" 우리가 이 목표를 달성하면 우리 스스로에게 기꺼이 보상을 해주는 것이다.

다른 회사에서도 똑같은 접근 방법을 쓰지 않을 이유가 없다. 그 첫 단계는 분명 당신의 사업에 존재하는 모든 위협 요소를 파악하는 것이다. 그것은 실제로 매우 쉬운 일이다. 직원들에게 질문하라. 그들은 알고 있고, 당신에게 말해줄 것이다. 직원들이 주변을 돌아보았을 때 가장 염려스러운 것들에 대해서 말하게 하라.

- 회사가 잘못하고 있는 것은 무엇인가?
- 회사가 경쟁사보다 취약한 것은 무엇인가?
- 경제에서 그들이 생각하는 위험 요소는 무엇인가?
- 회사는 어떻게 위험에 처할 수 있는가?

당신은 포괄적이고도 심층적인 위험 요소들의 목록을 생각해낼 수 있을 것이다.

그것은 어떤 경우에든 가지고 있어야 할 중요한 목록이다. 왜냐하면 그것은 보너스 프로그램이나 그밖의 방법을 통해서 당신이 주의를 기울여야만 하는 사안들을 말해 주기 때문이다. 그러나 위험 요소를 보너스 목표로 전환하기 위해서는 한 걸음 더 나아가 그것을 정량화해야 한다. 목표가 성취되었는지에 대해 의문의 여지가 없는 절대적인 척도를 마련해야 한다.

직원들은 보너스 게임의 결과에 대해 확신을 가져야 한다. 그 점수가 정확하고 공정하고 객관적이며, 누구에 의해서도 조작될 수 없다는 사실을 알아야 한다. 그렇게 해서 직원들이 이겼을 때 그것은 그들의 승리이며, 실패했을 때에도 비난할 상대는 오직 자기 자신뿐이다. 당신은 근소한 차이로 목표를 놓치는 상황에 놓이는 것을 원하지 않겠지만 판단을 내리기가 정말 쉽지 않다. 어쨌든 보너스를 지급한다면 그것은 껍데기의 승리일 뿐이다. 그리고 지급하지 않는다면 많은 원성을 듣게 될 것이다. 어느 쪽을 선택하더라도 동기부여 수단으로서의 보너스 프로그램을 약화시키는 것이다.

이러한 이유 때문에, 잠재적인 위험 요소로 항상 등장할지라도 우리는 품질을 보너스 목표로 설정해 놓지 않는다. 우리는 결과에 대해 조작의 여지가 없는 품질 측정 방법을 생각해낼 수 없다. 결과적으로 우리는 품질 문제를 다른 프로그램에서 다루며, 보너스 프로그램은 재무제표를 이용하여 정량화할 수 있는 목표를 추구하는 데 쓴다.

예를 들어, 직원들이 불경기가 다가오고 있다고 생각하기 때문에 우리는 유동성 목표를 선택했다. 그것이 그들의 주된 걱정거리였다. 그래서 우리는 심각한 불황을 극복할 수 있을 만큼 우리를 강력하게 만들어줄 목표를 원했다. 회사가 더 많은 유동성을 갖게 될수록, 열악한 경제 여건 하에서 회사는 더 큰 융통성을 발휘할 수 있다. 그리고 유동성은 단기부채에 대한 단기자산의 비율인 유동 비율로 측정할 수 있다. 유동 비율을 향상시키는 것은 그 목표들 중 하나이다.

사실 그 두 가지 목표는 서로를 강화하는 경향이 있고, 따라서 유사한 불안에 대처한다. 예를 들어, 몇 년 전에 직원들은 내부적 위협, 즉 우리가 보유 중인 부품과 자재를 정확히 파악하지 못하고 있는 것에 대해 염려했다. 재고 파악의 정확도는 40%까지 떨어졌다. 다시 말해서, 기록상으로는 우리가 필요했던 부품을 보유하고 있었으나, 정작 그것을 가지러 갔을 때 거기에 없는 경우가 종종 있었다. 재고는 재무적 자산이고 대차대조표 항목이지만 생산에 큰 영향을 미친다. 제때에 부품이 없으면 그것을 구할 때까지 생산이 중단되는 사태가 벌어진다. 이는 손익계산서에 영향을 미친다.

우리의 표준 비용 담당자는 재고 정확도가 95%에 달할 경우 생산성에 있어 엄청난 증가를 보일 것이라고 나에게 말했다. 분명 재고 정확도가 상승하면 수익이 높아질 것이다. 하지만 그 결과는 우리가 믿을 수 없을 정도였다. 간접비 흡수에서 엄청난 상승이 있었으며 노동 시간당 비용도 크게 떨어졌다. 이는 또한 우리가 손익계산서 목표를 달성하는 데 도움을 주었다.

물론 많은 경우에 있어, 진정한 도전은 모두가 추구할 가치가 있다고 동의하는 목표를 정량화하는 방법을 알아내는 것이다. 그 과정은 6장에서 표준치와 벤치마크를 개발하는 데 적용한 정량화 기술을 논의하면서 제시한 것과 동일하다. 바로 여기서도 그것을 하려는 것이다. 일단 직원들이 걱정하는 것과 원하는 것을 파악한 다음, 그들이 목표로 삼을 수 있는 벤치마크를 찾는다. 그런 다음 그 벤치마크를 보너스 프로그램에 적용하면 직원들을 교육시기기 위한 강력한 도구가 만들어진다. 당신은 직원들이 이 재무상의 벤치마크에 도달함으로써 어떻게 개인적인 목표(단기적인 목표만이 아니라 장기적인 목표, 즉 그들의 꿈)를 성취할 수 있는지를 보여주기 위해 보너스 게임의 흥미진진한 측면을 이용할 수 있다.

그러나 이것을 하기 위해서는 목표 설정 과정을 완전히 개방해서 직원들이 자신의 목표를 선택하도록 해야 한다. 그러면 당신은 직원들의 사기를 저하시키는 말을 하면서 시간을 보낼 필요가 없다. 그들에게 회사를 위해 이렇게 하라, 저렇게 하라 말할 필요가 없다. 당신은 그들이 회사를 넘어 그들에게 회사보다 더 중요한 것, 즉 자신의 삶에 초점을 맞추게 할 수 있다. 그들은 자신의 직장을 보호하고, 자신의 꿈을 성취해 간다. 그들은 당신을 위해서가 아니라 자신을 위해 그것을 한다. 그들이 탁자 위에 돈을 두고 떠난다면 그들은 큰 실패자가 되는 것이다. 당신의 역할은 그들이 성공하도록 돕는 것이다.

우리의 경우, 스탑 구터 프로그램의 목표를 선택하는 것이 연간 게임 계획을 개발하는 전과정의 정점이 된다. 그 후에 우리가 하는 모든 작업은 여러 조각들을 제자리에 맞춰 놓는 일들이다. 따라서 우리는 이렇게 말할 수 있다. "이것이 우리의 가장 큰 관심사이고, 가장 원하는 것이며, 그리고 이것은 그것들을 추구할 방법이다. 이것은 우리가 다음 년도까지 우리의 직장 안정에 위협이 되는 요소들을 제거하고, 동시에 우리의 희망 사항들을 성취하기 위해 수행해야 할 월별 계획이다."

이는 우리의 회계연도 마지막 달인 1월에 일어나는 일이다. 그때까지 모든 직원들은 다양한 목표에 대한 의견을 개진할 기회를 가지며, 두세 가지 사안에 대한 컨센서스에 도달한다. 우리는 또한 7장에서 설명했던 대로, 적정한 보너스 수준을 파악하기 위해 수치를 가지고 충분히 많은 작업을 한다. 그렇게 해서 보상 계획을 수립하며, 이것이 게임 계획의 마지막 부분이다.

게임 계획의 다양한 부분들이 우리가 '바이블(Bible)'이라 부르는 노트로 묶여진다. 다음 스탭 회의 때 우리는 새 바이블 사본을 나누어 주며 말한다. "맘에 듭니까? 혹시 바꾸고 싶은 부분이 있나요?" 계획 과정에서 충분한 토론 과정을 거치기는 했지만 이따금 수정을 요할 때도 있다. 하지만 막판에 크게 수정하는 것은 좋아하지 않는다.

상위 법칙 8. 직원들이 스스로 목표를 설정하면,
그들은 대개 그것을 달성한다.

마지막 단계는 이사회에 그 계획을 제출하는 것이다. 그들은 '만일의 사태'에 대해 한 번 더 점검한다. 만일의 사태에 대한 대응 계획은 어디에 있는가? 함정에서 탈출하는 비상구는 어디에 있는가? 그 비상구가 열리지 않는다면 어떻게 할 것인가? 우리는 견제 장치들을 검토한다. 우리는 내부적 통제가 잘 이루어질지를 재점검한다. 올바른 방향으로 나아가기 위한 모든 일을 했는지를 확인한다. 그리고 나서 우리는 계획을 실행에 옮기기 시작한다. 우리는 회계연도의 마지막 주에 모여서 이렇게 말한다.

"좋습니다. 이것이 새 게임입니다."

09

작전
회의

The Great Game
of Business

상위 법칙 9. 아무도 관심을 기울이지 않으면, 직원들은 신경쓰지 않는다

직원들은 자신이 하는 일의 결과를 알아야 한다. 그렇지 않으면 그들은 신경을 쓰지 않을 것이다. 그 결과가 좋냐 나쁘냐는 중요하지 않다. 어느 누구도 당신의 작업이 잘됐는지 잘못됐는지 주의를 기울이지 않거나 무관심하다면, 당신은 그 일에 무신경해지게 된다.

작전 회의(Great Huddle)는 직원들에게 우리가 그들을 신경쓰고 있다는 것을 말해 준다. 즉, 매주 '우리는 당신이 무엇을 하고 있는지 알기 원합니다' 라는 메시지를 보내고 있는 것이다.

'위대한 비즈니스 게임' 이 실행되는 것을 보고 싶다면 우리가 매주 여는 스탭 회의에 한번 와보면 된다. 스프링필드의 디비전 가에 있는 우리 건물 회의실에서 매주 수요일 오전 9시에 회의가 시작된다. 약 50명의 관리자들과 현장 감독들이 참석하는데, 호기심 있는 여러 부류의 외부인들 — 고객, 공급업자, 다른 회사에서 온 방문객 등 — 이 참관한다. 회의가 시작되기에 앞서 사람들은 서로 둘러서서 농담을 주고받거나 소식을 교환한다. 모두가 긴장을 푼 것처럼 보인다. 그러나 그 분위기 속에서 무언가 웅성거리는 소리가 있다. 마치 극장에서 불이 꺼지고 막이 오르기 전에 들리는 소리와도 같으며, 또는 야구장에서 투수가 워밍업을 끝내고 1번 타자가 타석으로 나서기 전에 수런거리는 관중석의 소리처럼 들린다.

우리 모두가 기대하고 있는 것은 점수를 계산하는 매주의 의식이다. 이것을 통해 스탑 구터(Stop-Gooter) 보너스 목표에 대해 우리가 어떻게 하고 있는지를 알게 된다. 우리는 회의실에서 바로 점수를 산출해 낸다. 사람들은 자기 부서의 최신 수치를 가지고 회의에 참석한다. 손익계산서 상의 모든 기재 사항에 대해, 누군가는 월말 마감시 그것이 어떻게 될지에 관해 자신의 팀이 할 수 있는 가장 정확하고 업데이트된 평가를 나타내는 수치를 가지고 있다.

내가 간단한 설명을 한 후, 사람들이 각자의 수치를 발표한다. 그 사이에 다른 모든 사람들은 점수 기록지(실제로 완전히 비어 있는 손익계산서)에 그 수치를 받아 적는다. 사방에서 '우와!' '와아!' 하는 소리가 나오고, 너무 신이 나서 옆 사람을 쿡쿡 찔러대기도 한다. 이번에 보고된 수치가 손익계산서의 맨 앞쪽 칸에 있는 계획 수치나 지난 주 수치와 어떻게 다른지 알 수 있다. 따라서 모든 발표는 사람들의 반응을 불러일으킨다. 생산부서는 어떻게 그많은 간접비를 흡수하는 데 성공했는가? 그 모든 고정 판매분이 갑자기 어디로 사라졌는가? 품질보증 문제를 호전시킬 수 없다고 누가 말했었는가?

허세와 대담함이 있다. 그리고 전율이 있다. 어떤 직원들은 자신감에 가득차서 뻔뻔하기까지 하다. 또 다른 직원들은 약간 신경이 과민해져 있다. 모두가 무대 위에 있으며 아무도 동료들을 실망시키고 싶어하지 않는다. 사람들은 영웅이 되고 싶어한다. 하지만 영웅이 되려면 당신과 당신의 부서가 일을 잘 해야 한다. 우수한 수치를 가지고 와야 한다. 우리가 발표를 끝마치면 재무 담당 이사가 게임 점수, 즉 이 수치가 지속될 것으로 가정한 상태에서 그 달의 세전 이익(또는 손실)을 발표한다. 그러고 나서 다음 안건으로 넘어간다.

여기서 무엇이 벌어지고 있는가

수요일 회의는 우리가 SRC에서 하는 모든 일의 구심점이다. 그 자리에 우리가 이루어낸 모든 수치들이 모이며, 우리가 그것을 더하고 빼고 합계를 낸 뒤 직원들에게 전달하면, 그들은 그것을 업무에 사용한다. 그 회의는 우리들 각각에게 '위대한 비즈니스 게임'에서 자신의 포지션을 수행하는 데 필요한 정보를 제공한다. 바로 그 때문에 우리는 그것을 종종 '작전 회의(Great Hudle)'라고 부른다.

회의에서 나올 때 우리는 우리 앞에 놓인 전체 상황을 알게 된다. 누가 어디에 있으며 게임이 어떻게 진행되고 있고, 목표에 보다 가깝게 접근하기 위해 각자가 무엇을 해야 하는지를 안다.

그러나 여느 회의에서처럼, 진정한 소득은 '작전 회의'의 전후에 벌어지는 일들에서 비롯된다. 사실 작전 회의는 회사 전체에 지속적으로 정보를 이동시키는 커뮤니케이션 과정의 한 고리일 뿐이다. '작전 회의'에서 나온 수치들이 나머지 직원들에게 전달되기 위해 부서별로 일련의 회의들이 이어진다. 그렇게 해서 36시간 안에 회사의 전 직원이 우리가 어디에 있고, 점수를 올리기 위해 무엇을 해야 하는지에 대한 정보를 갖게 되며, 각자의 업무에 그 지식을 이용한다.

직원들은 또한 전체적인 상황을 파악할 수 있다. 그들은 큰 그림과 자신을 연결시킨다. 보너스 프로그램의 목표에 접근하고 보너스를 벌

208

어들이고 직장의 안정성을 유지하고 주식 가치를 올리고 부를 창출하기 위해 무엇을 해야 하는지를 안다. 그것을 어떻게 하느냐는 그들에게 달린 것이다. 어쩌면 전에 썼던 방법을 쓸 수도 있고 새로운 방법을 개발해낼 수도 있다. 어떤 방법을 쓰든, 그들은 올바른 방향으로 그리고 같은 방향으로 움직인다. 비즈니스에 있어서 우리의 성공 여부를 결정하게 될 부분적인 개선을 위해 우리 모두는 함께 노력하고 있다.

이것이 위대한 비즈니스 게임이다. 이것이 우리가 매주 그 게임을 하는 방법이다. 이것이 우리가 오픈북 경영의 모든 원칙들을 실행하는 곳이고, 전 해에 우리가 얻은 모든 교훈들을 적용하는 곳이며, 우리가 개발했던 모든 도구들, 즉 표준, 게임 계획, 목표와 지불 수준 등을 사용하는 곳이다. 이것이 우리가 끊임없이 자부심과 주인의식을 고취하는 방법이고, 우리가 서로에 대한 신뢰와 존경을 창출하고, 직원들의 의욕에 불을 당기는 방법이다.

무엇보다도 이것은 작업장에서 무지를 몰아내고 직원들에게 돈을 버는 방법을 가르치며, 그것이 왜 중요한지를 보여주는 방법이다. 하나의 회의에서 다음 회의로 넘어가면서, 그리고 수치가 변하는 것을 보면서, 수치 뒤에 있는 이야기들을 들으면서, 우리는 비즈니스와 인생, 그리고 무지개 끝에 있는 보물단지에 대해 배우고 있는 것이다. 현장의 근로자들뿐 아니라 우리 모두가 항상 배운다. 그리고 즐거움을 느낀다. 행동이 있고 드라마가 있으며 흥분이 있다. 멋진 게임의 스릴이 있다.

우리가 매주 여는 '작전 회의'가 없다면 그 모든 것이 불가능할 것이다. '작전 회의'는 우리 조직의 전화 교환대 역할을 한다. 그것은 우리가 서로에게 연결되어 있게 하는 수단이다. 그것은 회사 전체의 속도와 톤과 분위기를 정해 준다. '작전 회의'가 우리에게 얼마나 유용한가를 새삼 확인할 때마다 나는 너무나 많은 회사들이 정기적인 스탭 회의 하나 없이 조직을 운영하고 있다는 사실에 놀라움을 금치 못한다

커뮤니케이션은 비즈니스에서 가장 어려운 도전 중 하나이다. 직원들은 듣고 싶은 것만 들으려 하기 때문이다.

직원들이 아무것도 듣지 못하면 억측을 한다. 탁자 위에 남겨진 커피 자국을 보고도 소문을 만들어 낸다. 정기적인 스탭 회의가 없는 회사를 나에게 소개해 준다면 나는 그 회사가 안고 있는 많은 문제들은 물론이고, 그 회사에 있는 '루머 공장'을 보여줄 수 있다. 루머 공장에는 비용이 든다. 그것은 회사 커뮤니케이션의 가장 값비싼 형태이다. 그것은 두려움과 불신, 분열과 비현실적인 기대와 무지를 조장한다. 회사가 당면한 모든 문제를 더욱 악화시킨다. 그것에 대해서 당신은 터무니 없는 대가를 치루어야 한다.

잘못된 스탭 회의라도 아예 없는 것보다야 낫지만 크게 낫지는 않다. 내가 스프링필드의 공장장으로 왔을 때, 그곳에는 아침마다 스탭 회의가 있었다. 모든 관리자들이 모여 커피와 롤빵을 먹었다. 우리가 주로 얘기했던 것은 다음 회의 때 누가 롤빵을 가져올 것인가였다. 그밖에 무엇에 대해 토론해야 할지 알지 못했다.

더 흔한 형태는 내가 멜로즈 파크에서 참석했던 것과 같은 스탭 회의다. 매주 금요일 아침, 부서장들은 몇 시간 동안이나 잔소리를 늘어

210

놓는 공장장과 얼굴을 마주해야 했다. 공장장은 자신이 원하는 결과에 대해서만 말했을 뿐 그것을 이루기 위한 어떤 도구도 제공하지 않았다. 그는 문제들을 놓고 우리에게 고함을 쳐댔지만 문제를 해결하는 데 필요한 어떤 도움도 주지 않았다. 그는 회사에서 벌어지는 상황을 우리에게 설명해 주면서 그것을 비밀로 해두라고 말했다. 우리는 거기 앉아서 듣기만 했다. 그는 우리들의 의견을 들으려 하지 않았다.

이것은 대부분의 스탭 회의가 안고 있는 주된 문제이다. 보스가 일방적으로 전달하기만 한다. 그러한 회의는 모두의 시간을 낭비하는 것이다. 당신이 보스라면 당신의 시간 또한 낭비되고 있는 것이다. 첫째로, 당신은 훌륭한 리더가 되는 데 필요한 정보를 얻지 못한다. 그리고 분명 직원들로부터 아무런 도움도 받지 못한다. 당신의 메시지가 전달되지도 않는다. 당신이 생각지도 못한 방식으로 해석되고 왜곡된다. 더욱이 당신이 보내는 주요 메시지는 당신이 말한 것과 아무런 관련이 없다. 그것은 당신의 행동에서 기인하는 것이다.

당신이 스탭 회의를 지배하는 것은 곧 직원들의 기여가 그다지 중요하지 않으며, 직원들이 아무런 영향을 끼치지 못할 것이라고 말하고 있는 것이다. 그것이 당신이 전달하려고 했던 메시지는 아닐 것이다. 믿고 싶지 않을지도 모르지만 직원들은 그렇게 듣는다.

한편, 참석자들이 회의에 기여하는 것이나 심지어 관리자들과 좋은 회의를 갖는 것으로도 충분하지 않다. 관리자들과 훌륭한 회의를 가질 수도 있지만, 조직의 나머지 구성원들이 배제된다면 많은 이득을 놓치게 될 것이다. 직원들은 소외감을 느낄 것이며 적개심을 품게 될지도 모른다. 협동 정신 대신 무지와 의심을 키우게 될 것이다. 그렇게 되면 당신과 직원들 간의 장벽은 높아진다.

내가 지금 회사의 내부 커뮤니케이션을 위한 정기 스탭 회의에 관해 이야기하고 있음을 명심하라. 회사들은 많은 유형의 회의들을 하고 있지만, 그것들 중 일부는 공개되지 않으며, 회의 참석자 외에 누구의 참여도 허용되지 않는다. 하지만 정기 스탭 회의는 그 자체로 하나의 범주에 속한다. 왜냐하면 정기 스탭 회의는 특별한 역할을 수행해야 하기 때문이다. 그것의 가장 중요한 기능은 조직을 구축하는 것이다. 그것은 회사가 하나로 뭉치게 만들어야 한다. 그것은 비즈니스에 관해 직원들을 교육하는 데 도움을 주어야 한다. 관리자들에게는 관리에 필요한 도구를 제공하고, 근로자들에게는 그들의 업무에 필요한 도구를 제공해야 한다. 그것은 분명하고 명확한 메시지를 전달해야 한다. 그것은 모든 직급에서의 커뮤니케이션을 장려해야 한다. 그것은 공통의 가치와 목표를 중심으로 직원들을 통합해야 한다.

우리는 매주 열리는 우리의 '작전 회의(The Huddle)'에서 이 모든 것을 얻는다. 회사 전체가 그것에 의존하며 그것을 기대하고 있다. 사실 '작전 회의'가 너무나 인기를 얻는 바람에, 우리는 참석자들을 수용할 만한 회의실을 계속 확장해 가고 있다. 한동안 회의를 격주로 열려고 했었지만 거센 항의 때문에 원래대로 실시해야 했다. 우리가 회의를 가능한 한 흥미롭고 효율적이고 열광적인 것으로 만들려고 노력하긴 하지만, 회의 자체가 좋아서 직원들이 그러는 것은 아니다. 스탭 회의의 진정한 시험대는 그 자리에 없는 직원들에 대해 그것이 갖는 가치이다. 그들도 역시 참여자가 되어야 한다. 그들은 회의에서 벌어지고 있는 일에 자신들이 직접 영향을 미칠 수 있으며, 회의 결과가 그들에게 직접적인 영향을 미친다는 사실을 알아야 한다.

우리 직원들은 우리가 그들에게 계속 최신 정보를 알게 하고 참여하도록 하기 위해 개발한 시스템 때문에 그것에 대해 알고 있다. 그 시스템은 어떤 부분에 있어서는 우리의 특정한 경험과 특이성을 반영하고 있다. 그러나 그 원리들은 보편적이어서, 그 과정의 단계와 같은 기본적인 요소들은 어느 회사에나 적용될 수 있다. 그 시스템을 시작하는 가장 좋은 방법은 비즈니스 게임을 하는 것이다.

위대한 비즈니스 게임은 주기 또는 주기 안의 주기를 갖고 진행된다. 이를테면, 메이저리그 야구에서는 모든 이닝이 하나의 주기를 이룬다. 게임 당 이닝 주기를 9회 반복하고, 시즌 당 162번의 게임 주기를 반복한다. 미식축구의 경우는 볼 점유시마다 네 번의 다운이 있고, 게임 당 네 쿼터가 있으며, 시즌 당 열여섯 번의 게임을 한다. 모든 경쟁 스포츠는 기본적으로 이와 같은 패턴을 따른다. 위대한 비즈니스 게임 역시 주기를 갖고 진행된다. 우리가 게임을 하는 방식에는 매주, 매달, 매분기 그리고 매년의 주기가 있다. 우리는 매주의 주기를 독립된 게임으로 여기며, 이 게임은 네 단계로 진행된다.

'작전 회의'는 게임의 첫 단계이다

두 번째 단계는 수요일 오후와 목요일인데, 이때 '작전 회의' 참석자들은 자신들의 부서로 돌아가 다른 직원들과 함께 수치를 검토하며, 자신의 점수표(scorecard)를 작성한다. '작전 회의'에 뒤이은 이 회의는 '부서 회의(Chalk Talk)'라 불린다. 각 팀의 리더는 수치를 분석하고, 수치에 감춰진 의미를 설명하며, 회사 전반에 대한 소식들을 전하고, 최근 점수에 비추어 앞으로 팀이 어떻게 해야 하는가에 대해 토론한다.

게임의 세 번째 단계는 현장으로 돌아가 부서 회의에서 논의한 대로 뛰는 것이다

여기서 직원들이 하는 일은 '작전 회의'에서 얻은 자료를 자신들의 실제 업무에 적용하는 것이다. 현금 압박을 받고 있다면 지출을 줄이고 재고에 좀더 신중해야 할 것이다. 수익 목표에 도달하기 위해 간접비 흡수를 높여야 한다면, 유지 관리나 부수적인 업무를 미루고 생산에 초점을 맞추게 될 것이다. 어떤 상황에 처해 있든 간에 표준치를 지침으로 삼아, 점수를 향상시키기 위해 그들이 할 수 있는 방안을 강구한다. 한편 코치들이 하는 일은 선수들에게 동기를 불어넣고 지원하는 것이다. 선수들이 어디로 가고 있는지 알게 하고 업무 수행에 필요한 도구들을 갖추게 한다.

네 번째 단계는 다음 번 '작전 회의' 직전에 시작된다. 그 시점에서 점수의 변화가 분명하지 않을 수 있다. 관리자들은 그것들을 조사하고 파악해야 한다.

각 팀이 하는 일은 다른 팀의 결과에도 영향을 끼친다. 예를 들어 생산부에서 재고와 지출을 줄이면, 그 혜택이 엔지니어링 부서에 의해 보고되는 수치로 나타난다. 이 때가 다시 모일 시간이다. 이제 정보는 반대 방향으로 흐른다. 수치들이 현장 직원들과 현장 감독에서 관리자들에게로 넘겨지고, 그들이 '작전 회의'에서 그것을 보고한다. 화요일 오후와 수요일 아침 일찍 또 다른 일련의 회의가 있는데, 이는 예비 '작전 회의'와 비슷한 것으로, 부서장들이 함께 모여 지난주 예측치를 수정한다. 즉, 그들은 자신들이 맡고 있는 손익계산서의 기재 사항들을 검토하고 그 달이 마감될 때 각 사항이 어떻게 될 것인지를 다시 예측한다. 수요일 오전 9시 그들은 회의실로 다시 돌아오는데, 점수를 다시 계산하고 다른 게임을 시작할 준비가 되어 있다.

이상이 우리가 위대한 비즈니스 게임을 할 때 이용하는 기본적인 주기이다. 시간 소모적인 것처럼 보이지만, 누구도 매주 회의에 참석하는 데 4시간 이상을 쓰지 않으며, 직원들의 95%는 한 시간이 채 안 걸리는 하나의 회의에만 참석하고 있다. 우리는 이 주기를 매달 너댓 번 반복한다. 한 달이 지나면 회계부서에서 수치를 통합해 그 달의 재무제표를 나눠준다. 그것을 통해서 각자가 최종 예측치에 얼마나 근접했는지를 알 수 있으며, 다른 팀들이 얼마나 일을 잘 했는지도 보게 된다. 그러는 사이 우리는 이미 다음 달의 주기를 시작한다.

앞으로 나아갈수록 판돈이 커지면 게임은 더 재밌어진다. 주에서 주로, 그 달의 말일이 가까워짐에 따라 그런 일이 벌어진다. 보너스 프로그램 덕분에 달이 바뀔 때마다 벌어지기도 한다. 보너스 지불은 분기별로 이루어지기 때문에 처음 두 달 동안에는 모자랐다가 세 번째 달에 보충할 수도 있다. 아니면 그 분기의 첫달에 큰 실적을 올린다면 보너스를 도중에 잃는 일이 없어야 한다는 압력이 커진다. 그래서 우리는 매주, 매달 게임을 할 뿐 아니라 분기별로도 게임을 해서 다음 달이 전달보다 좀더 흥미 있도록 유도하고 있다.

이것 말고도 기억해야 할 것이 더 있다. 우리는 보너스 프로그램을 다음과 같이 설계했다.

- 다음 분기에 연간 총 보너스의 더 큰 비율을 추구하게 한다.
- 언제나 이전 분기에서 놓친 보너스 몫을 다시 노리게 한다.

결과적으로 다음 분기로 넘어갈 때마다 판돈은 계속 커지며 흥미는 더 고조되고, 모두가 그 해 연말까지 계속 게임에 적극적으로 참여하게 된다. 이 모든 것을 가능하게 만드는 것은 매주 회의를 중심으로 짜여진 커뮤니케이션 시스템 덕분이다. 이 시스템은 언제나 우리 모두가 모든 게임에서의 최신 점수에 대한 최신 정보를 얻게 해준다.

작전 회의를 위한 조언과 활용 비결

당신이 우리의 방식대로 위대한 비즈니스 게임을 하고 싶다면, 직원들의 행동을 이끌어내는 이와 같은 시스템이 필요하다. 그러나 우리와 똑같은 시스템이어야 하는 것은 아니다. 그와 반대로 당신의 시스템은 아주 다르게 보이고 다르게 들리고 다르게 느껴져야 할 것이다. 사람만큼이나 회사들도 다양하며, 그 커뮤니케이션 방법만큼 차이나는 것도 없다. 당신과 직원들이 편안하게 느낄 수 있고, 기업의 개성에 맞는 언어와 스타일을 개발해야 한다. 또한 다른 회사의 기술을 당신의 상황에 맞도록 변화시켜야 한다. 그리고 당신 자신의 새로운 기술을 개발해야 한다.

예를 들어, 한 트럭회사 사장이 우리를 방문한 돌아가서 우리 것과 유사한 주간 회의를 도입하기로 결정했다. 그가 말했던 유일한 문제는 그의 직원 중 90%가 화물을 수송하느라 계속 도로 위에 있다는 사실이었다. 그들을 주간 정규 회의에 모이게 하는 것은 불가능한 일이었다(나는 휴대용 팩스와 핸드폰을 직원들에게 제공하라고 제안했다). 그 밖에 내가 아는 사람 중에는 미국 내 40개 주에 약 100여 개의 유통센터 체인을 소유하고 있는 사장이 있다. 그는 자신의 회사에 맞게 위대한 비즈니스 게임을 변형해 실행한다. 주간 회의를 열지 않는 대신 매달 각 유통센터에 손익계산서를 보낸다. 그의 비즈니스에서는 대부분의 활동이 유통센터에서 벌어지기 때문이다. 그런 다음 그는 별도의 집중 교육을 실시한다. 그의 시스템은 우리와 다르지만 그의 사업에 있어서는 매우 유효한 것이다.

모든 기업들은 효과적인 커뮤니케이션 과정을 개발하는 데 있어 고유한 도전에 직면하게 된다. 만약 당신이 그 도전을 극복하는 데 도움을 필요로 한다면, 나의 조언은 직원들에게 문제를 설명하고 그들의 아이디어를 구하는 것부터 시작하라는 것이다. 아울러 우리가 여러 해에 걸쳐 얻은 교훈들을 제공해 주고자 한다. 당신에게도 쓸모가 있을 것이다.

교훈 1. 정기적으로 그리고 정시에 하라

우리의 주간 회의에서 가장 중요한 것은, 그것이 매주 수요일 오전 9시에 시작된다는 것을 모두가 알고 있다는 사실이다. 이번 주에는 화요일 10시 30분이었다가 다음 주에는 수요일 3시, 그후에는 다시 9시로 바뀌는 식은 안 된다. 항상 같은 날, 같은 시간, 같은 장소이어야 한다. 그렇게 하면 직원들은 회의를 기다리게 되고, 그것에 대한 계획을 할 수 있다. 그것을 중심으로 일정을 짤 수 있다. 회의가 열리게 될 장소나 시간을 갖고 신경쓸 필요가 없다. 직원들은 그들의 모든 관심을 위대한 비즈니스 게임에 집중할 수 있다.

교훈 2. 수치에 대한 통제력을 유지할 정도로 자주 개최하라

나는 항상 주간 회의에 대해 이야기하지만, 한동안 우리는 2주마다 한 번씩 회의를 가졌었다. 직원들이 지루해 한다고 생각했기 때문에 바꾼 것이었다. 우리가 회의에 들어가 정보를 교환할 때가 되었을 때 대부분의 직원들은 내놓은 것이 없었다. 그것은 나를 조바심나게 만들었다. 나는 그들이 노력하지 않고 있으며 신경쓰지 않고 있다고 생각했다. 한편으로는 우리가 너무 열심히 애쓰고 있기 때문이라는 생각이 갑자기 떠올랐다. 아마도 우리에게 휴식이 필요한 것인지도 몰랐다. 마침내 나는 말했다. "좋아요. 격주로 회의를 가집시다."

그것은 큰 실수였다. 아무도 그렇게 하는 것을 좋아하지 않았는데, 그것은 놀라운 일이었다. 회의가 적어지는 쪽을 직원들이 선호하리라고 생각하겠지만, 그들은 점수를 아는 데 더 많은 관심이 있었다. 격주제로의 변화는 우리의 업무를 완전히 혼란에 빠뜨렸다. 직원들은 일이 어떻게 되어가고 있는지, 목표를 달성하기 위해 무엇을 했어야 했는지 알 수가 없었다. 2주라는 기간은 회의 없이 지내기에는 너무 긴 시간이었다. 한 회의에서 다음 회의로 넘어갈 때 우리는 어디 있었는지 알 지 못했다. 어떤 분야에서는, 회의에서 나온 예상치가 그 달 말 보고서의 실제 수치에서 30~40%나 차이가 나는 때도 있었다. 나는 부서 간에 장벽이 높아져 가는 것을 볼 수 있었다. 직원들이 그들의 문제에 대해 서로를 비난하기 시작했다. 우리는 정말로 흔들리고 있었다. 그래서 우리는 회의를 원위치시켰다.

당신이 격주로 스탭 회의를 하면 안 된다는 뜻이 아니다. 다른 회사들은 격주가 맞을 수도 있지만 우리로서는 큰 실수였다는 뜻이다. 내가 여기서 얻은 교훈은 이렇다. "수치를 통제할 수 있게끔 간격을 정한 뒤 그것을 유지하라."

교훈 3. 손익계산서의 모든 칸에 이름을 기입하라

'작전 회의'의 주요 이점은 그것이 비즈니스를 인간적으로 만든다는 사실이다. 그것은 눈에 보이지 않는 적을 없앤다. 이를테면 "저들이 일을 꼬이게 했어"라든가 "저들이 우리를 밖에서 넘보고 있어", 또는 "자기가 하고 있는 짓을 저들은 모르고 있어" 등등에 나오는 '저들'이라는 말을 제거하는 것이다. 눈에 보이지 않는 그 적은 회사를 조금씩 파괴시킨다. 의심과 무지와 분열의 씨앗을 뿌린다. 그것을 추적해 내서, 당신을 쓰러뜨리기 전에 먼저 없애야 한다. 우리는 기회가 있을 때마다 그것을 추적해서 찾아낸다.

우리가 눈에 보이지 않는 적과 싸우는 한 가지 방법은, 재무적인 책임을 나누어서 실제 직원들이 모든 수치와 모든 칸에 속하게 만드는 것이다. 주간 회의에서 돌아가며 발표하는 수치는 '저들'에게서 나오는 것이 아니다. 일정은 팜(Pam)에게서 직접 듣고 판매는 제프(Jeff)에게서, 생산에 대한 것은 아이린에게서 듣고 있는 것이다. 가령 수치를 회계부로부터 듣는다면 우리의 반응은 달라질 것이다. '저들'이 나쁜 소식을 전한다면 우리는 화를 내게 된다. 아이린(Irene)이 나쁜 소식을 전한다면 우리는 그녀가 도움이 필요로 하는지를 묻는다. 개인적인 관계가 있기 때문에 우리는 서로를 지원해 주고 싶어한다. 한 직원이 침체되어 있다면 다른 누군가가 그를 일으켜 준다.

그러한 관계를 확립하기 위해서는 손익계산서에 실명을 부여해야 한다. 그것은 내가 제5장에서 언급했던 과정을 거쳐야 한다는 뜻이다. 손익계산서 상의 주요 항목을 통제 가능한 요소로 세분화한 다음 각 요소를 회사 내의 개인에게 할당하는 것이다. 그렇게 하면 그 직원은 회의에서 그 수치를 보고할 책임을 지게 된다.

대부분의 경우 그 개인은 그 수치에 대해 가장 큰 영향력이 있는 팀의 관리자일 것이다. 해당 직원들 대부분이 생산 업무를 하고 있다면, 그 부서의 대표자가 노동 비용에 대해 보고하게 하라. 직원들 대부분이 판매에 관련되어 있다면 영업부의 누군가에게 책임을 맡겨라. 수치에 대해 가장 큰 통제권을 행사하는 직원들에게 그 수치를 맡기고, 보고 책임을 가능한 한 폭넓게 분산시키는 것이 중요하다.

교훈 4. 기여할 무언가를 가진 사람을 회의에 초대하라

우리의 주간 스탭 회의는 회사의 전직원에게 공개되어 있지만, 그곳에 참석하는 직원들은 보통 거기에 있어야 할 특정한 이유가 있어서이다. 그들에게는 보고할 수치와 전달할 소식이 있거나 일의 진행 상황을 지켜보는 것이 중요하기 때문이다. 대부분의 참가자들은 부서의 책임을 지고 있는 중간 관리자들이거나 간부들이다. 한편 우리는 배타적이기를 원치 않는다. 회의에 대해 어떤 비밀스런 부분도 있어서는 안 된다.

그래서 우리는 많은 직원들을 회의에 초청하는 것을 강조하고 있다. 이따금 우리가 그러지 않았으면 하고 바라는 직원들도 있다. 때로는 관리자가 일선의 현장 감독, 이를테면 실린더 헤드 파트 담당자를 데려오기도 한다. 그럴 때마다 우리는 나쁜 수치가 보고되리라는 것을 짐작한다. 그 관리자는 담당자를 데려와 그가 직접 설명하도록 결정한 것이다. 그렇게 하는 것이 다시는 나쁜 수치를 얻지 않도록 하는 데 약간의 자극이 된다.

교훈 5. 고정된 형식을 두되 지루하지 않게 하라

우리의 회의는 보통 한 시간 반 가량 지속되는데, 이 시간 동안 우리는 광범위한 영역을 다루며 그때까지 직원들을 그 자리에 붙들어 둔다. 우리가 그렇게 하는 이유는, 결코 변하지 않는 단순한 형식이긴 하지만 내용이 흥미롭고 속도가 빠르게 진행되기 때문이다. 나는 보통 주제를 정하고 분위기를 결정짓는 간단한 코멘트로 회의를 시작한다. 그 다음에 우리는 두 번씩 돌아가면서 발표한다.

첫 번째는 앞서 기술한 방식으로 손익계산서에 각각의 기재 사항들을 기입한다. 모든 참석자들이 일이 어떻게 진행되고 있는지 안다면 그것은 항상 흥미로운 과정이다. 그것을 끝마치면 세전 이익 목표에 대해 우리가 어떻게 하고 있는지를 알게 된다.

그러고 나서 한 번 더 도는데, 이 과정에서 직원들은 다른 이들이 듣고 싶어할 만한 소식이나 정보를 보고한다. 그 내용은 새로운 고객이나 획기적인 사건, 시상 소식, 낚시 결과, 골프 결과, 개인적인 성취 등 무엇이든 포함된다. 종종 마을 회의와 같은 분위기가 느껴지는데,

각자 자신의 주위에서 벌어지는 일들에 대해 말해 주기 때문이다. 농담도 많이 오가고, 조의를 표하기도 하며, 축하하거나 웃음이 터지기도 한다. 이런 식으로 우리는 서로 간의 유대감을 돈독히 한다.

한편 CFO(재무 담당 이사)는 직원들이 막 발표한 수치를 이용해 재빨리 현금흐름표를 작성한다. 그것은 우리가 대차대조표의 목표에 대해 어떻게 하고 있는지를 알기 위해 필요하다(현금흐름표는 우리의 현금 보유량과 현재 생성하고 있는 금액, 그리고 그 용도를 보여주는 것이다. 이 모든 것은 대차대조표 목표를 달성했는지 여부를 알 수 있게 한다).

두 번째로 돌아가면서 발표할 때 CFO의 차례가 되면 우리는 또 다른 점수표를 나눠주는데, 그것은 비어 있는 현금흐름표이다. 그가 수치를 발표하면 우리는 그것을 기입한다. 이렇게 해서 우리는 대차대조표와 현금흐름표의 목표에 대한 기록을 갖게 된다. 만약 우리가 분기 마감에 가까운 시점에 있다면, CFO는 현재 우리의 위치와 목표 달성을 위해 해야 할 일들을 알려주는 인쇄물을 나눠준다. 그것은 앞으로 있을지 모를 아슬아슬한 목표 미달성을 피하기 위한 것이다. 만약 우리가 0.01%가 모자라 목표에 닿지 못하면 누군가가 항상 1,000달러 짜리의 절약 건수를 찾아내어 우리를 꼭대기로 밀어 올린다.

발표가 두 바퀴를 돌고 나면 나는 결과를 요약하는 것으로 회의를 끝마친다. 종종 회의 서두에 언급했던 주제로 돌아가거나, 다른 참석자가 했던 말들 중에서 중요한 것을 끄집어 내기도 한다. 내 목적은 우리가 방금 들었던 사실과 우리 주변에서 일어나고 있는 일들에 기초해 우리가 다 함께 초점을 맞춰야 한다고 생각되는 것을 강조하는 것이다. 그리고 나서 우리는 회의를 끝낸다.

222

교훈 6. 보스가 되지 말고 리더가 되라

회의를 주재할 때 모든 답을 가진 사람이 되는 덫에 걸리지 않도록 주의해야 한다. 나는 직원들이 나에게 보고만 하면 내가 그들이 할 일을 말해줄 수 있다고 생각하는 것을 결코 원하지 않는다. 중요한 것은 내가 그들 손에 더 많이 벌어들일 책임과 도구를 쥐어 주는 것이다. 일이 벌어지고 난 후 내가 이렇게 말하기는 쉽다. "이런저런 일을 했어야 하잖소?"

하지만 내가 그런 식으로 나오면 그들은 모든 결정을 내게 떠맡기려 할 것이다. 그래서 나는 그런 식의 과거 지향적 비판은 자제한다. 대신에 앞을 바라보며, 그들도 그와 같이 하도록 장려한다. 나는 직원들이 가능한 한 멀리 나를 앞지르기를 바란다. 그들이 도구를 필요로 하는 것과 마찬가지로, 나는 그들이 그렇게 하는 것을 돕기 위한 도구가 필요하다. 우리 모두는 재무제표라는 똑같은 도구를 이용하고 있다. 이를 통해서 우리 모두는 똑같은 방향으로 가게 된다. 우리는 모두 함께 보조를 맞춰 마차를 끌고 가는 한 팀이다. 거기에는 더 이상 혼란스런 메시지가 없으며, 재무적인 결과만 있다.

그렇다고 해서 당신이 수동적이어야 한다는 뜻은 아니다. 그와 반대로 당신이 리드하고 가르쳐야 한다. 직원들의 마음에 씨앗을 뿌릴 기회를 찾아라. 중요한 사항을 강조하라. 수치 뒤에 있는 이야기를 전하라. 그 이야기는 수치가 어떻게 나왔는지를 보여주고, 수치를 실제 인물이나 사건과 연관시킨다. 기회가 있을 때마다 그 이야기를 전해야 한다. 왜냐하면 직원들이 그 이야기로부터 배울 것이기 때문이다.

씨앗을 뿌리는 절호의 기회는 회의 초반에 얻을 수 있다. 그때 무슨 말을 할지에 대해 궁리하느라 나는 많은 시간을 보낸다. 처음부터 직원들의 주의를 집중시켜야 할 필요가 있기 때문이다. 경제 상황이나 그외 다른 국가적인 쟁점을 끄집어낼 수도 있다. 지역 내의 사건, 가령 사업에서 은퇴하는 지역 거물에 대한 이야기일 수도 있다. 우리가 당면하고 있는 전략적인 문제나 축하할 만한 최근의 성공담 또는 우리가 주시하고 있는 트렌드에 대한 이야기일 수도 있다. 내가 찾는 주제는 우리가 수치를 검토하고 소식을 나누면서 명심해야 할 맥락이나 관점과 같은 것이다.

내가 모두 발언을 한 후에는 회의가 끝날 때까지 다른 직원들이 대부분의 시간 동안 이야기하도록 배려한다. 내가 주로 바라는 것은 활발한 분위기가 계속 이어지는 것이다. 특히 직원들이 좋은 수치를 보고할 때는 나도 다른 직원들과 함께 환호한다. 나쁜 수치가 나올 때는 조용히 설명을 듣는다. 수치가 좋든 나쁘든 우리는 그 속에 감춰진 의미에 대해 듣고 싶어한다.

회의가 끝날 때까지 몇 가지 쟁점이 부각된다. 우리의 강점과 약점을 파악하고 우리가 잘한 것과 목표 달성을 위해 개선해야 할 점들을 볼 수 있다. 나는 내가 발표하는 결론 속에 그러한 주제를 담는다. 그것은 수치에 담겨진 메시지이며 회사의 나머지 직원들에게 결과를 전달할 때 강조할 필요가 있는 요점들이다.

교훈 7. 수치가 전직원에게 전달되고 있는지 확인하라

결코 잊지 말아야 할 것은 '작전 회의' 이후의 상황이 회의보다 더 중요하다는 사실이다. 그 자료들이 회의실 안의 직원들에게만 국한된다면 모든 것은 시간 낭비에 지나지 않는다. 바로 그 때문에 우리가 부서 회의(Chalk Talk)를 그토록 강조하는 것이다. 우리에게는 가능한 한 빨리 그것을 할 수 있게끔 만드는 여러 가지 수단들이 있다.

작은 부서에는 부서 회의가 한 번만 있을 수도 있지만, 큰 부서에서는 여러 번 있을 수 있다. 예를 들어 생산부장은 현장 감독들 일곱 명 전원과 대면한다. 그리고 나서 현장 감독들은 각자의 팀으로 돌아가 비슷한 회의를 주재한다. 모든 회의마다 직원들은 수치와 정보를 얻을 뿐만 아니라 점수를 올리기 위해 개선 가능한 사항들을 파악한다.

이를테면, 생산부장은 현장 감독들과 공장 내에서의 자원 할당에 대해 이야기를 나눌 것이다(그 주문을 이행할 부품은 충분한가, 분해 과정에 추가 인원을 배정해야 하는가? 터보차저(Turbocharger) 문제는 어떻게 할 것인가?). 현장 감독들은 그들의 직원들과 수치에 영향을 미칠 수 있는 방법에 대해 이야기를 나눌 것이다(교대조마다 추가로 한 시간씩 드릴을 이용하면 간접비를 얼마나 더 줄일 수 있을 것인가? 이 광택용 디스크 몇 개를 재활용해 현금을 절약한다면 어떨까? 다른 기계에 이 부품들을 재활용한다면 폐품 회수에서 좀더 많은 이익을 얻어낼 수 있지 않을까?).

이러한 것들은 그 과정의 핵심적 부분이다. 이것 없이는 교육이나 개선도 있을 수 없다. 이렇게 되고 있는지를 확인하라. 우리에게는 오랫동안 이런 과정이 없었던 공장이 하나 있다. 그 공장장은 우리에게 거짓말을 했던 것이다. 그것을 알아냈을 때, 우리는 그를 해고했다. 하지만 그 경험은 우리에게 한 가지 교훈을 가르쳐 주었다. 이제 우리는 회사 전체에 현장 감사를 1주일에 한 번씩 실시해서 모두가 잘해 나가고 있는지를 확인한다.

교훈 8. 직원들이 직접 기입하게 하라

몇 년 전까지만 해도 우리는 매주 직원들에게 최신 재무 결과를 알려주는 것으로 충분하다고 생각했다. 우리는 부서 회의를 통해 많이 이야기하고 설명하고 코칭을 했다. 그런데 우리 공장 중 하나가 위대한 비즈니스 게임을 전혀 실시하지 않고 있음을 발견했고, 나는 악몽에 시달리기 시작했다. 우리가 실제로는 직원들이 재무제표를 이해하도록 가르치지 않고 있다는 걱정이 들었다. 그 문제를 의논한 끝에 우리는 전직원에게 빈 점수표를 나누어 주기로 결정했다. 이제 직원들은 부서 회의에서 수치를 듣기만 하는 것이 아니라 그 수치를 기록해야 했다.

이는 전체 교육 과정에서 실제로 매우 중요한 부분이며, 우리는 진작에 이를 실시했어야 했다. 매주 직원들에게 회사의 상황을 보고하면 신뢰가 쌓이게 된다. 직원들이 그 자료를 기록하도록 시키면, 그들에게 교육이 되는 것이다. 교육은 반복을 통해 이루어진다. 그것은 구구단을 익히는 것과 같다. 당신이 그것을 자주 하면 습관이 된다. 바로 그것이 우리가 바라는 바이다. 우리가 직원들이 알 필요가 있는 것을 실제로 우리가 가르치고 있는지, 즉 작업장에서 무지를 몰아내고 있는지, 그리고 우리가 그들이 완수해야 할 업무를 이해하도록 교육하고 있는지를 확실히 하기를 원한다.

주간 점수표

회사를 인수한 처음 몇 년 동안, 회의실 칠판에 매달의 예상 손익계산서를 작성했다. 나는 직원들이 부르는 대로 수치를 칠판에 기록하곤 했다. 그런 다음 그 수치들을 합산해서 우리의 세전 이익 목표에 대해 우리가 어떻게 해나가고 있는지를 보았다. 우리는 아직도 똑같은 접근 방법을 취하고 있지만 이제는 점수표를 인쇄해서, 회사에 변화가 있거나 새로운 개선안이 제시될 때마다 이를 수정해 나가고 있다.

1. 예상 매출액(SALES PROJECTIONS)

이것은 비교적 최근에 도입한 것인데, 초기 경고 시스템으로서의 역할을 하도록 고안된 것이다. 매주 영업부 직원이 향후 6개월간 회사의 예상 매출을 추정한다. 전망치가 갑작스럽게 변경된다 하더라도 조치를 취할 시간이 있기 때문에 문제에 대처할 수 있다.

2. 계획(Plan)

이 칸의 수치들은 연간 게임 계획으로부터 직접 나오는 것이다. 이것들은 그달에 각 항목별로 우리가 만들어낼 것이라고 예측되는 수치들이다.

3. 메이플, 윌로우, 마쉬필드, 뉴스트림

SRC가 소유하고 운영하는 네 개의 사업체들이다. 메이플 스트리트(Maple Street)는 우리의 초창기 공장으로 지금은 대형 엔진을 전문으로 하고 있다. 윌로우 스프링스(Willow Springs)는 자동차 엔진을 개량하는 곳이며, 마쉬필드(Marshfield)는 '토크 증폭기' 라는 부속을 재생산하는 회사이다. 뉴스트림(Newstream)은 우리 고객 중 한 곳과 합작한 회사로 트럭 엔진용 수리 공구 세트를 조립한다.

SRC 예상 손익계산서

날짜 : _____

월간 연결 손익

❷	계획	현재	내달	2개월 후	3개월 후	4개월 후	5개월 후
❶ 예상 매출액							

❸

❹ 매출	계획	메이플	윌로우	마쉬필드	뉴스트림	총계	%
총 매출							
지체 물량							
선적 가능량							
지체 복구량							
반품/할인/공제							
순매출 선적량							

❺ 매출 표준 비용

❻ 총 표준 이익

❼ 메모: 재고 수령액

❽ 제조 변동
- 단가/재분류/운임
- 원자재 사용/폐기
- 재고 조정
- 노동 활동
- O/H 지출
- 간접비 흡수
- 간접비 변동
- 제조 변동 합계

❾ 기여 이익

❿ 경비
- 엔지니어링
- 판매와 마케팅
- 일반 관리
- 우리사주제 분담금
- 손해 보증
- 무상 보증
- 변동
- 보증 증가분
- 보증 경비 합계
- 경비 합계

⓫ 영업 이익

⓬ 비영업 이익/경비
- 기타 이익/지출
- 자회사 이익
- 이자 비용
- 비영업 경비 합계

⓭ 경영 지속 이익

⓮ 재고 자산 처분 프로그램

⓯ 세전 이익/손실

⓰ 월 세전 이익률

⓱ 세전 누적 이익률

228

4. 매출(SALES)

주문받은 것을 선적할 때까지는 매출에 기록을 올리지 않는다. 그리고 취소된 주문을 공제한다. 그래서 우리는 총 매출에서 미선적된 주문과 반품을 뺌으로써 순매출을 계산한다.

5. 매출 표준 비용(STANDARD COST-OF-GOODS-SOLD)

표준 비용 체계 덕분에 우리가 선적하는 제품의 생산 비용을 즉시 산출해 낼 수 있다. 연간 게임 계획에서 나온 표준치와 순매출 선적량(Net Sales Shipments)을 곱하기만 하면 된다.

6. 총 표준 이익(GROSS STANDARD INCOME)

순매출 선적량에서 매출 표준 비용을 빼면 총 표준 이익(Gross Standard Income)이 나온다. 이것이 우리의 전제품을 표준율로 생산한다면 얻게 될 총 이익이다. 총 표준 이익은 고객이 구매하는 재화나 용역의 생산비와 매출 간의 차이일 뿐이다. 그 액수는 간접 생산비 전액을 커버하고도 남을 정도로 높아야 한다. 그렇지 못하다면 곤란해질 것이다.

7. 메모: 재고 수령액(INVENTORY RECEIPTS)

재고는 대차대조표 항목이지만 여기에 기입하는 이유는 우리가 그것을 감시하길 원하고, 회의에서 나중에 현금흐름표를 작성하는 데 필요하기 때문이다.

8. 제조 변동(MANUFACTURING VARIANCES)

현실적으로 표준 비용을 딱 맞춘다는 것은 어려운 일이다. 틀리면 변동이 생기는데, 그것은 실제 비용과 표준 비용 간의 차이다. 실제 비용이 더 높다면 총 표준 이익이 감소되는 불리한 변동이 생긴다. 실제 비용이 표준 비용보다 낮다면, 변동은 유리한 것으로, 총 표준 이익이 증가한다. 우리는 제조의 모든 측면에서 변동을 추적하여 합산한다.

9. 기여 이익(CONTRIBUTION MARGIN)

이것은 우리가 생산한 제품들에서 얻은 실제 총 이익을 말한다. 총 표준 이익에서 제조 변동 합계(Total Manufacturing Variances)를 차감한 잔액이 그것이다.

10. 경비(EXPENSES)

제품의 제조와는 직접적인 연관이 없는 모든 운영 비용이다.

11. 영업 이익(OPERATING INCOME)

영업 이익을 보면 회사의 실제 기업 활동에서 얼마를 벌어들이는지를 알 수 있다. 기여 이익에서 경비를 빼면 된다.

12. 비영업 이익/경비(NON-OPERATING INCOME/EXPENSES)

우리의 경우 자회사로부터 얻는 이익과 부채에 대한 이자를 말한다.

13. 계속 영업 이익(INCOME FROM CONTINUING OPERATIONS)

영업 이익에서 비영업 경비를 빼면 계속 영업에서 나오는 이익이 계산된다. 우리가 초과 재고 처분 프로그램을 갖고 있다는 점을 제외하면, 그 수치는 세전 이익과 같아질 것이다.

14. 재고 처분 프로그램 (INVENTORY DISPOSAL PROGRAM)

용어가 의미하는 그대로이다.

15. 세전 이익/손실(INCOME/LOS BEFORE-TAXES)

용어가 의미하는 그대로이다.

16. 월 세전 이익률(PBT% MONTH)

그 달의 세전 이익률(Pretax Profit Margin)이다.

17. 세전 누적 이익률(PBT% CUM)

그 해 최근까지의 세전 누적 이익률(Cumulative Profit)이다. 5% 이상의 이익률이면 보너스 지급이 가능해진다는 사실을 기억하자.

10

주인들의
회사

The Great Game
of Business

대부분의 회사는 직원들에게 시간당 8달러의 임금을 지불하며, 그것으로 충분하다고 생각한다. SRC에서는 직원들에게 주식도 배분한다. 우리는 우리들의 꿈을 성취하기 위해 사업을 하고 있으며, 직원들에게도 꿈을 이루도록 해주고 싶기 때문이다. 우리 모두가 주주가 된다면 성공 확률은 더 커진다. 주식을 독점하는 것보다는 그것을 배분함으로써 더 많은 부가 축적되기 마련이다. SRC의 현재 주가는 우리 직원들이 이루어낸 것들 덕분이다. 나와 함께 회사를 인수했던 몇몇 사람들이 모든 주식을 움켜쥐고 내놓지 않았다면 그만큼의 성과를 올릴 수 없었을 것이다.

'주인들의 회사' 는 '종업원들의 회사' 보다 어느모로 보나 월등할 수밖에 없다.

우리는 직원들에게 주인의식을 불어넣고, 각자가 주인처럼 생각하고 주인처럼 행동하도록 모든 노력을 기울인다. 직원들 모두가 '내가 주인이다' 라고 생각한다면 그들은 승리를 위해 전력을 다한다. 고객이 만족하고 있는지 확인하기 위해 몇 번이라도 전화를 걸고, 부품 비용을 25센트 더 절감하기 위해 방안을 짜낸다. 호텔이나 렌트카에 돈을 쓰는 게 아니라 제품 설명회를 위해 돈을 쓴다. 완제품을 상자에 넣어 선적시키기 전에 먼저 기름때를 닦는다.

그러나 직원들이 스스로 주인처럼 생각하게 하려면, 그들에게 단지 봉급이 아닌 더 큰 목표가 있어야 한다. 몇몇 경영 전문가라는 사람들이 생각하듯 직원들 스스로 근무 시간을 선택하고 작업장에 페인트 칠을 한다고 해서 종업원이 주인으로 바뀌는 것은 아니다. 시작은 그렇게 할 수 있지만 그것으로는 충분치 않다. 직원들이 '큰 그림'을 볼 수 있어야 한다.

자신이 하고 있는 일이 무엇이며 왜 중요한지, 자신이 어디를 향해 가고 있으며, 그 목적지에 도달하는 데 비즈니스가 어떻게 자신을 도울 수 있는지를 알아야 한다. 그래야만 비로소 당신이 쥐어준 도구를 들고 나가 '위대한 비즈니스 게임'에 출전하여 이길 수 있는 것이다.

주식은 우리의 위대한 비즈니스 게임 세트 중에 다섯 번째 도구이다. 그것은 회사가 다른 네 가지 도구, 즉 표준, '작전 회의'를 중심으로 한 커뮤니케이션 프로세스, 연간 게임 계획, 보너스 프로그램에 대한 약속을 실천하는 수단이다. 그 네 가지 도구를 가지고 직원들은 꾸준히 회사의 가치를 높일 수 있고, 그 과정에서 재미를 느낄 수 있다. 직원들은 매일 자신들의 표준치를 초과 달성함으로써 매일 승리할 수 있다. 그들은 매주 전반적인 점수를 향상시킴으로써 승리할 수 있다. 그들은 매분기 승리해서 보너스를 받을 수 있다. 그들은 연간 계획에 따른 목표를 달성함으로써 매년 승리를 거두고 자신의 직장을 보호할 수 있다.

그러나 무엇보다도 가장 큰 승리는 '주식 게임'을 하는 데서 온다. 우리가 세후 이익으로 1달러를 벌면 주식 가치는 약 10달러가 오른다. 그것은 진짜 돈이다. 직원들이 회사를 떠날 때는 우리가 그들 소유의 모든 SRC 주식을 다시 사들이고, ESOP에 들어 있는 그들의 몫도 현금으로 받을 수 있다. 때로는 '내부 주식 거래창(Trading Windows)'을 개설해서, 우리 직원들끼리 SRC의 주식을 사거나 팔 수도 있다. 여러 가지 방법으로 현 직원들과 전직 직원들이 1983년 이래 총 600만 달러 상당의 주식을 사고 팔아 왔다.

그러나 가장 큰 이득을 본 직원들은 자신의 주식을 그대로 가지고 있거나, '내부 주식 거래창'을 통해 주식을 매입했던 직원들이다. 1983년 회사 인수 당시 10센트에 불과했던 SRC의 주가는 1986년 1월 1일에 4.05달러가 되었고, 1989년 1월 1일에는 13.02달러, 그리고 1991년 1월 1일에는 18.30달러가 되었다. 9년 동안 18,200%가 증가한 것이다.

매년 최종 주식 가치는 독립적인 감정 기관에 의해 결정되는데, 이 기관은 각 회계연도 마감 후 광범위한 감사를 실시하여 공식 주가를 결정한다. 대부분의 감정 기관들처럼 우리 회사를 맡은 곳도 감정에 있어서 보수적인 경향이 있다. 따라서 우리가 주식을 공개하게 된다면 우리 주식의 시장가는 훨씬 더 높아지리라 예상할 수 있다.

이는 배수의 마법이다. 사실 많은 회사들이 연간 이익의 25배 내지 30배의 가치로 주식 시장에서 공개적으로 거래되고 있다. 생각해 보면 그것은 놀랄 일이다. 만약 당신이 X달러의 세후 이익을 벌어들인다면 사람들이 그 회사를 소유하기 위해서 X의 30배를 지불한다는 뜻이 된다. 손에 든 1달러가 갑자기 주식 시장에서 30달러의 가치가 나가는 것이다. 순익 10만 달러는 당신이 투자자들로부터 300만 달러를 받을 수 있게 한다. 이것은 도박을 해서 따낸 돈과 같으며, 도박과 다른 점이 있다면 위험이 훨씬 덜하고 당신이 직접 게임기의 바퀴를 돌린다는 것이다.

주식은 우리가 알고 있는 것 중에서 가장 큰 부의 확장을 제공할 수 있다. 그것은 석유가 묻혀 있는 땅을 발견하는 것과도 같다. 그에 버금갈 만한 이익을 주는 게임이 무엇인지 나는 모른다. 나는 많은 게임들을 해보았지만, 주식만한 것은 없다. 주식은 최상의 게임이다. 왜냐하면 당신이 직접 결과에 영향을 끼칠 수 있기 때문이다. 이기고 지는 것은 당신의 손에 달려 있다.

누가 이러한 자본주의 게임을 발명했는가? 나도 잘 모르겠다. 그것은 내가 태어나기 오래 전부터 있어 왔다. 나는 그저 직원들에게 그 게임을 하는 방법을 가르치고, 이것이 얼마나 놀라운 게임인지를 보여줄 뿐이다. 주식에서 성공을 거둔다면 매달 청구서를 지불하면서 사는 정도가 아니라 자신의 꿈을 실현시킬 수 있게 된다. 기회는 바로 여기에 있다. 이 기회를 잡는다면 당신과 가족을 위해 더 나은 삶을 창조해 낼 수 있다.

바로 이 점이 '위대한 비즈니스 게임'을 하는 최상의 이유이다. 이것은 SRC 직원들에게 우리가 끊임없이 전달하는 메시지이기도 하다. 주식이 그 메시지를 현실로 만든다.

직원들은 주식을 함께 소유하는 부분까지 포함해 '위대한 비즈니스 게임'에 관한 모든 것을 좋아한다. 그런데 그것은 회사의 소유주는 아니지만 회사를 경영하거나 대기업에서 일하는 사람, 그리고 도구로서 주식에 접근할 수 없는 사람에게는 문제가 된다. 그들은 나에게 묻는다.

- 주식 없이도 '위대한 비즈니스 게임'을 할 수 있는가?
- 직원들이 주식을 갖고 있지 않다면, 다른 기술들이 효과적인가?
- 주주가 아닌데도 직원들을 주인처럼 생각하고 행동하게 만들 수 있는가?

대답은 모두 '예스(Yes)'이다. 표준를 설정하고 보너스 프로그램을 마련하고 게임 계획을 세울 수도 있으며, 우리의 '작전 회의'와 같은 시스템을 통해 여러 의견을 수렴할 수도 있다. 직원들은 반응을 보일 것이다. 그들은 배울 것이다. 그들은 의욕에 불이 붙어 수익을 창출하고 현금을 생성하는 방법들을 파악하기 시작할 것이다. 직원들이 주식을 전혀 소유하고 있지 않더라도 그들 대부분은 모든 것을 훌륭히 해낼 것이다.

그러나 그들을 진짜 주인으로 만들지 않는다면 그들을 완전하게 교육시키지는 못할 것이다. 즉, 가장 중요한 교훈에는 이르지 못하게 된다. 무지개는 보여줄 수 있지만 무지개 끝의 보물단지를 얻는 법은 가르쳐줄 수 없게 된다.

주식은 장기적인 사고를 위한 토대이다. 그것은 직원들이 정해진 한 길로 가게 하고, 순간의 만족을 희생하여 길 끝에 있는 큰 보상을 추구하게 하는 최고의 이유이다. 주식을 소유하고 그것을 이해하면 미래를 위한 투자가 왜 중요한지를 알게 된다. 그리하여 장기적인 안목으로 결정을 내릴 수 있다. 여전히 매일매일 세세한 사항들에 주의를 기울이지만, 그것들이 지속적인 성공을 이루어내는 최고의 방법이라는 타당한 이유 때문에 그것을 하는 것이다.

주식을 공유하지 않는 회사는 실수를 저지르고 있는 것이다. 그들은 부수어야 할 장벽을 쌓아올리고 있다. 직원들이 더 이상 나아갈 수 없는 어떤 한계를 정하고 있는 것이다. 그 한계에 다다르면, 그들은 직원들을 속이게 된다. 하지만 그들은 자신도 속이게 된다. 왜냐하면 주식이 단지 가장 큰 싸구려 경영 상품이 되기 때문이다.

월마트
효과

미국 대부분의 기업들에는 엄청난 기회가 있다. 기업주들은 자신들이 돈을 지급할 필요가 없는 보너스를 제공할 기회를 갖고 있다. 회사에 기여한 답례로 직원들에게 주식이라는 종이 쪽지를 주는 것이다. 당신에게 그것은 그저 종이 쪽지에 지나지 않지만, 당신이 회사를 잘 운영하고 있다면 회사 밖의 누군가가 그것을 사고 싶어할 것이다. 그러면 조만간 직원들은 그 모든 종이 쪽지를 현금화할 수 있다.

월마트의 창립자이자 회장인 샘 월튼(Sam Walton)만큼 이 도구를 효과적으로 이용한 사람은 없다. 월마트의 성공 요인으로 그것의 구매 정책이나 판촉, 가격 책정, 점포부지 전략 등이 거론되지만 실제 성공의 비밀은 세상에서 가장 높게 동기부여된 직원들을 갖고 있다는 것이다. 월튼은 주식으로 직원들에게 동기를 부여하며, 그들에게 돈을 벌 수 있는 기회를 제공한다. 월튼은 모든 투자자들이 월마트의 주식을 사들이고 싶어한다는 것을 알고 있다. 정말로 그렇게 되면 무슨 일이 벌어지는가?

투자자들이 그의 직원들에게 대가를 지불하기 시작한다. 월마트를 성공시키는 데 필요한 일들을 한 대가로 직원들에게 그들이 보너스를 지급해 주는 것이다. 주식 가치를 감안하면 계산대에서 일하는 직원은 시간당 5달러를 벌고 있는 게 아니다. 그는 실제보다 두 배, 세 배, 네 배를 벌고 있는 것이다.

그래서 월튼은 직원들 손에 더 많은 주식을 쥐어 주는 방안을 계속해서 찾아냈다. 이를테면, 회사가 주식 분할을 허용하는 것이다. 가령 주당 35달러에 10억 주라면, 주당 17.50달러에 20억 주로 분할하는 것이다. 이렇게 되면 직원들에게 제공할 수 있는 훨씬 더 많은 주식이 갑자기 생기게 된다. 그러면 단기간 내에 투자자들이 주가를 35달러까지 곧바로 올려놓는다. 이런 식으로 월튼은 직원들이 매입할 수 있을 정도로 주가를 낮춘다. 나중에 가격이 오르면 그들은 그만큼의 보너스를 얻게 되고, 일반 투자자들이 그 계산을 치른다.

물론 대중은 바보가 아니다. 그들도 투자 수익을 얻고, 월튼 또한 그렇다. 그러한 보너스에는 메시지가 달려 있기 때문이다. 직원들이 그 메시지를 보게 하기 위해 월튼은 점포마다 주식 시세판을 걸어 놓았다. 월튼은 직원들에게 이렇게 말한다.

"여러분의 보물단지가 바로 여기 있습니다. 이제 그것을 더 키우는 것은 여러분 자신에게 달려 있습니다. 여러분이 제대로 일한다면 원하는 만큼 키울 수 있습니다."

직원들은 메시지를 전달받았고 월마트는 놀랄 만한 실적을 이룬다. 깨끗한 점포와 친절한 종업원들, 신속한 서비스, 그리고 저렴한 가격을 이루어 낸다. 직원들은 물건을 팔고, 미소를 짓고, 고객을 소중히 여기는 기본에 집중하도록 동기부여된다. 이따금 그같은 기본에 집중하지 못하게 만드는 요소들은 제거된다. 직원이 집을 사고 싶거나 자녀를 대학에 보내고 싶거나, 또는 병든 부모님을 돌보고 싶다면, 어떻게 그 돈을 마련해야 할지, 일하면서 애태울 필요가 없다. 다른 부업을 얻지 않아도 된다. 자신이 가진 주식의 일부를 팔기만 하면 되는 것이다.

그것은 엄청난 일이다. 월마트의 계산대에 있는 직원들은 사실상 백만장자들이고, 다른 누군가가 그 청구서를 지불하고 있다. 그래서 월마트의 운영비는 놀랄 만큼 낮고, 그 사기는 놀랄 만큼 높다. 이 덕분에 월마트의 주식이 일반인들에게 좋은 투자 대상이 되는 것이다. 일반인들은 주인들로 이루어진 회사에 투자하는 것의 이점을 분명히 알 수 있고, 기꺼이 그렇게 하는 것이다. 이러한 순환이 계속된다.

바로 이것이 당신이 주식으로 해낼 수 있는 일이다. 그것은 당신이 제품이나 사업의 기본적인 비용 구조를 해치지 않으면서 직원들에게 보상을 해줄 수 있게 한다. 결과적으로 당신은 경쟁사보다 노동 비용을 적게 들일 수 있는데, 이는 당신이 직장을 안전하게 보호하는 것을 의미한다. 하지만 당신은 여전히 직원들에게 뛰어난 성과에 대한 대가로 큰 보상을 얻을 수 있는 기회를 제공할 수 있다.

그런 의미에서 주식은 우리가 스탑 구터(Stop-Gooter) 프로그램 하에 지불하는 보너스와 유사하거나 그보다 더 나은 것이다. 당신은 주식으로 배수의 힘을 강화할 수 있다. 당신은 더 큰 보상을 제공할 수 있고, 따라서 더 높은 수준의 교육을 제공할 수 있다. 당신은 시간당 8달러를 버는 직원에게 자기 자신에 투자함으로써 시간당 20달러까지 보상을 얻는 방법을 보여줄 수 있다.

그런데도 왜 모든 회사들이 직원들에게 주식을 배분하지 않는 것일까? 이점이 그렇게 많고 비용이 그토록 줄어든다면 아주 편협한 기업주를 제외하고는 모두가 주식을 배분하리라 생각할 것이다. 하지만 우리 모두가 알다시피 주식을 직원들에게 배분하는 회사는 일반적이기보다는 예외적이다. 무지가 결합된 탐욕이 자리잡고 때문이다. 주식을 공유한다고 해서 기업주가 가난해지는 것은 아니다. 미국에서 가장 부유한 사람 중 하나인 샘 월튼에게 물어보라. 내 생각에 탐욕보다 더 큰 장애는 두려움이다.

많은 기업주와 경영자들은 5장 오픈북 경영 편에서 논의되었던 이유들 때문에, 즉 정보를 공유하는 것에 대한 두려움 때문에 주식 배분을 원치 않는다. 전적으로 근거 없는 얘기는 아니다. 주식 가치를 결정짓는 수치를 직원들이 볼 줄 모른다면 그들에게 주식을 주어도 효과가 없다. 오픈북 경영은 직원들의 주식 참여를 효과적이게 만드는 최고의 방법이다. 회계 장부를 공개하는 것을 두려워한다면 주식을 나눠주지 말라. 직원들이 주식을 안 갖고 있을 때만큼이나 많은 문제들에 직면하게 될 것이다. 그러나 두려움과 탐욕 외에도, 주식 배분을 반대하는 세 가지 주장이 있다. 직원들에게 주식을 주고도 그것을 후회하게 된 사람들로부터 들은 이야기들이다. 그 이유 때문만으로도 그들의 말을 들을 가치가 있다.

주식 배분에 반대하는 케이스 1.
직원들이 주식을 이해하지 못한다

이는 주식 배분에 대해 나쁜 경험을 했던 기업주들로부터 가장 많이 듣게 되는 이야기이다. 그들의 말이 맞다. 직원들은 주식을 이해하지 못한다. 만약 그들에게 비즈니스에 대한 교육을 시키지 않으면 그렇다. 직원들 손에 주식 증서를 쥐어 준다고 해서 그들을 주인처럼 생각하고 행동하도록 만들 수는 없다. 직원들이 주식을 원한다고 말할 수도 있다. 심지어 요구할 수도 있다. 많은 직원들은 주식을 금으로 혼동한다. 이는 1980년대에 자라난 신화들 때문이다.

그러나 직원들이 그 가치에 영향을 끼치는 방법을 모른다면 주식은 동기부여자로서의 역할을 하지 못한다. 주식이 자신을 기적적으로 부자로 만들어 주지 않을 땐 직원들은 화를 내거나 냉소적이 될 수 있다. 그때는 그들에게 주식을 준 것을 후회하게 될 것이다. 주인의식은 책임감과 함께 오는 것이다. 직원들은 자신을 알아야 한다.

주식 배분에 반대하는 케이스 2.
직원들이 그 돈을 스스로 투자하게 하는 것이 낫다

어떤 사람들은 주식 배분에 대해 반대하면서 한 가지 대안을 제시한다. 그들은 ESOP이 기본적으로 하나의 투자 수단이므로, 거기에 투입할 돈을 직원들에게 주어서 그들이 좋을 대로 투자하게 하면 되지 않는가라고 말한다. 직원들에게 더 많은 보너스를 지급하라. 직원들이 주식을 갖고 싶어한다면, 다른 회사의 주식을 살 수도 있다. 그들은 다각적으로 투자할 수 있다. 다른 종류의 유가증권에도 투자할 수 있다. 직원들에게 주식 대신 돈을 주면, 그들에게 독립과 통제력과 안전을 제공하는 것이다. 그들이 '한 바구니에 모든 계란을 담지 말라'는 신중한 투자의 제1법칙을 따르게 해주는 것이다.

이것은 재미있는 논리이지만 핵심을 놓치고 있다. 결국 진짜 문제는 직원들이 자신이 일하는 회사에 투자할 수 있는가 여부이다. 집이 잠자는 곳 이상의 의미가 있는 것처럼, ESOP는 투자 수단 이상의 것이다. 직원들이 다른 회사에 투자할 때 그들은 좋은 수익을 기대하지만, 자기 자신에게 투자할 때는 헌신을 한다. 그들은 자신의 일과의 관계를 변화시킨다. 무지개 끝의 보물단지를 찾아가는 것이다. 게다가 대부분의 회사들은 직원들이 회사 주식으로 버는 것만큼 많은 돈을 지불할 여유가 없을 것이다. 주식이라는 돈은 배수 효과 덕분에 훨씬 더 큰 잠재력을 갖고 있는데, 회사 수익으로 그만한 돈을 지불하려든다면 회사는 즉시 파산하고 말 것이다.

주식 배분에 반대하는 케이스 3.
주식은 회사를 분열시킨다

마지막으로, 주식이 직원들 간에 분열을 조장한다는 주장이 있다. 회사를 상장하고 싶어하는 직원들과 회사가 다른 회사에 인수되기를 원하는 직원들이 대립하고, 그들 모두는 현상 유지를 원하는 직원들과 대립한다. 그리하여 이해의 충돌이 일어난다. 직원들은 자신의 책임에 대해 혼란을 느낀다. 관리자들은 좋은 주인이 되지 못하고 주인은 좋은 관리자가 되지 못한다는 식의 주장이 제기되고 있다.

이러한 주장에는 약간의 진실이 있다. 주식은 이따금 직원을 자만하게 한다. 우리 관리자 중에는 많은 주식을 소유한 사람이 있었는데, 그는 직장을 식민지로 보고 직원들을 노예 다루듯이 했다. 그 정도가 지나쳐 그는 결국 회사를 떠나야 했다. 그러나 문제는 거의 언제나 사람에게 있다. 주식은 문제의 핵심이 아니라 변명거리일 뿐이다.

사실 나는 일반적으로 주식은 그 반대의 효과가 있어서, 직원들이 사소한 것을 제쳐두고 '큰 그림'을 볼 수 있게 한다는 것을 발견했다. 일을 하다보면 불가피하게 야기되는 충돌에서 분노를 없애는 데 도움이 된다. 주식이 없다면 사소한 불화에 사로잡히기 십상이다. 그러나 주식이 있으면 당신은 이렇게 말할 수 있다. "이런 충돌은 정말로 하찮은 것들입니다. 전체를 보세요. 이것을 해결해 내지 못한다면 여러분이 포기해야 하는 것들을 보세요."

주식을
배분하는 법

주식을 배분하기로 결정했다면 그 방법은 너무나 다양하다. 우리의 경우, 애초에는 SRC에서 일하는 모든 직원들에게 주식을 주는 방안을 생각했다. 하지만 우리는 주식을 일반에 공개하는 과정을 거쳐야만 그렇게 할 수 있다는 사실을 알게 됐다. 그러기 위해서는 그 당시 우리가 가졌던 돈 이상의 비용이 들 것이고, 우리가 미처 대처할 준비가 안 된 도전에 직면하는 상황이 초래될지도 몰랐다(예를 들어, 경쟁사가 우리를 인수하려는 목적으로 우리 주식을 매입하려 한다면 어떻게 할 것인가?). 그래서 우리는 비공개 상태를 유지하고 직원들이 주주가 되게 하는 다른 방안을 찾았다. 마침내 우리는 다음의 세 가지 방법을 생각해 냈다.

ESOP

SRC에서 정식 직원으로 일한 지 1년이 넘으면 ESOP(Employee Stock Ownership Plan)의 참여자가 된다. ESOP은 1992년 1월 1일 기준으로 SRC 주식의 31%를 보유한 최대 주주이다(처음에 3%의 주식으로 시작된 것이 매년 계속해서 증가했다). 관련 법규에 의해 약 7년간의 경과 기간(Vesting Period)이 있는데, 이는 회사를 떠날 때 주식 지분의 100%를 돌려받는 자격을 얻기 위해 ESOP에 참여해야 하는 의무 기간이다.

ESOP의 역할은 회사마다 상당히 다를 수 있다. SRC에서 ESOP는 주로 직원들이 재무상의 위험과 주식 소유의 보상을 공유하게 하는 방법이다. ESOP의 가치는 SRC의 모든 성공과 실패를 공유한다는 데 있다. ESOP이 회사 내에서 의결권을 갖는 주식을 보유하고 있지는 못하지만 주주로서 갖게 되는 모든 법적인 권한이 있으며, 이것은 참으로 대단한 것이다. ESOP은 다섯 명으로 구성된 위원회에 의해 관리되는데, 그들 중 세 명은 SRC의 이사진에 의해 선발된다. 나머지 두 명 중 한 명은 계약직 근로자들에 의해 선발되고, 한 명은 정식 직원들에 의해 선출된다.

특별 제공

우리는 직원들의 주식 소유를 장려하기 위한 일환으로 직원들이 주식을 매입할 기회를 제공하기도 한다. 미조리 주와 연방법에 따르면 직원들 전부(혹은 거의)가 그 주에 거주하는 한 그들에게 주식을 파는 것에 대한 등록 예외가 허용된다. 그러한 예외 조치를 이용하여 회사를 상장하지 않고도 직원들에게 주식을 직접 팔 수 있다. 매입을 할 수 있는 직원의 자격에는 제한이 없다. 다만 그 회사의 직원이면서 그 주의 지속적인 거주자이기만 하면 된다.

우리는 직원들이 주식을 살 기회를 주기 위해 1986년에 처음으로 17만 7,000주(시가 50만 달러)를 발행했다. 참여도를 최대한 높이기 위해서 매물을 단계적으로 나누어 팔았다. 1단계에서 직원들은 200주에서 450주까지 매입할 수 있었다. 매물이 다 팔리지 않을 경우 2

단계로 넘어가서, 직원들이 9,550주까지 매입할 수 있었다. 3단계까지 있었는데, 거기까지 갈 필요는 없었다. 주식 전부가 1단계와 2단계에서 팔렸다. 일부 계약직 근로자들에게도 매입할 기회를 주었다. 한 사람은 그가 평생 저축한 것을 투자했다. 그는 자신에게 내기를 건 셈이었는데, 그것은 매우 잘한 일이었다. 5년 후 그의 주가는 주당 8.45달러에서 18.30달러로 216% 증가했다.

내부 주식 거래

1983년 초창기에는 주주가 13명이었는데 모두가 SRC의 관리자들과 현장 감독들이었다. 현재 ESOP을 뺀 주주는 45명이며, 모두 우리 회사의 각 부서 출신들이다. 일반에 주식을 공개할 준비가 되어 있지 않았기 때문에 SRC 주식을 직접 소유할 수 있는 자격을 직원들에게만 제한했다. 하지만 그 같은 제한 하에서도 일정 정도의 내부 주식 거래를 장려한다. 신입 직원들에게도 매입할 기회를 주고, 기존 주주들에게는 이득을 현실화하는 수단을 제공하며, 회사 내에서 주식에 대한 전반적인 인식을 높이기 위해서이다.

그러나 통제를 벗어나 회사에 해가 되지 않도록 하기 위해 주식 거래를 규제하고 있다. 원 주주들의 동의 아래, 우리는 회사를 그만두거나 어떤 상황 하에서 떠나는 주주의 주식을 되사는 선택권을 가지고 있으며, 그 대가는 장기간에 걸쳐 갚을 수 있다. 또한 현 주주들에게는 2~3년마다 여는 '내부 주식 거래창'을 통해 회사의 재정이 허용하는 범위에서 주식을 되팔 기회도 주고 있다. 한편 특별한 책임과 위험을 지고 있는 직원들을 위해 스톡 옵션을 발행한다. 현 주주들은 별도의 회사 승인 없이도 서로 간에 비의결권 주식을 사고 팔 수 있다.

결과적으로 우리는 누가 주식을 소유할 수 있고 없는지를 통제한다. 우리는 그런 식으로 전체를 보호하기 위한 방안을 마련해 두고 있다. 우리는 회사 바깥으로 주식이 나가는 것을 원치 않는다. 우리가 염려하는 것은 외부 투자자들이 우리가 공유할 수 없는 비전을 가지고 와서는 우리가 원하지 않는 일을 하게 하는 것이다. 뿐만 아니라 우리는 직원들이 주식을 매입할 수 있는 기회를 보호하길 원한다.

주식을 공유하는 우리의 주된 목적은 회사 전체에 걸쳐 주식 소유에 따른 재무상 이득과 책임을 확장시키는 것이다. 대부분의 사안에 대한 최종 권한은 SRC의 의결권 주식을 소유한 사람들의 손에 있다. 그것은 나를 비롯해 회사를 매입한 초창기 멤버 다섯 명의 관리자들이다. 처음에는 두 명이 더 있었다. 한 사람은 떠났고 나머지 한 사람은 '내부 주식 거래창'을 통해 자신의 의결권 주식을 팔았다. 두 번다 회사가 그 주식을 사들여 회수했다. 현재까지 의결권 주식을 보유하고 있는 사람들은 그것을 단 한 가지 목적에 사용했다. 그것은 이사진을 선출하는 것이었다.

사실 주식을 공유한다고 해서 몇몇 기업주가 두려워하는 것처럼 사업에 대한 통제권을 빼앗기는 것은 아니다. 하지만 주식 공유가 회사의 경영 방식을 변화시키지 않는다면 무언가 잘못된 것이다. 비즈니스의 다양한 측면을 이해하는 직원들을 갖는다는 것은 큰 이점이다. 당신이 어려운 결정을 하는 데 있어 의지할 수 있는 직원이 많다는 뜻이기 때문이다.

보스가 결정할 수 없을 때
직원들에게 맡기기

나는 다음과 같은 상황에서 대다수 사람들의 의견을 구한다.

- 올바른 결정에 대한 확신이 없을 때
- 상반된 측면이 존재하는 상황일 때
- 사안이 분명해 보이지 않을 때

이럴 경우 공정한 결정을 내리는 유일한 방법은 다수결의 원칙이다. 나는 모든 것을 알 수 없다. 내가 문제에 대한 답을 낼 수 없을 때는 직원들에게 맡긴다. 내 생각보다 더 창조적인 그들의 생각에 의존하는 것이다. 내 자신의 능력이 한계에 다다랐다는 생각이 들거나 문제를 분명히 파악하기 어려울 때마다 나는 이런 방법을 쓴다. 예를 들어 우리에게 새로운 식당이 있어야 하는지가 문제로 부각된 적이 있었다. 회의 중에 직원들에게 그 문제를 제기했더니 그들은 이렇게 말했다. "새로운 식당보다 더 필요한 것이 많습니다." 직원들이 정말로 원한 것은 더 많은 공구와 생산성 향상에 필요한 장비들이었다.

그러나 나는 갈등이 수반되는 결정을 내려야 할 때 직원들에게 많이 의지하게 된다. 아무리 다각적으로 검토해 보아도 올바른 답을 알 수 없을 때가 있다. 1986년 12월이 바로 그런 경우였는데, 그때 제너럴 모터스가 5,000개의 엔진 주문을 돌연 취소하는 사태가 벌어졌다. 그것은 다음 해 우리 사업의 40%를 차지할 만큼 비중이 큰 건이었다.

수치상으로 우리가 알 수 있었던 것은, 100명의 직원들을 감원하거나 회사를 잃는 각오를 해야 한다는 사실이었다. 그러나 그런 식으로 직원을 해고한다면 경영의 중대한 실패가 되었을 것이었다. 아무도 비난할 수가 없었다. 전혀 예상할 수도 없었던 재난이었지만 내가 책임을 져야 했다. 나는 누군가의 일자리를 빼앗는 결정을 내려야 했다. 적어도 그 순간만큼은 내 자신의 자리는 안전하다고 생각했다. 그러나 그런 생각이 상황을 더욱 악화시켰다. 나는 사무실에 앉아 천장을 올려다보며 가족들의 생계를 우리에게 의존하고 있는 모든 직원들을 생각했다. 우리는 그들에게 말했었다. 그들이 회사를 떠나는 일이 생긴다면 내가 아닌 그들 자신의 선택에 의한 것이어야 한다.

나는 해결책을 찾기 위해 관리자들과 수치를 검토하면서 여러 주를 보냈다. 우리는 고객들과 영업 직원들과 이야기를 했고, 잠재 고객들을 접촉했으며, 제너럴 모터스에 재고를 요청했으나 운이 따라 주지 않았다. 마침내 나는 직원들 앞에 나섰다. 1987년 3월 중순에 회사 전체에 걸쳐 일련의 직원 회의를 가졌다. 나는 어두운 그림을 있는 그대로 보여주었다. 모두의 일자리를 지키고 싶다면, 대략 55,000인시 (man-hour)의 새 일거리를 만들어 내야 하며, 그것이 잘못된 결정으로 판명날 경우, 아무런 대책이 없다고 그들에게 말했다. 100명의 직원들을 해고시키는 것으로 끝나지 않고 200명을 해고시켜야 할 수도 있다. 우리는 외부 자본을 유치해야 할 수도 있고, 그것은 회사의 운영 방식에 많은 영향을 끼칠 수 있다. 또한 경영진에도 변화가 있어야 할 것이다.

다양한 반응이 나왔다. 고참 직원들은 상관하고 싶어하지 않았다. 그들은 해고될 가능성이 높은 신참들과는 거리가 멀었다. 그들은 이렇게 말했다. "나와 그들 사이의 문제라면 그들을 해고하라." 그들의 논리는 분명했다. 해고 없이 유지하려면 신제품 100여 개를 개발해 3개월 안에 생산해 내야 한다. 그렇게 빨리 신제품을 세상에 내놓을 수는 없다는 그들의 말에 나는 동의했다. 그것은 불가능해 보였다.

우리는 해고 대상자 선별작업에 들어갔다. 그런데 그때 강경파 고참 직원들이 나를 찾아왔다. 그들은 자기들끼리 신제품 개발에 무엇이 필요한지를 파악하면서 의견을 나누었던 것이 분명했다. 그들은 말했다. "생각해 보았는데, 해낼 수 있습니다. 신참들은 훈련시켜야 할 테지만, 될 것 같아요. 우리는 할 수 있습니다." 그들은 나 이상으로 직원들이 해고되는 것을 원치 않았던 것이다. 그러한 결정은 감정에 따른 것이 아니라 나름대로 계산을 해본 결과일 것이라고 나는 생각했다. 그들은 내가 할 수 있는 것보다 업무를 더 세분화할 수 있었고, 그 과제를 해결할 수 있다는 결정을 내렸다.

그것은 시스템 자체가 스스로를 보호한 경우였다. 만약 조직으로부터 어떤 지시를 받았다면, 직원들은 다르게 반응했을 것이다. 하지만 직원들이 스스로 '해보자'라고 말했을 때 그것이야말로 우리가 필요로한 모든 것이었다. 내가 진정 원했던 것은 그런 식의 방법이었다. 동료 직원들에게서 연민을 볼 수 있을 때 그것이야말로 크나큰 보상이다. 그것은 당신에게 훨씬 더 큰 동기부여를 한다. 당신이 얼마나 좋은 사람들과 함께 일하고 있는가를 알게 되기 때문이다.

그러나 그 많은 수의 신제품을 개발해 낸다는 것은 정말로 어려운 작업이었다. 우리는 직원들에게 그 중압감이 대단할 것이라고 말하긴 했지만, 실제로 얼마나 큰 어려움일지는 몰랐다. 7월에 접어들면서 우리는 마침내 울음을 터뜨렸고, 그것은 너무나 고된 일이었다. 품질을 끌어올릴 수가 없었고 원래의 작업과 병행하기도 어려웠다. 마치

뇌졸중에서 회복하는 것과 같았다. 아주 더디고 고통스러웠다. 정말로 아픔이 있었으며, 그것은 장기간의 고통이었다. 그러나 우리는 이를 악물었고, 해고 사태를 피했다. 사실 그 해 우리는 추가로 100명의 직원을 더 고용했다.

11

고차원적 사고

The Great Game
of Business

회사를 경영하는 사람들을 공포에 떨게하는 것이 있다. 아무도 주의를 기울이지 않는 사이에 그것은 수년에 걸쳐 우리 가까이 다가왔다. 이제 눈앞에 와 있고, 모두가 그것을 보고 겁에 질려 있다. 그것은 순식간에 당신을 빈털터리로 만들고 직장을 잃게 하고 회사를 파괴할 수 있으며, 당신의 인생을 망쳐놓을 수도 있다.

그렇다. 나는 지금 의료 보험에 대해 이야기를 하고 있는 것이다. 그것이야말로 우리가 오늘의 비즈니스에서 직면하는 가장 어려운 문제이다. 나로서는 그에 대한 해답을 갖고 있지 못하며, 누가 해결책을 갖고 있는지도 모르겠다. 수년간 우리는 비즈니스 문제로서 의료 보험을 도외시했으며, 그 결과 그 비용은 연간 24%에서 40%로 증가했다. 우리는 의료 보험에 의해 보호받고 있다고 생각했다. 우리는 보험 비용이 보험료의 형태로 가입자에게 부과되고 있다는 사실을 직시하지 않았다. 이제 그 문제는 통제할 수가 없게 되었다.

나는 손익계산서 상에서 그 사항을 조사하느라 4년을 보냈다. 나는 그것을 56개 항목으로 세분화했고, 그 수치와 통계를 모두 기억하고 있다. 그것에 대한 생각이 한시도 머릿속에서 떠나지 않았다. 내 막내 딸이 태어났을 때 나는 병원 복도에 서서 의사가 한 켤레에 2달러짜리의 장갑을 끼는 것을 지켜보았다. 우리 회사에서는 19센트면 살 수 있다. 그 의사가 장갑을 벗어 버리는 것을 뚫어지게 보고 있다가 나는 아기가 태어났다는 사실조차 잊을 뻔했다.

의료 보험 문제는 그처럼 당신을 고민에 빠뜨릴 것이다. 그 비용은 회사를 휘청거리게 할 정도이며 누군가가 그 비용을 지불해야 한다. 내가 그 문제에 집착하는 기간이 길어질수록 나는 더욱더 그것에 압도당했다. 전혀 앞길이 보이지가 않았다. 그때 그 문제가 얼마나 두려운 것일 수 있는지를 상기시켜 주는 일이 일어났다.

우리 직원의 아들이 심장마비에 걸렸다. 앰뷸런스가 올 때까지 그 아이는 혼수 상태였다. 그것은 끔찍한 비극이었다. 그는 열일곱 살의 활동적이고, 앞날이 창창한 소년이었다. 나는 그의 어머니를 수년 동안 알고 지내왔는데, 그녀는 SRC에 오기 전에 우리의 변호사 밑에서 일했었다. 그녀는 내가 아는 좋은 직원들 중 한 명이었다. 그런데 내가 그 소식을 들었을 때 내 머릿속에 떠오른 첫 번째 생각은 이것이었다. '어떻게 병원비를 지불하지?'

우리가 장기적인 치료비를 부담해야 할지도 모른다는 사실은 나를 초조하게 만들었다. 추가 보험료로 한 해에 40만 달러가 들 것이며, 그것은 수익에서 곧장 빠져나가는 돈이었다. 우리는 보너스 프로그램을 취소해야 할지도 모른다. 주식 가치 역시 타격을 받을 것이다. 나는 어떻게 해야 할지 몰랐고 어떤 기분을 가져야 하는지도 알 수 없었다. 그의 쾌유에 대해서만 걱정을 해야 하나? 회사의 다른 직원들과 그들의 가족들에게 미칠 영향에 대해서는 걱정하지 말아야 하는가? 그와 같은 경우를 두세 번 더 겪는다면 어떻게 될 것인가?

그러한 의문들이 내 머리를 어지럽게 했다. 무엇을 중요하게 생각해야 하는지 알 수 없었다. 문제는 그 아이가 사는 쪽과 죽는 쪽 중에서 내가 어느 쪽을 바라는지도 알 수 없었다는 것이며, 그 사실 자체가 나를 가장 두렵게 만들었다. 내가 점점 어떤 사람이 되어가고 있단 말인가? 내가 항상 내 자신에게 되뇌었던 것은 직원들의 삶의 질을 향상시키기 위해서 비즈니스를 하고 있다는 믿음이었는데, 그때의 나는 반쯤은 한 사람의 삶이 끝나기를 바라고 있었던 것이다. 물론 나는 그 아이의 쾌유를 빌었다. 그것은 쉬운 일이었다.

그러나 그 아이가 재활센터에 들어가야 한다면 어떻게 할 것인가? 그 비용을 어떻게 감당할 것인가? 우리가 어떤 조치를 내리든 간에 회사 전체가 영향을 받을 것이다. 모두가 희생을 감수해야 할 것이다. 모두가 중요한 어떤 것을 얻지 못하게 될 것이다. 그것이 공정한 일인가? 솔직히 나는 어떻게 생각해야 하는 것인지 알 수 없었다.

결국 우리는 그 어려운 문제를 겪지 않아도 되었다. 다른 회사가 그것을 대신했다. 치료비는 그 아이 아버지의 회사 보험으로 충당하기로 결정이 났다. 다른 누군가가 아이의 병원비와 그 이후의 재활 비용을 부담한 것이다. 그러나 그때의 일은 나를 몹시 흔들리게 했고, 나를 거의 파멸 상태로 몰아넣었다. 나는 의료 보험 위기에 대처하려고 하는 의료계와 기업계의 인사들로 구성된 공동 지역위원회에서 활동하고 있었는데, 그 일 이후로 즉시 사임했다. 나는 내 자신을 '괴물'로 만드는 그런 문제와 더 이상 대면할 수가 없다고 느꼈다. 불행히도 그런 문제는 우리 모두가 대면해야 할 문제이며 그것도 한 번만이 아니다. 우리 주변에는, 사회 전체는 말할 것도 없이 비즈니스에 큰 영향을 끼칠 만한 문제들로 가득 차 있다.

나는 지금 모호하고 추상적인 것에 관해 말하고 있는 것이 아니다. 그것은 단지 고통당하는 삶의 질에 관한 것만이 아니다. 그 문제들은 우리가 직접 볼 수 있고, 피부로 느낄 수 있고, 측정할 수 있는 곳에서 우리들에게 타격을 주고 있다. 바로 손익계산서 상에서 말이다.

우리는 증가하는 수송비의 형태로 열악해져 가는 고속도로에 의해 타격을 받는다. 우리는 열등한 품질과 높은 보증 요구의 형태로 부실한 교육에 의해 타격을 받는다. 우리는 급증하는 법규 이행 비용, 보험료, 보상 요구 등의 형태로 환경 문제에 의해 타격을 받는다. 우리는 늘어나는 세금의 형태로 가난과 범죄에 의해 타격을 받는다. 게다가 늘어나는 대손 충당금의 형태로 다른 회사들의 사업 실패에 의해 타격을 받는다.

우리가 여기서 살펴보고 있는 것은 간접비이다. 원한다면 사회적 간접비라 불러도 좋지만 마찬가지 의미이다. 그것은 측정할 수 있으며 정량화가 가능하다. 그것은 이 나라 모든 기업의 손익계산서 상에 나타난다. 그것을 항목으로 세분화하든 하지 않든 간에, 그것의 존재를 알고 있든 모르고 있든 간에, 당신은 이미 그 사회적 간접비를 지불하고 있다. 그것은 당신이 충당해야 할 총 간접비의 일부분이다.

그것을 피할 길은 없다. 의료 보험은 우리 모두에게 직접적인 영향을 끼치는 항목 중 하나이다. 그것에 가입한 이상 당신은 어쩔 도리가 없다. 당신이 어떤 조치를 취하든 간에 그 비용은 계속해서 증가한다. 직원들이 습관을 바꾸게 함으로써 그 영향을 완화할 수는 있다. 그들이 담배를 끊고 살을 빼고 운동을 하도록 압력을 넣을 수 있다. 그러나 그것은 어려운 일이다. 그것은 프라이버시의 침해이기 때문이다. 어쨌든 그것으로 직원들이 계속 병에 걸리지 않게 할 수는 없다. 그 아이의 경우와 같은 심장마비를 막지는 못할 것이다. 그것이 당신으로 하여금 의료 보험 비용을 통제할 수 있게 해주지는 못한다. 의료 보험 비용은 계속해서 올라갈 것이다. 왜냐하면 의료 보험을 갖고 있지 않은 모든 사람들을 위해 누군가는 그 비용을 지불해야 하고, 그 집단은 매일매일 점점 더 커지고 있기 때문이다.

한 가지 선택할 수 있는 임시방편이 있긴 하다. 일이 터질 경우 당신이 직접 감당한다는 가정 하에 보험료를 완전히 없앨 수 있을 것이다. 그러나 그 비용은 다른 형태로 당신에게 돌아오게 마련이다. 생산성 저하나 직원 이직의 문제가 따르게 된다. 그보다 더한 것은 의료 보험에 가입되어 있는 회사의 제품이나 용역을 구입할 때마다 당신이 그 비용을 부담해야 한다는 사실이다.

당신은 회사를 운영할 수는 있지만 숨을 수는 없다. 조만간 의료 보험이 당신의 발목을 붙잡을 것이다. 그때에는 당연히 당신의 사업 또한 제동이 걸린다. 그것은 당신이 더 이상 수익을 낼 수 없을 때까지 당신의 비용을 올리거나 근로 의욕을 저하시킴으로써 내부로부터 당신 회사를 무너뜨릴 것이다. 나로서는 정말로 이 문제가 벅차다. 나는 그것을 세세한 부분까지 검토했지만 어떤 해결책도 찾을 수가 없었다. 때로는 보험 대신에 직원들이 원하는 대로 연간 4,000달러를 각각 나누어줄까 하는 생각도 해보게 된다. 직원들이 그 돈을 건강 관리에 투자하는 것도 좋을 것이다. 그것이 이 난제를 해결하는 유일한 희망일 수 있기 때문이다. 그렇지 않으면 연간 25% 수익을 내는 방안을 강구하는 것이 좋을 것이다. 그 정도를 벌어들이지 못하면 결국 병에 걸렸을 때 치료에 쓸 돈이 모자라게 될 것이다. 그러나 연간 25% 수익을 누가 보장할 수 있단 말인가?

과거에는 이와 같은 문제에 대처하는 방법이 두 가지 있었다. 하나는 슬쩍 넘겨 버리는 것이다. 우리가 그것을 무시한다면 그냥 넘어갈 수도 있을 것이다. 하지만 이 방법은 효과가 있을 때도 있지만 그렇지 않을 때도 있다. 또 한 가지 방법은 정부에 떠넘기는 것이었다. 우리에게는 더 이상의 다른 대책이 없다. 첫 번째 방법을 시도해 보았지만 효과가 없었다. 결과적으로 전보다 상황만 악화되었을 뿐이다. 한편 정부에 떠넘기는 방법은 우리의 비용 한도를 넘어선다. 관례나 규정, 관료주의에 의지해 문제를 해결하려 하는 것보다 더 값비싼 방법은 없다. 과연 누가 또 다른 사회보장 제도나 의료 보험 시스템을 위해 비용을 지불하게 되겠는가? 우리가 간접비를 흡수하려고 몸부림치는 이 순간에도 그것은 계속 증가하고 있다.

우리를 위해 이러한 문제들을 해결해 줄 사람은 아무도 없다. 우리의 값싼 재원은 바닥이 나 있다. 부유한 사람에게 세금을 물려서 해결책에 대한 비용을 충당할 수도 없다. 그들에게는 충분한 돈이 없기 때문이다. 기업에 세금을 부과한다면 기존 문제를 악화시키고 보다 심각한 새로운 문제들을 일으키고 만다. 일본이나 유럽에서 빌려올 수도 없다. 그들은 신용 대출에 엄격하기 때문이다. 게다가 정부는 그들의 빚을 조만간 갚아야 한다. 이를 위해서는 현금이 필요하고 그 현금을 마련하는 데는 세 가지 방법밖에 없다. 첫째, 돈을 찍어내는 것이다. 하지만 이것은 인플레이션을 일으켜 경제를 악화시킨다. 둘째, 자산을 팔고, 국가 자원에 대한 소유권을 외국인에게 넘기는 것이다. 셋째, 나라 전체가 수익을 창출하고 현금을 만들어내는 일에 집중하게 하는 것이다.

이상의 상황은 '위대한 비즈니스 게임'과 내가 1장에서 언급했던 두 가지 원칙들로 돌아가게 한다. 그것은 회사를 경영하는 데만 적용되는 접근법이 아니다. 사실 그것은 우리 사회가 당면하고 있는 문제 해결의 유일한 실질적 희망이다. 그것에 대한 대안들은 전혀 해결책이 되지 못한다. 그 대안들은 우리 경제와 우리의 삶의 수준, 그리고 우리의 아이들, 손자들, 그 이후의 세대를 위한 기회들의 쇠퇴를 관리하는 방법들일 뿐이다.

우리가 필요로 하는 것은 새로운 사고방식과 광범위한 교육 프로그램이다. 그러한 교육은 모든 기업들에서 수행되어야 한다. 작업 현장

과 창고에서, 소매점 계산대에서, 정수기와 복사기 앞에서, 회의실과
식당에서, 책상 위에서 수행되어야 한다. 우리가 과거에 회사를 운영
해 오던 방식에 의해 형성된 모든 정신 상태를 바꾸어야 한다. 또한
변명을 없애야 한다. 자신의 문제를 가지고 남을 탓하거나 누군가가
자신을 돌보아 주리라 생각하는 것을 근절해야 한다.

　우리들 모두는 스스로를 책임져야 한다. 우리는 자립 정신을 가져
야 한다. 우리는 벤치마킹을 하고, 표준을 달성하고, 비용을 감시하
고, 목표를 설정하고, 보너스 프로그램으로 보상하고, 직원들이 주인
처럼 생각하고 행동하도록 교육시켜야 한다. 우리는 이 모든 것을 해
내야 한다. 그것만이 우리가 경제를 살리고 우리 사회를 본 궤도에 올
리는 유일한 길이기 때문이다. 그러나 경영진이 그 길을 이끌지 않는
다면 어려울 것이다.

　상위 법칙 10. '똥은 아래로 구른다'는 미조리 주의 격언처럼
　　　　　　　변화는 위에서부터 시작된다.

　좋든 싫든 간에 미래의 책임은 기업을 경영하는 사람들 손에 달려
있다. 경영자들은 실질적 변화를 가져올 수 있는 신뢰성과 힘을 가진
유일한 사람들이다. 이는 환호할 일이 아니다. 우리 모두는 삶의 균형
이 필요하고, 우리의 사회 또한 더 큰 균형을 필요로 한다. 나는 교회
가 보다 큰 영향력이 있기를 바라고, 정부는 지혜와 효율성으로 명성
을 얻기를 희망하며, 학교가 국가적 자부심의 근원이 되기를 바란다.
이를 위해 앞장서야 할 것은 기업이다. 상황의 개선을 위해 우리가 의
지하는 사람들의 얼굴을 보고 싶다면 거울을 들여다보라.

260

기업인으로서 우리는 기본으로 돌아갈 필요가 있다. 본래의 사회적 임무에 우리의 초점을 다시 맞출 필요가 있다. 그 임무란 '일자리 만들기'이다. 당신이 일자리를 만들 때 우리가 축적해 온 모든 사회적 간접비를 포함해 간접비를 흡수하는 수단을 창출하는 것이다. 우리가 창출하는 일자리가 적을수록 더 많은 사람들이 의료 보험도 없는 실업자나 생활보호 대상자가 되고, 궁핍과 범죄에 빠져들게 되는 것이다. 그 결과 우리들 각자가 내부에서 흡수해야 할 간접비가 더 높아진다. 그 모든 것이 결국 우리에게로 되돌아오기 때문이다. 우리는 어쨌든 그 비용을 지불해야 한다.

일자리는 어디서 오는가

수년 전에 나는 건강을 위해 농어 낚시를 취미로 삼았다. 그때가 1983년 말쯤 되는데 회사를 인수한 첫해여서 점점 압박감을 느꼈다. 머리카락이 뭉텅이로 빠졌고 음식을 먹거나 잠을 잘 수도 없었다. 계단을 걷다가 헛발을 딛기도 했다. 나는 의사를 찾았고, 그는 내게 루게릭병과 다발성 경화증 중 하나라고 말했다. 또 다른 의사는 좀더 용기를 주었다. 그는 내 증상이 스트레스에서 오는 것이라고 말했다.

나는 낚시가 긴장을 푸는 데 도움이 될 것이라고 생각했다. 그래서 낚시 도구를 마련하고, SRC의 친구들로부터 낚시터를 추천받아 낚시를 시작했다. 내 솜씨는 형편없었다. 나는 낚시 입문서를 보며 공부를 했다. 낚시는 내 뜻대로 되지 않았다. 나는 낚시 잡지에 실린 기사를 탐독하면서 낚시 기술에 대한 연구를 거듭했다. 그러나 아무런 도움이 되지 않았다. 내 영혼을 구원할 물고기는 잡히지 않았다. SRC 농어 낚시 대회에 출전했을 때 나는 맨 꼴찌였다.

어느 날 나는 또 한 번의 실패를 맞본 후 호숫가에 서 있었다. 나는 그 낚시터에서 오랫동안 진을 치고 있었던 것으로 보이는 한 사람을 발견했다. 그의 얼굴은 햇볕에 그을었고 손과 얼굴에는 깊은 주름이 패였으며 이빨도 거의 다 빠진 상태였다. 그는 『노인과 바다』에 나오는 노인처럼 보였다. 나는 천천히 그에게 다가가 말을 걸었다. 나는 그가 내 낚시 방법에 무엇이 잘못되었는지 지적해 주기를 바랐다.

그는 내 장비를 훑어보더니 아무 말도 하지 않았다. 나는 낚싯줄을 몇 번 던져 보였다. 그는 나를 지켜보기만 했다. 마침내 내가 물었다.

"제가 뭘 잘못하고 있는 거죠?"

그러자 그가 대답했다. "잘못하는 거 없소이다."

"없다구요? 그런데 도대체 왜 물고기가 안 잡히는 거죠?"

"내 한 마디 하리다, 젊은이." 그는 이렇게 말했다.

"여기 낚시하러 오는 사람들은 비슷한 갯수의 미끼를 들고 오지. 고기를 잡고 못 잡는 유일한 차이는 준비와 집중이오. 낚싯바늘은 무디지 않은지, 낚싯줄에 흠이 없는지를 확인해야지. 그 다음엔 찌를 주시하는 거요. 조그만 움직임에도 주의를 집중하면 걸리는 물고기는 죄다 잡을 거외다."

나는 여건이 좋지 않아서 자신이 삶을 어떻게 꾸려가야 할지 모르겠다는 사람을 만날 때마다 그 이야기를 생각한다. 또한 직원들의 업무가 필요 없거나 충분한 일거리가 없어서, 혹은 상황이 좋지 않아서 직원들을 해고하는 회사에 관해 들을 때마다 그 이야기를 떠올린다.

그 얼마나 낭비인가? 기회는 도처에 있다. 발전할 기회, 새로운 사업을 시작할 기회, 일을 만들어 내고 간접비를 흡수할 기회는 너무나 많다. 모두가 똑같은 수의 미끼를 갖고 있다. 준비하고 대처할 각오가되어 있을 때 물고기를 낚게 되는 것이다.

지난 수년 동안 우리는 SRC에서 여러 새로운 사업들을 시작했다. 동시에 우리는 기존 사업을 독립적인 회사처럼 운영될 수 있는 작은 사업 단위로 나누었다. 이 모든 것은 SRC를 다각화된 기업들의 집합체이자 지속적인 비즈니스 인큐베이터로 만들려는 계획의 일환이었다. 대체로 새로운 회사들은 SRC에서 비즈니스 교육을 받은 사람들에 의해 운영되었다. 그들은 직위를 불문하고 선발되었다. 그들은 시간제 근로자와 기술자들, 그리고 중간 관리자들로서, SRC에서 '위대한 비즈니스 게임'에 관한 모든 것을 배운 사람들이었다. 이제는 그들이 배운 것을 자신의 기업에 적용시킬 준비가 된 것이다. 직원들이 원할 때는 언제든지 스스로 기업을 운영할 기회를 갖게 될 것이다. 한편 SRC는 계속해서 회사를 분사해 나갈 것이다.

솔직히 우리에게는 우리가 처리할 수 있는 것보다 더 많은 기회들이 있다. 우리는 지나치는 곳마다 새로운 사업거리를 본다. 우리는 문제가 있는 엔진 부품을 재생하는 사업을 시작해서, 연간 50만 달러의 문젯거리를 연간 총 수입 250만 달러의 회사로 바꾸어 놓았다. 우리는 고객인 내비스타(Navistar)와 J.I 케이스(J.I Case)의 문제 해결에 도움을 주기 위해 두 가지 다른 사업을 시작했다. 우리는 심지어 '위대한 비즈니스 게임'을 하는 법을 보고 싶어하는 다른 회사들을 위해 세미나 사업도 시작했다.

기회를 위한
다운사이징

　이러한 회사들을 시작하는 데 있어 마술은 없다. 두 가지 요소가 필요한데, 나는 그것을 간접비 흡수자(Overhead Absorber)와 현금 흐름 생성자(Cash-Flow Generator)라고 부른다. 간접비 흡수자는 제품이나 서비스를 의미한다. 그것은 고객이 사고 싶어하는 어떤 것을 생산하는 데 시간을 쓰고, 그럼으로써 사업 운영에 필요한 간접비를 흡수할 수 있게 하는 것이다.

　현금 흐름 생성자는 보장된 고객이나 시장을 의미한다. 그것은 사업을 유지하는 데 필요한 현금을 생성해낼 수 있음을 합리적으로 확신할 수 있게 하는 것이다. 간접비 흡수자(제품)와 현금 흐름 생성자(그 제품을 구매하기로 약속한 고객)를 함께 결합할 수 있다면 언제든 비즈니스가 되는 것이다. 그 다음은 세부 작업의 문제일 뿐이다. 때로는 합당한 거래를 하기 위해 고객과 실랑이를 벌여야 하고, 때로는 마케팅이나 판촉을 해야 할 때도 있다. 때로는 정해진 비용으로 원하는 품질을 얻기 위해 제품을 가지고 씨름을 해야 한다. 그러나 그런 것들은 사업을 하다 보면 으레 겪게 되는 일들이다. 일단 그 해결책들을 찾아내면 당신은 일자리를 창출하는 과정을 계속 진행해 나갈 수 있다.

　어떤 의미에서 우리는 다운사이징을 하고 있지만 다른 회사들이 하는 방식과는 다르다. 직원들을 해고하는 대신에 우리는 그들을 위해 기회를 만들어 준다. 우리는 직원들에게 그들이 성공하기를 바라고 있고, 그들이 원하는 만큼 나아갈 수 있다는 사실을 보여준다. 동시에 우리 모두는 교육 과정의 다음 단계로 나아간다. 우리가 항상 좋아하

264

는 것은 주식에 대한 개념이다. 이제 우리는 배수의 힘에 대해 새로운 교훈을 얻고 있다. 우리 직원들이 스스로의 힘으로 사업을 시작하는 동안 그들은 모회사를 위해 추가의 수익을 만들어 내고 있는 것이며 이는 우리의 주가를 한층 더 올려준다. 그 사업체들 중 일부는 최종적으로 20배, 30배, 40배를 받고 팔 수 있을 것이다. 누가 그 수익을 얻는가? 바로 SRC의 직원 주주들이다.

그와 같은 거래의 수익이 너무나 좋아서 때로 그것이 정말 합법적인 것인가 의심이 될 정도이다. 그것은 간단하고 재미있으며 도전적이지만 별로 위험하진 않다. 그것은 큰 돈을 벌 수 있는 방법이다. 게다가 모두가 이익을 얻는다. 그뿐만 아니라 더 많은 직원들에게 일자리를 제공한다. 그들이 자립할 수 있도록 돕는 것이다. 그들에게 교육을 제공하여 수익 창출과 현금 생성에 대해 가르친다. 우리는 더 많은 간접비를 흡수하고 있으며 거기에는 우리 모두에게 부담이 되고 있는 사회적 간접비의 일부분도 포함되어 있다.

그런데 왜 아직도 많은 회사들이 이를 시행하지 않고 있는가? 어째서 직원들로 하여금 독립적인 자회사를 만들도록 하지 않고 있는 것인가? 내 생각에는 그들이 주식을 공유하거나 오픈북 경영을 하지 않는 이유와 똑같다. 바로 두려움과 탐욕, 편집증, 무지 때문이다. 당신이 직원들을 믿지 않을 때, 그들이 더 큰 성공을 거둘 수 있고 심지어 경쟁사가 될 수도 있는 사업을 시작하는 것을 돕지 않을 가능성이 높다. 물론 그런 식의 사고는 종종 부메랑이 되어 돌아온다. 화가 나고 실망한 직원들은 어쨌거나 회사를 나가서 있는 힘을 다해 당신과 경쟁하게 된다. 당신의 입장으로서는 심각한 일이 되겠으나 당신을 제외한 우리들 모두에게는 바람직한 일이다. 결국 새로운 회사들은 새로운 일자리를 만들고 간접비를 흡수하는 역할을 할 것이며, 이는 다른 모든 사람들의 부담을 덜어주는 일이다.

내가 보기에 훨씬 더 당혹스럽고 문제를 일으키는 것은 대기업들이 다운사이징을 하는 방식이다. 나는 조직을 슬림화하려는 그들의 노력을 지지하지 않는다. 그들이 기본으로 돌아가 새로운 스타일의 경영 방식을 도입한다면 나는 지지자가 될 수도 있을 것이다. 그러나 그런 조짐은 거의 보이지 않는다. 직원 참여, 참여 경영, 자율적인 업무팀, 권한 위임 등에 대한 많은 이야기가 있다. 그러나 열 중에 아홉은 허풍들이다. 그것은 중간 관리층을 없애기 위한 방편에 지나지 않는다.

실상은 세계의 다른 기업들은 점점 더 경쟁력을 높여가고 있는데 이러한 회사들은 정체되어 있다는 것이다. 그래서 그들은 이제 비용을 절감해야 한다. 비용에는 기본적으로 다음의 세 가지 유형이 있다. 노무비, 재료비, 간접비가 그것이다. 노무비와 재료비에 대해서는 뾰족한 방도가 없다. 그래서 그들은 현장 감독들과 중간 관리자를 없앰으로써 간접비를 공략한다. 당연히 단위 비용은 낮추겠지만 생산성이 낮아지기 때문에 더 큰 경쟁력을 가질 수는 없다.

스프링필드에 있는 제니스(Zenith)가 바로 그런 전형적인 예인데, 그 회사는 미국에 마지막 TV 공장을 갖고 있었다. 그 공장은 다른 나라의 경쟁자들에게 점점 자리를 빼앗기게 되었다. 한국인들이 제니스의 제조 비용보다 낮은 가격으로 미국에 TV를 팔고 있었고, 이는 덤핑이 이루어지고 있다는 것을 암시했다. 부당한 일이었지만 어쩔 수 없는 생존 경쟁의 한 단면이었다. 어쨌든 제니스가 가격 경쟁력을 가지려면 단위 비용을 낮춰야 했다.

그렇게 하는 데는 두 가지 방법이 있다. 생산성을 증가시키거나 표준 비용을 낮추는 것이다. 대부분의 대기업들과 마찬가지로 제니스는 다운사이징을 하고, 직원들을 내보냄으로써 표준 비용을 낮추기로 했다. 그들의 태도는 이런 식이다. "우리는 돈이 필요한데 직원들을 통해서는 돈을 벌 수가 없다." 결국 그들은 돈을 한 푼도 벌지 못했다. 공장은 문을 닫았고, 1,500개의 일자리는 멕시코로 옮겨졌다.

이 모든 것은 비즈니스에 있어 기본적인 명제로 되돌아간다. 사업을 유지하기 위해서는 최저 비용 생산자가 되거나 아무에게도 없는 특별한 것을 갖고 있어야 한다. 제니스와 같은 회사들은 특별한 어떤 것을 갖고 있지 못하므로 최저 비용 생산자가 되기 위해 노력해야 한다. 그들은 권한 위임을 그 방법으로 보고 있다. 그들이 말하는 권한 위임은 직원들이 스스로를 감독하게 하고 작업 현장에 관리자를 두지 않겠다는 뜻이다.

그러나 그것은 환상이다. 관리자들이 기여할 수 없기 때문에 해고되고 있는 것이 아니다. 많은 경우 그들은 15년, 20년, 혹은 25년 동안 업무를 잘 수행해 왔다. 그들은 현장 관리자들이며 코치들이다. 생산성을 개선하거나 적어도 유지하려면 그들이 필요하다. 그들을 그만두게 함으로써 간접비를 줄일 수는 있다. 그것에 대해서는 의문의 여지가 없다. 그러나 권한 위임이 생산성 증가에 도움이 되지 않는다면 그것은 실패이다. 당신이 하고 있는 일은 회사의 담장 밖에 있는 삶의 수준을 낮추고 있는 것일 뿐이다. 사실상 당신은 사업상의 간접비를 회사 밖으로 집어 던지고 있는 것이다. 그것은 사회적 간접비, 이를테면 보험료 증가 등의 형태로 되돌아온다.

다운사이징이 본질적으로 나쁘다는 것은 아니다. 우리가 회사를 분사하는 것도 일종의 다운사이징이다. 우리는 작업 현장에서 간접비를 충당한다. 우리는 단위 비용을 계속해서 낮추고 있다. 수년 동안 성실히 일해온 직원들을 버리는 대신에 그들을 재정적으로 지원한다. 그들이 기업체를 소유하고 경영할 기회를 제공한다. 우리는 그들을 해고하기 보다는 그들에게 새로운 일자리를 마련해 주고 있다.

너무나 많은 회사들이 일자리를 만들기 위해 그들이 존재한다는 사실을 잊어왔다. 그것은 그들은 경제와 사회와 국가에 가치를 더하는 방식이다. 경영진이 어쩔 수 없이 직원을 해고할 때는 본래의 임무 중 하나에 실패했음을 자인하는 것이다. 이것은 경영진을 교체할 만한 이유가 될 법한데, 나는 왜 누군가가 '회사가 슬림해지는 것' 을 축하하려고 하는지 이해할 수가 없다.

주인이 되고자 하는 열망

우리가 처음으로 직원들이 그들 자신의 사업을 하도록 도와주는 계획을 생각해 냈을 때 나는 무척 흥분했다. 그 계획이 발표될 때까지 기다릴 수가 없을 정도였다. 그 아이디어는 수개월의 토론을 거쳐 나온 것이었고, 그 과정에서 우리는 직원들이 장기적으로 원하는 것들과 우리 모두가 가고자 하는 목적지에 대해 그들과 이야기를 나누었다. 분사 전략이 그곳에 도달할 수 있게 하는 티켓처럼 보였다. 그리고 그것은 또한 우리가 당면하고 있던 많은 도전들에 대처할 수 있게 해주었다. 즉, 성장의 압박에 대처하는 방법, 점점 더 많은 아이디어를 갖고 우리를 찾아오는 고객들에 대응하는 방법, 거대해지거나 관료적이 되지 않고 성장하는 방법이 되었다.

그래서 우리는 일련의 회의를 열어 직원들에게 그 전략을 설명하였다. 나는 오너십에 관해 이야기했다. 사업체를 운영하는 데 흥미가 있는 직원은 누구나 그것을 할 수 있게 하고 싶다고 얘기했다. 우리는 직원들에게 재정 지원과 사업 계획을 통해 도움을 주고, 지속적인 조언과 지원을 제공할 것이다. 적절한 시점에, 원하기만 하면 그들은 우리 지분을 살 수도 있다. 결정은 그들의 몫이었다. 누구나 큰 성공의 기회를 갖게 될 것이다.

나는 도전할 각오와 나아갈 준비가 되어 있는 누군가가 나와 주기를 원한다고 말했다. 먼저 SRC에서 더 많은 경험과 훈련을 받고 싶다면, 그 또한 우리가 마련해줄 수 있었다. 물론 그들은 원래 자리로 돌아올 수도 있다. 그러나 우리가 진지하다는 것을 그들이 알아주길 바랐다. 우리는 적극적으로 새 사업을 찾고 있었다. 직원들이 어떤 아이디어를 알려준다면 고맙겠다는 말도 했다. 이에 대한 반응은 나의 상상을 초월하는 것이었다.

첫 제안은 주류 판매점을 인수하고 싶어하는 직원에게서 나왔다. 그 다음엔 다른 누군가가 술집을 개업하는 계획안을 가지고 나타났다. 다음에는 셀프 서비스 세탁소, 미용실, 여러 대의 자동차를 동시에 수리할 수 있는 시설을 갖춘 주유소 등이 나왔다. 심지어 멕시코에서 암웨이 대리점을 하자는 직원도 있었다. 수십 가지의 제안이 나왔다. 그들 중 대부분은 실행하기 어려운 것들이었다. 내가 그것들을 가볍게 여겨서가 아니었다. 나는 그들이 함정을 볼 수 있도록 돕기 위해 가능한 수치를 통해서 작업했다. 결국에 나는 말했다. "보세요, 우리는 새 사업을 바라지만, 우리의 현재 일과 어느 정도는 관련이 있어야 합니다." 그러나 그들의 반응을 통해서 나는 직원들이 얼마나 스스로 사업을 하고 싶어하는지를 알게 되었다.

요즘 시대에 그와 같은 소망은 아주 보편적인 것이다. 전세계적으로 '주인이 되고자 하는 열망'은 나날이 커지고 있다. 시선을 돌리는 곳마다 그러한 경향을 보게 된다. 아르헨티나와 싱가포르, 체코슬로바키아에도 그와 같은 열망이 있다. 이는 또한 동부 유럽의 변화를 이끄는 견인차 중 하나이기도 하다. 오늘날 우리는 신문에서 자신의 트랙터나 쟁기, 한 마지기의 땅, 거리의 포장마차, 아파트를 갖고 싶어하는 열망을 가진 사람들에 관한 기사를 보게 된다. 내일이면 우리는 회사를 소유하고 싶어하는 그들의 열망에 관해 읽게 될 것이다.

이것은 미국에 대한 자부심과 근심의 원천이다. 자부심은 우리(미국인)가 개척자였고, 여전히 모든 나라 사람들에게 영감을 불어넣어 주고 있다는 데서 온다. 근심은 그들 모두가 거대한 경쟁 이점을 가진 잠재적인 경쟁자들이라는 데서 온다. 그들은 미국인들이 자본주의를 실행하는 방법을 연구해 최선을 다하기만 하면 된다. 그들은 일을 얼마나 잘하느냐에 관계 없이 경영진에게 엄청난 급여와 특전을 제공하는 보상 제도에 얽매일 필요도 없다. 회사에 파벌을 조장하는 경영 관행에도, 변화를 가로막는 기업 관료주의에도, 무지를 장려하는 회사 기밀의 전통에도, 그리고 구시대의 유물 같은 말도 안 되는 업무 규정들에도 얽매일 필요가 없다.

다른 나라의 이 새로운 자본가들은 주변을 살펴보고 효과적인 것을 찾아내어 그것을 이용하고, 그 이외의 것들은 버릴 것이다. 그 사실만으로도 그들은 우리를 능가하게 될 것이다. 그들은 더 영리하고 더 빠르게 게임을 할 것이다. 우리가 여기 앉아서 해야 할 일을 결정하려고

270

하는 동안, 그들은 주인이 되고자 하는 열망으로 현장에 나가 있을 것이다. 그들은 그 열망을 볼 수 있다. 그들은 그것을 느끼고 음미할 수 있다. 그들은 그 열망이 얼마나 강력한 동기부여자가 될 수 있는지를 깨닫고 있다. 우리가 그것을 소홀히 해온 반면, 그들은 그것에 초점을 맞춰왔다. 그 열망을 강화하는 방법을 알아내는 순간 그들은 쏜살같이 우리들을 앞질러 갈 것이다. 그것이야말로 세계적 경쟁의 진정한 도전이다.

그것은 우리가 마주할 수 있고, 또 맞서야만 하는 도전이다. 우리에게는 선택의 여지가 별로 없다. 내가 말하고 있는 것은 새로운 기술이나 영리한 전략이 아니다. 그것은 역사의 힘이다. 주인이 되고자 하는 열망이 다음 세기의 세상을 결정할 것이다. 우리는 그것에 참여하기로 선택할 수도 있고 그냥 지나치게 둘 수도 있다. 하지만 잘못된 결과를 가져오는 결정을 내려서는 안 된다.

우리가 그 도전을 받아들이지 않는다면, 주인이 되고자 하는 직원들의 열망을 채워주지 않는다면, 우리가 직원들을 교육시키고 동기부여를 하고 스스로를 책임지도록 하기 위해 그것을 이용하지 않는다면, 우리 모두가 자립적이고 책임감 있는 존재가 되지 않는다면, 우리가 공정과 정의에 대한 기본적인 표준을 수용하지 않는다면, 간단히 말해 우리가 합당한 규칙에 의거해 '위대한 비즈니스 게임'을 시작하지 않는다면, 우리를 망가뜨릴 때까지 계속해서 불어나는 사회적 간접비에 압도당하고 말 것이다.

그런 일이 일어나지 않으리라는 법이 없다. 우리는 당면한 그 문제를 해결하고 우리의 아이들을 위한 멋진 미래를 창조하는 데 필요한 유일한 자원을 가지고 있다. 그것은 바로 우리 자신이다. 당신은 지금

당장 위대한 비즈니스 게임을 시작할 수 있다. 우리들 중 많은 사람들이 그렇게 한다면 우리는 승리자가 될 것이다.

최상위 법칙:
중간 관리자에게 보내는 메시지

The Great Game
of Business

법칙이 하나 더 있는데, 그것은 다음과 같다.

최상위 법칙. 고차원적 사고에 호소하면
고차원적 행동을 얻는다.

이것이야말로 모든 것의 핵심이다. 다른 모든 상위 법칙들은 이것으로 귀결된다. 또한 이것은 '위대한 비즈니스 게임'을 하는 주된 이유이기도 하다. 위대한 비즈니스 게임은 당신이 항시적으로 직원들이 가진 최상의 본능에 호소할 수 있고, 그들이 일상의 좌절을 극복하고, 더 높은 차원에서 사고하도록 요구할 수 있는 환경을 만들 수 있게 한다. 즉, 공동의 목표들을 성취하기 위해 직원들이 가진 모든 지성과 창의력, 그리고 자원을 이용할 수 있게 한다.

그러나 당신이 '위대한 비즈니스 게임'에 관심이 없는 회사에서 일하고 있다면 어떻게 할 것인가? 당신의 보스가 직원들이 고차원적으로 사고하게 하는 데 관심이 없다면 어떻게 할 것인가? 당신이 우리가 여기서 언급했던 모든 것에 대해 열렬히 믿고 있고, 비즈니스의 상위 법칙에 따라 살기를 원하는 관리자이지만, 장벽을 부수고 무지를 없애고 직원들이 '큰 그림'을 보도록 이끄는 데 필요한 도구를 갖고 있지 않다면 어떻게 할 것인가? 당신이 업무 성과를 측정하는 데 쓰이는 수치에 대해 전혀 모른다면 어떻게 할 것인가?

그렇다면 그것들 없이 앞으로 나아가라. 사실 부서 차원에서 '위대한 비즈니스 게임'을 실행하는 데 그것들은 전혀 문제되지 않는다. 회사 전체를 참여시키려 할 때가 어려운 것이다. 전혀 다른 부서들이 동일한 목표에 계속 초점을 유지하게 하려면 도구를 제공하는 것이

274

필수적이다. 그러나 당신이 회사 내의 제한된 영역에서 '위대한 비즈니스 게임'을 실행하고 싶어하는 중간 관리자라면, 보너스 프로그램이나 우리사주제, 정교한 커뮤니케이션 프로세스 또는 회사의 회계 정보 없이도 그 게임을 할 수 있다. 보스의 승인도 필요하지 않다.

무엇보다 당신에게 필요한 것은 개인적인 실행이다. 중간 관리자들에게 있어 '위대한 비즈니스 게임'의 제1단계는, 자신이 조직을 운영하는 방식을 냉철히 살펴보고 스스로에게 다음과 같은 까다로운 질문들을 던지는 것이다.

- 당신이 관리하는 직원들에게 개인적으로 무엇을 해주고 있는가?
- 고객이나 다른 부서, 조직의 상사에 대해 신경쓰고 있는 만큼 그들에 대해 생각하는 데 많은 시간을 할애하고 있는가?

- 당신의 문제들을 공유하고 있는가, 아니면 혼자서 끌어안고 있는가? 당신의 짐을 덜어 달라고 직원들에게 도움을 요청한 적이 있는가? 직원들은 당신의 짐이 무엇인지 알고 있는가? 그들에게 당신의 핵심 수치(critical number)에 대해 말한 적이 있는가?

- 당신 스스로가 오픈북 경영을 실천하는가? 당신이 알고 있는 모든 것을 직원들이 알게 했는가?

- 당신은 직원들의 지식을 통해 이득을 얻고 있는가? 아니면 아직도 당신 스스로 해결책을 생각해 내야 한다고 생각하는가?

- 지시를 받지 않고도 직원들이 자신의 할 일을 알고 있는가? 아니면 당신으로부터 지시가 떨어지기를 기다리고 있는가? 모두가 공동의 목표를 지향하며 일하고 있는가? 그 목표가 무엇인지 모두가 알고 있는가? 거기에 도달하는 최상의 방법을 직원들이 찾아내도록 하고 있는가?

- 당신이 직원들을 가장 화나게 하는 것은 무엇인지 알고 있는가? 그들의 좌절과 두려움에 대해서 물어본 적이 있는가? 그들을 한밤중에 잠 못 이루게 하는 것은 무엇인가? 그들이 당신에게 자신들의 핵심 수치에 대해 말한 적이 있는가?

- 당신 자신의 두려움과 좌절에 대해서 직원들에게 말한 적이 있는가? 그렇게 할 수 있을 만큼 당신 자신의 방어벽을 낮출 수 있는가? 당신 자신의 약점을 드러내 보일 수 있는가? 당신에게 위험할 수도 있는 기회를 잡을 수 있을 만큼 충분한 자신감이 있는가?

- 가장 중요한 것으로, 위와 같은 질문에 대한 대답이 '아니오'라면 당신은 진정으로 변화를 원하는가?

나는 오늘날 우리 업계에서 혁명이 일어나지 않는다면, 우리 삶이 장기적이고 심각한 손상을 입게 될 것이라고 확신한다. 그리고 그 혁명은 최고 경영자만이 아니라 우리 각자가 이루어내야 한다. 결국 그것은 비즈니스 상위 법칙 5조로 돌아간다. 즉, 원해야 얻는다. 그 변화의 동기가 내부에서부터 우러나와야 한다. 그것은 직원뿐만 아니라

276

보스들에게도 해당된다. 당신이 GM 사장이든, 패스트 푸드 체인점 운영자이든, 다국적 기업의 중간 관리자이든 간에 변화를 원해야 변할 수 있다. 가장 큰 장애물은 이사회 회의실이나 구석진 사무실에 있는 것이 아니라 우리 내부에 있다.

마찬가지로, 조직의 상부로부터 전혀 지원이 없다 해도 당신은 자신만의 '위대한 비즈니스 게임'을 시작할 수 있다. 당신의 직원들을 모아놓고 앉아서 그들의 문제와 관심사에 다가가라. 당신의 방어 본능을 없애기 위해 노력하라. 모든 직원들이 솔직하고 자유롭게 이야기하게 하라. 그런 다음 돌아가서 일치된 의견이 무엇인지 파악하라. 당신의 직원들은 회사에서의 자신의 위치를 어떻게 보고 있는가? 그들이 자신의 업무 환경을 어떻게 보는가? 그들이 회사에 대해 마음에 들어 하는 것은 무엇인가? 싫어하는 것은 무엇인가? 그들이 생각하는 가장 큰 문제는 무엇인가? 그들을 가장 두렵게 만드는 것은 무엇인가? 그들을 가장 화나게 하는 것은 무엇인가? 이것을 통해 그들의 핵심 수치를 알아낼 수 있고, 그것을 추구하는 게임을 설정할 수 있을 것이다.

그러나 거기서 멈추어서는 안 된다. 그들에게 당신의 핵심 수치에 대해 이야기하라. 그것이 절대적으로 필요하다. 당신의 진정한 목표가 무엇인지를 직원들이 모르면, 그들에게 고차원적인 사고를 하라는 요구를 할 수가 없다. 당신을 가장 두렵게 하는 것이 무엇이며, 가장 화나게 만드는 것은 무엇이고, 밤에 당신을 잠 못 들게 하는 것이 무엇인지를 그들에게 이야기하라. 당신의 관점에서 사물들이 어떻게 보이는지를 설명하라. 나는 항상 나의 직책이 올라가면서 내가 깨달았던 것에 대해서 직원들에게 이야기해 주는 것이 좋은 일이라는 것을 발견했다. 그들은 온갖 생각과 추측을 갖고 있으며, 현실을 알고 싶어 한다. 그들을 위해 그림을 그려 보여라. 비밀을 공개하라. 당신 자신을 그들을 위한 탐험가로 생각하라.

행복한 관리자가 되기 위해서는 당신이 배운 것을 나누는 일을 즐거워해야 한다. 혼자 독점한다면 그것을 즐길 수가 없다. 성공한다 하더라도 그 승리에 마음이 편치 않을 것이다. 지식을 공유하면 승리를 함께 축하할 수 있는 사람이 생긴다. 관리자로서 당신은 즐거움을 갖게 될 것이다.

즐거움을 갖는다는 것은 당신과 당신의 직원들을 위해 중요하다. 그것은 '위대한 비즈니스 게임'을 하는 것의 가장 큰 보상 중 하나이다. 그러나 그 재미는 당신이 팀으로서 일할 때, 모두가 같은 목표와 핵심 수치를 추구할 때만 갖게 되는 것이다. 직원들이 다른 수치와 다른 목표를 갖고 있으면, 등뼈가 휘어진 것과 같다. 그 조직은 끊임없이 고통을 받는다. '위대한 비즈니스 게임'의 이면에 있는 근본적인 목적은 회사 내의 다양한 부분들이 같은 방향을 지향하게 함으로써 그 고통을 제거하는 것이다. 위대한 비즈니스 게임을 회사 전체에 실행하려면 당신은 우리가 SRC에서 개발했던 것과 같은 도구가 필요하다. 한 부서나 한 사무실에서 그 게임을 실행하기 위해서는, 당신은 주로 기꺼이 개방하고 나눌 수 있어야 한다.

물론 회사의 한 영역에서 '게임'을 한다고 해서 회사 전체의 불협화음에서 비롯되는 고통을 해소하지는 못할 것이다. 당신은 일관성 없는 메시지, 부서 간의 경쟁, 사내 정치, 불합리한 결정, 그리고 리더가 모두를 같은 방향으로 이끄는 것에 책임을 지지 않는 회사들에 고질적인 다른 좌절들과 여전히 씨름해야 할 것이다. 결국에 당신은 그

278

회사를 구하지 못할 수도 있다.

그러나 당신 자신과 당신의 직원들만은 구할 수 있을 것이다. 혼돈의 바다에서 온전한 정신을 가진 섬 하나를 창조하게 될 것이다. 당신은 또한 그 최상위 법칙 덕분에 당신의 운명에 대한 통제 수단을 얻게 될 것이다. 직원들이 고차원적으로 사고하게 함으로써, 당신은 그들이 최고의 능력을 발휘하는 것을 가능하게 할 것이다.

실행은 우리가 실제로 갖고 있는 유일한 통제 수단이다.

우리가 실행하는 한, 우리가 생산적이 되는 한, 우리가 약속한 것을 이행하는 한, 우리가 기여하고 가치를 더하는 한, 항상 우리의 제품을 원하는 수요가 있을 것이다. '위대한 비즈니스 게임'은 당신이 그 모든 것을 하게 도와 주고, 그 과정 속에서 재미를 맛보게 할 것이다. 설사 당신이 완전히 혼자라 하더라도, 이는 게임을 실행하기에 충분한 이유이다.